Behavioral Finance
New Frontiers of Financial Research

関西学院大学研究叢書第136編

伝統的ファイナンスから行動ファイナンスへ

▶ファイナンス研究の新しいフロンティア

Katsuhiko Okada
岡田克彦

関西学院大学出版会

伝統的ファイナンスから行動ファイナンスへ
——ファイナンス研究の新しいフロンティア

はしがき

　ある日，証券会社の店頭に立ち寄った時，熱心に株価ボードを見つめている個人投資家と思しき人に声をかけてみた。「失礼ですが，少し教えていただいてよろしいでしょうか。あなたはどういった基準で銘柄を選び投資しているのでしょうか。差し支えのない範囲で教えていただけませんか？」すると，投資経験が40年以上というベテランだという彼は，自らの投資理論を丁寧に解説してくれた。「株価にとって大切なのは，なんといっても需給だね。だから銘柄選択の際に最も注意するのは，需給の悪い銘柄は買ってはいけないという事だよ。たとえば，信用買い残高が多く，多くの投資家の手垢に染まっているような銘柄は避けること。転換社債を発行していて，転換価格に現在値が近いものも，避けた方が得策だね。あまり誰も注目していない株の中で，今後人気を集めそうなものを買うのさ。その読みが難しいところなのだけどね」。

　このベテラン株式投資家の考え方は，多くの個人投資家を納得させることであろう。株式というのは，企業の将来フリーキャッシュフロー（利払い後，税金支払い後のキャッシュフローで株主に帰属する部分）に対する請求権であるという事実よりも，需要と供給の関係が重要だというのである。株価の形成がこのような需給で決まるということは，マーケットはケインズの主張する人間心理市場仮説により説明されるということである。1936年，ケインズは代表的著書「雇用と利子および貨幣の一般理論」において，株式投資とは一種の美人コンテストのようなものだと説明している。ケインズの時代，ロンドンの大衆紙に多くの美女の写真が掲載され，読者投票で誰が一番の美人であるかを当てる美人コンテストゲームが流行していた。これは最も票を集めた美人に一票を投じた読者が賞品をもらえるというゲームである。このゲームへ素直に参加する読者は，自らの判断基準に沿って美人投票を行うだろう。しかし，少し頭をひねる読者ならば，平均的に誰が好まれるかを考えるに違いない。更に，より深く考える読者ならば，皆が，平均的に

誰が好まれるかを考えているかということを考慮に入れて投票するに違いないのである。結局美人コンテストをつき詰めれば，誰が美人かという美人度が問題になるのではなく，他の参加者の動向をお互いに読み合うゲームとなる。ケインズは株式投資も同様に，他の参加者がその株式をどう評価するかということが重要で，株式のファンダメンタルズは重要ではないと説明している。

　ところが，伝統的ファイナンス理論ではまったく見方が異なる。ビジネススクールで教育を受けたような証券アナリストに，「株価はどうやってきまっているのですか？」という質問をしてみれば，先の個人投資家とは異なる答が返ってくるであろう。「株価は企業のファンダメンタルズを反映しているのです。ですから，我々証券アナリストは，企業の業績をいち早くつかみ，分析し，その規模と質を見極めることで売り買いの推奨をしているのです」とでも答えるのではないだろうか。そもそも株式市場が美人投票の場であるならば，彼らの職業の存在意義は無くなる。確かに，株式とは当該企業の生み出す将来フリーキャッシュフローに対する請求権である。そして，その価値がいくらであるべきか，ということについては，はっきりした基準がある。株価が変動するのは，逐次新しい情報が入り，将来フリーキャッシュフローの推定値が変動し，その推定値を評価するための割引率が変化するからである。デタラメに変動しているのではない。証券アナリストたちが熱心に企業訪問し企業業績動向をいち早くつかもうとするのは，将来フリーキャッシュフローを推定するためである。株式市場は将来フリーキャッシュフローを正しく推定し，評価していると考えるため，いち早く新しい情報を入手することで，利益をあげることができると考えるからである。この証券アナリストの考える株式市場は，多くのファイナンス研究者たちの主張である効率的市場仮説（Efficient Market Hypothesis）が想定するような市場である。学問上の効率的市場仮説には，段階が存在する。ストロングフォームの効率性という場合，すべての公開情報は株価に反映されており，何人も公開情報を基には超過リターンを得ることができないことを意味している。従って，この意味での効率的市場では証券アナリストという職業自体が存在意味をもたない。現実の市場はそこまで効率的ではないので，先のアナリス

トの行動は，より早く正しい情報に基づいた正しい分析を行うことによって付加価値を生み出し，その情報を利用した投資家の取引を通じて，市場をより効率的なものにするという営みなのである。このようなことが可能になる段階の市場の効率性をセミ・ストロングフォームの効率性と呼称している。市場の効率性がどのレベルで達成されているかは別にしても，効率的市場仮説は，伝統的ファイナンス研究のパラダイムである。

　株式発行の資本調達機能を考えるとき，株式市場が美人投票の結果変動しているととらえるのは行き過ぎであろう。ただ，先の個人投資家の弁が，一般的な株式市場の認識とそう相違ないことも事実である。伝統的ファイナンス研究のパラダイムは，この意味で現実の市場参加者の意識とはかけ離れたものであると言える。行動ファイナンスは，ケインズの美人投票の株式市場と効率的市場仮説の橋渡しをする役割があると，筆者は考える。おそらくそう遠くない将来において，行動ファイナンスは伝統的ファイナンスと融合し，「行動ファイナンス」という言葉さえ無くなってしまうかもしれない。このような状況にあるにも関わらず，日本においては行動ファイナンスの研究者の数は限定的である。今後，ファイナンスの研究に携わろうとする研究者や学生にとって，行動ファイナンスの示唆する新しいフロンティアは，魅力に満ちているに違いない。以下の章では，いくつかの日本の実証研究を交えながら，新しいファイナンス研究のフロンティアとなりつつある行動ファイナンスの出現の背景と，これからについて考察していく。

　2010年1月

岡　田　克　彦

目　次

　　はしがき　*3*

序　章 11

第1章　伝統的ファイナンスの枠組みⅠ 19
　　1-1　リスクとリターンについて　*21*
　　1-2　モダンポートフォリオ理論（Modern Portfolio Theory）　*29*
　　1-3　資本資産評価モデル（Capital Asset Pricing Model, CAPM）　*41*

第2章　伝統的ファイナンスの枠組みⅡ 47
　　2-1　ファクターモデルと裁定価格理論（APT）　*49*
　　2-2　現象面からのアプローチ　*58*
　　2-3　効率的市場仮説（Efficient Market Hypothesis）　*63*

第3章　金融市場における一物一価の法則について 77
　　3-1　はじめに　*79*
　　3-2　株価の決まり方に対する2つの考え方　*81*
　　3-3　クローズドエンドファンド　*83*
　　3-4　LTCM社の崩壊に見るアービトラージャーの限界　*86*
　　3-5　双子株式と親子上場の不思議　*89*
　　3-6　まとめ　*93*

第4章　日本における株式需要曲線の形状について 95
　　4-1　はじめに　*97*
　　4-2　先行研究と銘柄入れ替えに関する仮説　*100*
　　4-3　データと方法論　*104*

4-4　実証結果　　115
　　　4-5　既存仮説の検証　　125
　　　4-6　投資家の認知度と超過リターン　　129
　　　4-7　結論　　135

第5章　上場変更と株価の長期パフォーマンスについて 141
　　　5-1　はじめに　　143
　　　5-2　先行研究　　146
　　　5-3　データと方法論　　148
　　　5-4　実証結果　　157
　　　5-5　結論　　165

第6章　日本株式の季節性について 171
　　　6-1　はじめに　　173
　　　6-2　日本の株式リターンの半年効果　　174
　　　6-3　株式市場のアノマリーと半年効果　　178
　　　6-4　半年効果は1月効果と独立して存在するか　　184
　　　6-5　2008年までの半年効果の確認　　186
　　　6-6　投資家心理と半年効果　　187
　　　6-7　半年効果の投資戦略へのインプリケーション　　190

第7章　新しい枠組みの模索 193
　　　7-1　期待効用理論　　195
　　　7-2　プロスペクト理論の背景　　197
　　　7-3　プロスペクト理論　　201
　　　7-4　究極のゲーム（Ultimatum game）に見る選好のゆらぎ　　205
　　　7-5　その他のバイアス　　213

第8章　行動バイアステスト 219
　　　8-1　行動バイアステスト　　221
　　　8-2　行動バイアステスト　解説　　234

第9章 金融市場と行動ファイナンス 251

9-1 はじめに　　*253*
9-2 伝統的ファイナンスの枠組みで株価を考える　　*255*
9-3 キャッシュフローと割引率以外に株価に影響する要因　　*257*
9-4 行動ファイナンスの概念で読み解く，米国の株式市場と今後の展望　　*265*
9-5 結語　　*269*

序　章

株価はどの様に決まっているか。この問いに対する最も基本的な回答は，株式とはその企業が生み出す将来キャッシュフロー流列の現在価値であるというものである。株価評価で問題となるのは，当該企業がどの程度のキャッシュフローを生み出すことができるのかという分子の推定と，そのキャッシュフローがどの程度のリスクのあるものなのかを推定する分母の問題である。分子の将来キャッシュフロー流列の推定は，即ち，当該企業のファンダメンタル評価である。当該企業の置かれた業種の将来性，業界での地位，競合企業の存在，参入障壁の分析，技術の分析など，あらゆる角度からの分析を通じて推定されるものである。

　一方，分母の問題は個別企業分析の枠を超える。分母の割引率は当該企業のリスクを表してはいるものの，それは当該企業のキャッシュフローのリスクそのものではなく，マーケットポートフォリオとどういう関係にあるかを考慮したリスクである。この理論の起源はそもそも1952年にマルコヴィッツ（H. Markowitz）が発表した"Portfolio Selection"にある。彼はこの論文で，それまでのポートフォリオの組み方に疑問を呈した。それまでにも，一般的なリスクとリターンのトレードオフ関係については広く認知されていたが，リスクは当該資産のリターンの分散（或いは標準偏差）と考えられ，過去の平均リターンが高く分散の小さい銘柄（多くは公益株であった）が好んで推奨されていた。そのような時代環境を背景として発表された"Portfolio Selection"の中で，マルコヴィッツは真のリスクは分散では測れない事，ポートフォリオのリスクを考える場合には個別企業のリスクが問題なのではなく，組み合わせたポートフォリオのリスクがどうなるかが問題である事などを主張した。彼に端を発したポートフォリオの選択に関連した問題を扱う理論体系は現代ポートフォリオ理論（MPT）と呼ばれ，「いかに資産を選択すべきか」の処方箋を書いた規範理論（normative theory）である。その後「どのような市場均衡価格が成り立っているか」という実際にある関係を明らかにする実証理論（positive theory）という性格を持った資本市場理論が発展

した。その中核となっているのがシャープ（W.F. Sharpe），リントナー（J. Lintner），モッシン（J. Mossin）らによって考え出された資本資産評価モデル（CAPM）である。これは投資家がある期待リターンを最小の分散（標準偏差）で達成しようとするときには，その達成したいと考える期待リターンがいくらであろうとも，マーケットポートフォリオを所有することになるという理論である。全ての投資家は，彼（彼女）の期待効用関数がどのようなものであれ，リスクポートフォリオの一部にマーケットポートフォリオを持つのである。このため，世の中の資産のリスクはマーケットポートフォリオとどういう関係を持つかを表現するベータで表すことができるのである。これは非常に単純な数式で資産の均衡価格を表すことができるという利便性も兼ね備え，リスク指標として幅広く認知された。マルコヴィッツ，ミラー，シャープの3人はファイナンス理論の実務界への応用，発展に大きく寄与したことが認められ1990年にノーベル経済学賞を受賞したのである。

　CAPMのような画期的な資本市場理論が世に出されて以降，米国のみならず世界中でCAPMとその前提となる効率的市場仮説（EMH）の検証が行われきた。夥しい数の実証結果が報告されているが，それらは大きく2つに分類できる。1つは，CAPMと効率的市場仮説のパラダイムの存立基盤を補強しながら保持に供す一群であり，もう1つはパラダイムそのものに疑問を投げかけ，その転換を示唆する一群である。理論で説明できない現象は異例（アノマリー，Anomaly）と呼ばれ，これまでにも数多くのアノマリーが実証結果として報告されている。たとえば，企業規模を基準に投資対象を選別すると，優れた投資成果を得ることができたというような，経験的な異例（empirical anomaly）である。また低い株価収益倍率（PER）を持つ株式はベータ調整後でも高い株価リターンを示すというヴァリュー株効果もその一つである。一般的に良く知られているものにKeim（1983）やReinganum（1983）の1月効果（January Effect）と呼ばれるものがある。小型株のパフォーマンスは大型株のそれよりも高いが，これは1月に小型株のパフォーマンスが特に良いからである。或いは，Ariel [1990] は，1963年から1982年の期間について，休日の前日のリターンがそれ以外の日のリターンよりも有意に高いという休日効果（Holiday Effect）を発見しているし，榊原（1994）

も日本において曜日効果を報告している。

　このようなアノマリーの報告はCAPMそのものを否定するものではない。これらの報告は，CAPMの論理的妥当性を認めながら，オペレーショナルな問題点があることを例示しているだけだからである。即ち，モデルで説明できない資産価格の存在はCAPMの特定化の誤り（misspecification）に起因しているのであって，CAPMのパラダイムを揺るがすものではないという考え方である。CAPMの存立基盤をより強固なものにするために，パラダイム擁護派の研究者たちは数多くのアノマリー要因を同時に考慮して，どの要因が収益率を説明するものとして重要であるかを検討した。その代表的な論文はFama and French（1992, 1993）であり，規模と簿価時価比率が正しいリスクファクターであるとしている。彼らはこの2つのリスクファクターで調整したところ，1月効果は消え去るという事を報告している。すべてのアノマリーがこの2つのリスクファクターで説明できるわけではないが，パラダイム擁護派の研究者たちは現在までわかっているリスクファクターで資産の収益率が説明できないことを以って，市場が効率的ではないという結論は導けないことを強調する。どのようなモデルを用いようとも特定化の誤りがある限り，市場が効率的であったとしても常に異常リターンが検出される可能性がある。Fama（1998）は短期的なイベントスタディで見られる異常リターンの発生は期間が短く，ただ単に情報に対する株価の反応が緩やかなだけであるとしている。一方長期的株価収益率のアノマリーについては，アノマリーが過小反応と過大反応に五分五分に発生していることを指摘しながら，市場は効率的であると主張している。つまりアノマリーが過大と過小にランダムに分かれるということ自体が，その超過リターンの発生がベンチマークの選定や方法論に起因するものであり，市場の効率性を疑うものではないというのである。そして将来的には未知のリスクファクターによって全てのアノマリーが説明できるであろうというのがFamaに代表される効率的市場仮説擁護派の見解である。

　これに対し，モデルが不完全なのではなく，市場のあり方が非合理的なものだと考える研究者達も存在する。彼らは，そもそも投資家がリスクと期待リターンから構成される期待効用関数を，最大化させるように行動するとい

う前提に疑問を呈するのである。期待効用理論に対する最も根源的な問いは，果たして人間は合理的に行動するのかということである。認知心理学者でもあった Daniel Kahneman は投資家行動を心理学の立場から分析し，Tversky and Kahneman（1979）[1]においてプロスペクト理論を発表した。プロスペクト理論では投資家の期待効用は利得になる場合と，損失になる場合では投資家の効用関数が異なるという点を指摘する。利得の領域では投資家はリスク回避的な行動を取るが，損失となる領域ではリスク愛好的な意思決定を行うというのである。つまり，期待効用理論が前提とするように投資家は一律に行動せず，状況によってリスク回避的になったり，リスク愛好的になったりするのである。この場合，均衡価格をリスクと期待リターンから特定することはできない。このことから新たなリスクファクターの探求に努力するよりも，もっと基本的な投資主体である人間の心理に着目して研究を進めるべきであると主張するのである。Hirshleifer（2001）は『学界の使命は，資産価格はどのようにリスクと投資家の評価ミスを組み合わされたものなのかを突き止めることにあると考えている。効率的市場仮説が以前よりも増して，流動的になる可能性を持つ時期，即ちパラダイムシフトの時期が近いと考えている（筆者訳）』と述べている。彼の持つ新たなファイナンス理論のイメージは図1に示すようなものである。

　これは CAPM の思考を応用し投資家が資産価格をミスプライスする場合のリスクとリターンの関係を三次元で表したものである。期待リターンはリスクと共に上昇するが，underpricing の程度とも関係がある。Underpricing の程度には book to market や market value, earnings/price などの変数や，数値化しにくい天候や相場の雰囲気のようなもの，自社株買いのようにミスプライスを利用するような企業側の行動などが反映されている。

　効率的市場パラダイムの転換の時期が近いかどうかはともかく，もっと数多くの証拠が必要であることは間違いない。しかしながら，米国におけるアノマリーの報告や数多くの実証結果に比べ，日本の実証報告の数は稀少である。日米両国は基本的には類似した資本市場システムを持っているものの，文化圏が異なる2つの大きな市場である。このような2つの市場で資産価格形成を分析することは，株価に影響を与えているのが未知なるリスクファク

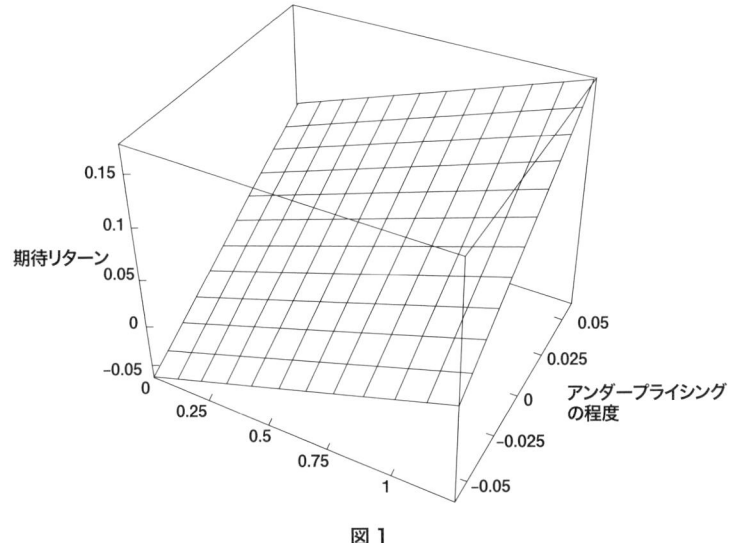

図 1
出所：Hirshleifer（2001）

ターなのか，あるいは投資家心理なのかということを考える上で，とても重要なことである。天候と株価の関係[2]のように，米国市場のアノマリーと同じような現象が日本市場でも観察される場合と，日本固有な結果が得られる場合がある。後者の場合は資産価格の決定プロセスの中で何が効いているのかということを理解する上で特に興味深いものであろう。本書では，米国において効率的市場仮説に疑問を投げかけることになった重要なアノマリー現象について記し，日本における研究との対比をもって紹介する。

【注】

1) Kahneman はプロスペクト理論が評価され 2002 年のノーベル経済学賞を受賞した。Tversky は死去していたため受賞とならなかった。
2) Hirshleifer and Shumway（2003）は 1982 年から 1997 年までの期間で日本を除く 26 カ国の株式市場で天気の良い日の株価リターンを調査した。その結果取引コストが安いトレーダーであれば，天気情報に依拠して売買を繰り返すことによって異

常リターンを稼ぐことができることを発見した。また日本市場においては加藤・高橋（2004）が同様の報告をしている。

第1章
伝統的ファイナンスの枠組みⅠ

　ファイナンスとは価値評価の体系である。事業価値，不動産価値，証券価値，いずれも将来的に生じるキャッシュフローを現在の価値に引き直して価格が形成されているのである。大豆や原油のような商品と異なり，証書や証券はただの紙切れであり，それ自体に価値があるものではない。それら金融資産の価値は，その証書を保有することにより将来もたらされるキャッシュフローに依存している。そこで問題となるのは，そのキャッシュフローの質と量，即ち，リスクとリターンをどのように測定するかということである。モダンポートフォリオ理論が出現する以前は，リスクは標準偏差であり，リターンは過去の平均値をもって測定していた。ところが，マルコヴィッツがモダンポートフォリオ理論の概念を提唱してからは，標準偏差の中には，除去できるリスクがあることが証明された。このモダンポートフォリオ理論の登場は応用ミクロ経済学の一部でしかなかったファイナンスが，独立した発展を始める契機ともなったのである。

　本章では，伝統的ファイナンス理論の中核を形成する資本資産評価モデル（Capital Asset Pricing Model）の導出までを扱い，広く実務界に応用されているファイナンス理論のエッセンスを紹介する。

1-1 リスクとリターンについて

1-1-1　ゲームに見るリスクとリターン

　ファイナンスでは「リスク」と「リターン」という言葉が頻繁に用いられるため，まずその概念について整理しておきたい。一般的には，「ハイリスク・ハイリターン」という表現をすれば，すぐに想像されるのは，さしずめギャンブルであるところの「競馬」「パチンコ」「宝くじ」であろうか。これらは確かにハイリスクな投資（遊び）である。競馬に投資すれば何千倍の配当をもらえることもあるかもしれないが，ゼロになる確率も非常に高く，配当金のばらつきは極めて大きいため，「ハイリスク」であることは間違いない。それでは，「ハイリターン」なのであろうか。一般的な「ハイリターン」という認識は，極端に大きな配当がある場合があり得るということで「ハイリターン」だと考えられているかもしれない。しかし，ファイナンスで使うリターンの概念で言えば，競馬への投資は「ローリターン」である。なぜなら「ハイリターン」とは，あくまでも期待リターンが高いということであるからだ。競馬への投資を継続的に行えば，その期待値は大きなマイナスである。競馬というゲームの成り立ちが，投資家（馬券を買う人）から集めた資金の一部しか配当として支払われないのであるから，継続的な投資で得られる配当額は当然マイナスである。競馬が「ハイリスク・ハイリターン」な投資になるためには，投資家から集めた資金以上の配当をする必要があるのだ。

　ここで一つのゲームをすることにしよう。壺の中にくじが3本入っていると想像していただきたい。このくじには，赤，白，黒と3種類あるが，それぞれ1本ずつ入っていることがわかっている。したがって，この壺から一本引くくじが赤である確率，白である確率，黒である確率は，それぞ

れ3分の1である。さて，この状況でくじを一回だけ引くというゲームをすることを考えよう。参加者であるあなたは，あらかじめ次に述べるA，B，Cの3種類のゲームの中からどのゲームをするかを選択する。ゲームAでは，赤くじを引いた場合，100万円の賞金が与えられる。白くじを引いた場合は50万円の賞金が与えられ，黒くじであれば賞金はもらえない。ゲームBでは，若干賞金の額に差が設けられるものの，ゲームAほどではない。赤くじで70万円，白くじで50万円，黒くじで30万円の賞金が与えられる。ゲームCでは，ゲームAやBでみられたような，くじの色による差異はまったくない。どのくじを引いても50万円の賞金が得られる。(図表1-1)は，各ゲームのくじの色に応じた賞金額をまとめたものである。

先ほどのリターンの定義から，この3つのゲームのうち，最も「ハイリターン」であるゲームはどれだろうか。正解は，どれも同じリターンだということである。ゲームAからゲームCのいずれの期待賞金額も50万円である。つまり，どのゲームに参加しても期待できるのは50万円ということであるから，すべて同じ（期待）リターンということになる。では「リスク」についてはどうだろうか。リスクとは不確実性のことである。最も不確実性が高いのはゲームAである。その次にゲームB，そして不確実性がないのがゲームCであることがわかる。ファイナンスでは，不確実性をリスクと呼び，標準偏差で表現することが多い。従って，ゲームA，B，Cは同じリターンであり，Aが最もハイリスク，続いてBが中くらいのリスク，Cがローリスクだということができる。

次に読者に質問である。この3つの中ではどのゲームに参加したいと思うか。このゲームに無料で参加できるのであれば，最悪でも0万円の賞金だから損はない。悪い話ではない。したがって，不確実なゲームAにチャレンジして100万円当ててみようかという気になるかもしれない。ただ普通に考えればこのようなおいしい話はない。通常はゲームに参加するための参加費を支払わなければならない。読者がゲームA～Cに参加費を支払って参加するとしたら，それぞれいくらの参加費を支払う用意があるだろうか。筆者はこの同じ質問をある大学生100人に対してアンケート調査を行った。その結果は以下のとおりである。各自が思い浮かべた参加料と比較してもらいたい。

図表1-1　確率3分の1のくじ引きゲームの賞金額分布

全3本	ゲームA	ゲームB	ゲームC
赤（1本）	100万円	70万円	50万円
白（1本）	50万円	50万円	50万円
黒（1本）	0万円	30万円	50万円

図表1-2　大学生100人に対するアンケート調査結果

	ゲームA	ゲームB	ゲームC
賞金の期待値	50万円	50万円	50万円
標準偏差（ばらつき度合い）	41	16	0
平均参加費	10万円	35万円	48万円
期待リターン	400%	43%	4.2%

　図表1-2では，参加費という表現をしているが，これは学生達のゲームA〜Cの評価であると考えられる。ゲームA〜Cはそれぞれ同じ期待賞金額を持つのだが，不確実性の大きさに鑑みて学生達は異なる値段をつけたことになる。この結果は，学生達が，不確実性が大きいほど価値を低く見積もっていることを示している。即ち，リスク回避的なのである。リスク回避的な学生達は不確実性の全くないゲームCには最も高い価値（48万円）を与えている。[1]別の言い方をすれば，学生達はリスクの高いゲームに対しては，高いリターンを求めていることがわかる。ゲームAは期待賞金額50万円，不確実性41の標準偏差に対して，学生達は10万円の参加費を支払うわけであるから，彼らの要求期待リターンは400%（(50−10)÷10）であると計算できる。同様に，ゲームBには43%の期待リターンを要求し，ゲームCには4.2%の期待リターンを要求する。ファイナンスでは不確実性のない無リスク資産の期待リターンとリスク資産の期待リターンとの差を，リスクに対する報酬という意味で，リスクプレミアムと呼称する。学生達は，ゲームBの標準偏差16という賞金額の不確実性に対して，43%−4.2%＝38.8%のリスクプレミアムを要求し，極めてリスクの高いゲームAという商品に対し

て400％−4.2％＝395.8％というリスクプレミアムを要求していると言える。

1-1-2 リスク回避と期待効用

これまでの議論から，投資家はリスク回避的であるということが直観的に理解できたであろう。それではその合理的基礎を検討しておくことにする。投資決定の中心にリスク回避があるという認識は，少なくとも1738年に遡る。スイスの数学者であるダニエル・ベルヌーイ（Daniel Bernoulli）は，1725年から1733年までサンクトペテルブルグに滞在し，コイン投げゲームを分析した。コインを投げるプレーヤーは，コインが裏になるまでコインを投げ続けることができる。そして表が出るたびに利得が増大していくのである。裏が出た時点でゲームはストップする。裏が出るまでの回数をnとすると，プレーヤーの得られるペイオフは

$$Rn = 2^n \text{（単位：ドル）} \quad (1\text{-}1)$$

と計算される。最初（$n=0$）に裏が出てしまった場合は，1ドル得ることができる。2回目に裏が出てしまった場合は，2^1ドル，つまり2ドルを得ることができる。3回目に裏が出てしまった場合は$n=2$，即ち4ドルを得ることができる。このようなペイオフを持つゲームに対して，貴方ならどの程度の参加費を払うであろうか。図表1-3には各事象が発生する確率，ペイオフ，期待値をまとめたものである。

ここから明らかとなるのは，期待値の合計は無限大になってしまうという

図表1-3　コイン投げゲームにおけるペイオフ

裏がでるまでの試行回数 (n)	確率 Pr	ペイオフ $R(n)$	確率×ペイオフ（期待値）
0	1/2	\$1	\$1/2
1	1/4	\$2	\$1/2
2	1/8	\$4	\$1/2
3	1/16	\$8	\$1/2
・	・	・	・
n	$(1/2)^n$	\$$2^n$	\$1/2
合計			∞

ことだ。

$$E(r) = \sum_{n=0}^{\infty} Pr(n) R(n) \qquad (1-2)$$

　期待値が無限大であれば，このゲームに参加するためには（仮にリスクがあるとしても）相当な金額の参加費を出すであろうか。否である。参加者はせいぜい数ドルの参加料以上は出そうとしないだろう。これはサンクトペテルブルグの逆説と呼ばれ，期待値をリスクに応じて評価するという枠組みでは投資家行動は描写できないことがわかるのである。

　ベルヌーイは，プレーヤーにとって全てのペイオフの1ドル当たりの価値は同じではないという，限界効用逓減の法則の概念を持ち込み，このパラドックスを解決した。即ち，投資家の限界的な効用の上昇は，ペイオフが大きくなることによって1ドルあたり小さくなっていくということである。たとえば，プレーヤーは限界効用逓減の以下のような効用関数をもっていると考えよう。

$$U = Log(w) \qquad (1-3)$$

　ここで U は効用水準，w は得られる＄ペイオフである。このような効用関数を持つプレーヤーにとってはこの効用が参加費を算出する際の基準となる。コイン投げゲームのこの効用の期待値を求めると（図表1-4）のようになる。ここで期待効用の合計値を求めると，概ね $Log(2)$ と等しいということから，この効用関数を持つプレーヤーは2ドル程度の参加費しか出さないということになり，一般的な感覚と整合的である。まとめると，プレーヤーは以下の期待効用を持つ。

$$V(R) = \sum_{n=1}^{\infty} Pr(n) \log[R(n)] \qquad (1-4)$$

図表1-4　コイン投げゲームにおけるペイオフ

裏が出るまでの試行回数 (n)	確率	2n	Log2^n	確率×効用（期待効用）
0	1/2	$1	$1/2	0.000
1	1/4	$2	$1/2	0.173
2	1/8	$4	$1/2	0.173
3	1/16	$8	$1/2	0.129
.	.	.	.	.
n	$(1/2)^n$	$2^n	$1/2	$(1/2)^n \times log(2^n)$
合計		∞		0.693

さて，もうひとつゲームを考えてみよう。同じくコインを投げて将来の富の水準を決めるが，10万ドルの投資が必要である。表が出ると（2分の1の確率で）15万ドルが支払われ，裏が出ると（2分の1の確率で）5万ドルが支払われる。このような期待ペイオフと必要投資額が同じであるようなゲームをフェアゲーム（fair game）と呼ぶ。当然リスク回避的プレーヤーはこのようなゲームには参加しない。どのように意思決定されるのかを分析してみよう。リスク回避的プレーヤーは期待効用を計算する。15万ドルが得られる効用は先程の効用関数に代入すると $Log(150,000)=11.92$ である。また，5万ドルが得られる効用は同様に 10.82 である。確率はそれぞれ2分の1であるから期待効用は $11.92 \times 0.5 + 10.82 \times 0.5 = 11.37$ となる。ところが，10万ドルの出費（現金）を支払ということは，$Log(100,000)=11.51$ の効用を失うということであるから，プレーヤーはゲームには参加しない。ではどの程度の参加費であればプレーヤーは参加するだろうか。不確実なゲームのペイオフがもたらす期待効用，即ち，$Log(w)=11.37$ となるような参加費 $w=\$86,681.87$ 以下であれば参加してもよいということになる。これを確実性等価（Certainty Equivalent）と呼ぶ。（図表1-2-5）は $U=Log(w)$ という効用関数の形を示し，このようなリスク回避的な効用関数を持つプレーヤーは，必ず期待値よりも低い参加費しか払わないということを図示したものである。

確実性等価が期待値よりも低いというのは，先のゲームA～Cの価格の違いだということができる。仮のこの効用関数 $U=Log(w)$ を持つプレーヤーが先のゲームBを評価するとすれば，一体いくらであれば，くじ引きゲームをしても良いと感じるであろうか。確実な50万円の持つ効用は $Log(50万)=13.122$ である。ゲームBのペイオフが与える期待効用は，$E(U) = \frac{1}{3} log(30万) + \frac{1}{3} log(50万) + \frac{1}{3} log(70万) = 13.064$ である。したがって，ゲームBの確実性等価は $e^{13.064}=471,1769$ 円となる。この結果から，大学生100人のアンケート調査が示す35万円という pricing が示す彼らのリスク回避度は，この効用関数が示すリスク回避度よりも大きいということになる。

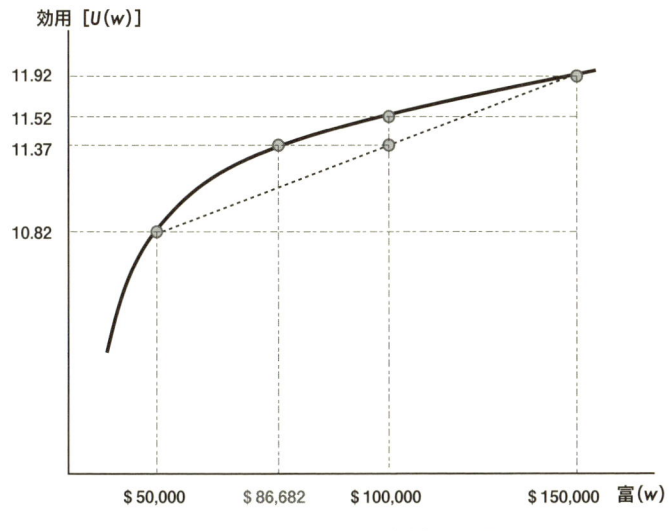

図表1-5　リスク回避的効用関数

1-1-3　株式資産と無リスク資産

　リスク回避的なプレーヤーは，不確実性の存在するゲームに参加することによって，期待的には参加費を超えるペイオフを持たなければ参加に同意しないことが明らかとなった。学生たちは自らの期待効用を算出した結果，ゲームAに400％の期待リターンを求め，ゲームBに43％の期待リターンを求める。これを先の例の「学生達」を「市場の投資家」「ゲームA」を「株式資産」「ゲームB」を「長期国債」「ゲームC」を「短期国債」と置き換えて換言すると，そのまま資本市場の特徴を表現していることになる。最も不確実性の少ない資産は，ほぼ現金保有に近い短期の国債である。長期の国債は，満期までの保有であれば元利は保証されるものの，インフレ懸念やデフレ懸念が発生すると，満期までの途中経過で価格が上下に激しく変動するため無リスク資産ではない。従って，最も変動が激しい株式資産ほどではないにしても，ある程度の不確実性がある資産だといえるだろう。不確実性の最も高いゲームAには，期待リターンが最も高くなるように学生達（投資家達）は評価していた。同様に，不確実性が最も高い資産である株式資産は，

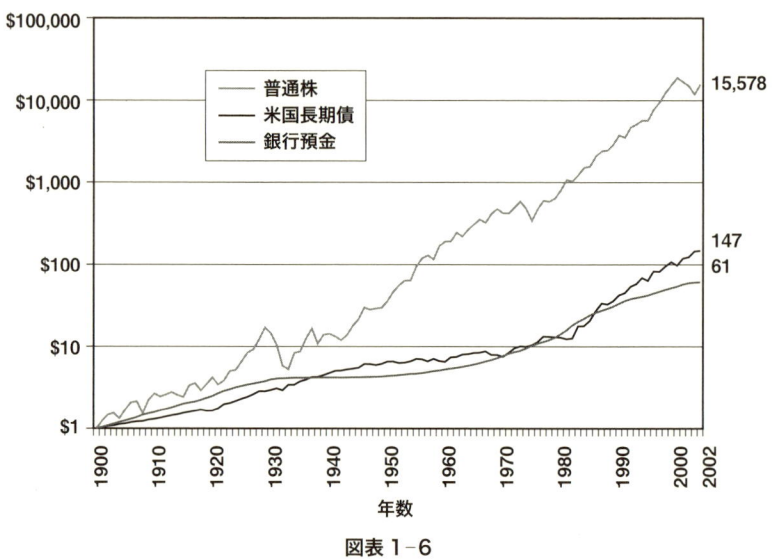

図表1-6

　その期待リターンが最も高くなるように評価されているのである。
　図表1-6は，1900年から102年間の米国の各資産クラスのパフォーマンス推移をあらわしている。1900年時点で株式資産，長期国債，銀行預金（短期国債）という3つの資産クラスにそれぞれ1ドル投資したと仮定して，102年間の価格推移を追ったものである。たとえば，短期国債に102年間投資すれば，2002年時点で61倍（61ドル）に増えている。銀行預金の利率（短期国債の利回り）は短期金利に連動し，短期金利は中央銀行が物価動向などのインフレ率を見ながら決定しているので，概ね物価は61倍になっていると考えてよいだろう。長期国債に投資していたとすれば，1ドルの価値は147ドルに増えている。満期までの価格変動リスクを取ることで，短期国債よりも結果として高い利回りとなっている。圧巻は株式資産に投資された1ドルである。1900年の1ドルは15,578ドルにもなる。[2] 株式資産は長期保有すれば非常に有利な資産であるといわれる所以である。この圧倒的なパフォーマンスの差は，投資家がリスク回避的であり，短期的な（数十年の場合も有り得る）不確実性を嫌うことから生まれているのである。したがって，先のゲームAに10万円で繰り返し参加することによって，1回につ

ての平均受け取り賞金額が50万円に収束し、参加費との差額40万円の利益が上がるのと同様に、株式資産を長期保有する投資家は、国債や銀行預金のみにしか投資しない投資家よりも、享受するリターンが圧倒的に高いのである。世の中で一般的にハイリスク・ハイリターンな投資と呼ばれるものは、眉唾なものが多いが、株式は正真正銘のハイリスク・ハイリターンであることが、歴史によって証明されている。

1-2 モダンポートフォリオ理論 (Modern Portfolio Theory)

1-2-1 標準偏差（ばらつき度合い）はリスクではない

　リスク回避的な投資家が資産評価をした場合、リスクの高い資産にはそれに見合った高い期待リターンを要求することは既に述べた。では、資産評価をする場合に、標準偏差を用いて期待リターンを測定してよいのであろうか。仮に標準偏差と期待リターン（或いはリスクプレミアム）の間に単純な正の関係があるならば、高い期待リターンを求める投資家は、単純に過去の標準偏差の高い資産に投資するべきだと結論づけてよい。実は、マーコビッツ (Harry Markowitz) のポートフォリオ理論が登場する1950年以前の米国においては、証券会社の推奨銘柄には過去の平均リターンが比較的高く、標準偏差の少ない公益株が多かったのである。これは標準偏差がリスクであるという誤った認識があったことによるものだが、なぜ標準偏差で考えてはいけないのだろうか。その理由について以下で説明する。

1-2-2 2銘柄の分散投資

　図表1-7に示す単純化した例で考えてみよう。たとえば世の中にたった2つの株式会社しか存在しないと考える。来年の景気の状態はそれぞれ3分の1の確率で、好景気、景気横ばい、不景気である。またそれによって、それぞれの株式のリターンも変化する。一つ目の企業は、景気が良いときによく儲かる、景気敏感株のA社。A社株は来年好景気なら20%上昇し、景気

図表 1-7

	景気敏感 A社株	景気逆相関 B社株	銀行預金
好景気	20%	-12%	2%
景気横ばい	5%	-1%	2%
不景気	-10%	18%	2%
期待リターン	5%	1.6%	2%
標準偏差	12.25%	12.39%	0%

横ばいなら5%，不景気なら-10%となる。二つ目の企業は景気が悪いときほどよく儲かる会社B社。もちろん，世の中の景気が悪いときほど儲かる企業はそれほど多くないだろうが，たとえばそういう会社があるとしよう。B社は好景気時に-12%，景気横ばい時に-1%，不景気時に20%という株価のパフォーマンスを示すと予想される。銀行預金金利は2%である。したがってこの世界の住人は，A社株，B社株，銀行預金という3つの選択肢があることになる。さてこのような3つの選択肢しかない世界に住んでいたとするならば，読者はどのような投資をするだろうか。

それぞれの期待リターンと標準偏差は次の手順に従って求める。景気の状態(S)がiとなる確率をp_iとし，そのときの証券のリターンをr_iとした場合，期待リターン$E(r)$と標準偏差σは以下のように計算できる。

$$E(r) = \sum_{i=1}^{S} p_i r_i \qquad (1\text{-}5)$$

$$\sigma = \sqrt{\sum_{i=1}^{S} p_i [r_i - E(r)]^2} \qquad (1\text{-}6)$$

従って，A株の期待リターンとリスクは次のように求められる。

$$\text{A株の期待リターン} = 20\% \times \frac{1}{3} + 5\% \times \frac{1}{3} + -10\% \times \frac{1}{3} = 5\%$$

$$\text{標準偏差} = \sqrt{\frac{1}{3}(20\%-5\%)^2 + \frac{1}{3}(5\%-5\%)^2 + \frac{1}{3}(-10\%-5\%)^2} = 12.25\%$$

まず，（図表1-8）を概観して気付くことがある。これまでの議論では説明できない現象が例として記されているということだ。景気敏感株のA株は期待リターンが5%，標準偏差12.5%である。一方B社株の期待リターン

図表1-8

	景気敏感 A社株	景気逆相関 B社株	A・B半々に 分散投資
好景気	20%	-12%	4%
景気横ばい	5%	-1%	2%
不景気	-10%	18%	4%
期待リターン	5%	1.6%	3.3%
標準偏差	12.25%	12.39%	0.94%

と標準偏差を同様に計算すると、それぞれ1.6と12.39％となる。これでは標準偏差の高いB社株の方が、標準偏差の低いA社株よりも期待リターンが低いことになり、標準偏差であらわされる不確実性が正しく価格に反映されていないことになる。更に、B社株をよく見てみると、期待リターンが1.6％と、銀行預金よりも低い。これは何かの間違いではないかと思われるかもしれない。しかしB社株は、安全確実な銀行預金より期待リターンが低くても、十分魅力的な投資対象となる。なぜだろうか。

この世界の住人にはこの3つの投資対象しか存在しないので、どうにかしてこの選択肢の中で安全且つ利回りの高い運用をしたいと考えるだろう。投資対象を単独で考えていくと、B社株は選択肢から外れる。標準偏差は高く、期待リターンも低いからである。銀行預金にした方がましだと考えるかもしれない。ところが分散投資の可能性を考えるとどうであろうか。仮にA社株に運用資金の50％を投入し、残りの50％をB社株に投入したと考えてみよう。

図表1-8が示すように、A社株への投資比率 (w_A) が50％、B社株への投資比率 (w_B) が50％であるから、そのポートフォリオの期待リターン ($E(r_P)$) は単に加重平均となり、$E(r_P) = w_a E(r_A) + w_2 E(r_B) = 3.3\%$である。好景気、景気横ばい、不景気の3つのシナリオに沿ってポートフォリオのリターンを計算し、その標準偏差を取ると0.94％となる。A社株1社だけに投資するのに比べて、これだけリスクを軽減できた上で、期待リターンが3.3％も得られるのであれば、この組み合わせは魅力的である。

$$\sigma_p = \sqrt{\frac{1}{3}(4\% - 3.3\%)^2 + \frac{1}{3}(2\% - 3.3\%)^2 + \frac{1}{3}(4\% - 3.3\%)^2} = 0.94\%$$

このリスクの激減はどうして起こるのか。これこそが正にマーコビッツ (Harry Markowitz) の着目した分散投資の効用なのであるが，その源はA社株とB社株のリターンの発生パターンに負の相関にある点にある。B社株はA社株のリターンが低い不景気時にリターンが高く，好景気時にはリターンが低い。この性質が組み合わされたポートフォリオのリスクは，構成銘柄がお互いのばらつきを相殺する形で軽減されるのである。どの程度ポートフォリオのリスクが軽減されるのかは，A社株とB社株の共分散 ($Cov(r_A, r_B)$ 或いは σ_{AB}) で捉えることができる。[3] 各シナリオ別にポートフォリオのリターンを計算しなくとも，ポートフォリオのリスクは次式で表すことができる。

$$\sigma_p = \sqrt{w_A^2 \sigma_A^2 + w_B^2 \sigma_B^2 + 2w_A w_B \sigma_{AB}} \quad (1-7)$$

この共分散項が小さくなるような資産の組み合わせであれば，リスクを軽減できるのである。換言すると，A社株を購入する投資家からみれば，B社株の期待リターンの低さは，ポートフォリオのリスクを軽減するという果実に比べれば取るに足らないことなのである。

これまではA社株とB社株の組み合わせ比率を50%，50%としてポートフォリオを構築し，期待リターン3.3%，標準偏差0.94%としてきた。しかし，ここで期待リターン3.3%，標準偏差0.94%という組み合わせが，投資家にとって最も好ましいものかどうかはわからない。いろいろな組み合わせを検討してみる必要がある。そこで，$w_A + w_B = 1$ という条件の中で w_A と w_B を少しずつ変化させることで，ポートフォリオのリスクとリターンがどうなるかを見てみよう。

(図表1-9) に示したのは，A社株とB社株の保有比率を少しずつ変化させて，各組み合わせのポートフォリオのリスクとリターンをプロットしたものである。100% A社株に投資する場合に比較して，B社株に投資することによって，リスクは軽減していく。勿論，期待リターンも若干下落するが，リスクの軽減効果の方が大きいことがわかるだろう。リスク軽減の度合いは，B社株がA社株と負の相関を持つことに由来するものである。ところ

期待リターン
(%)

100% A社株

50% B社株
50% A社株

100% B社株

標準偏差

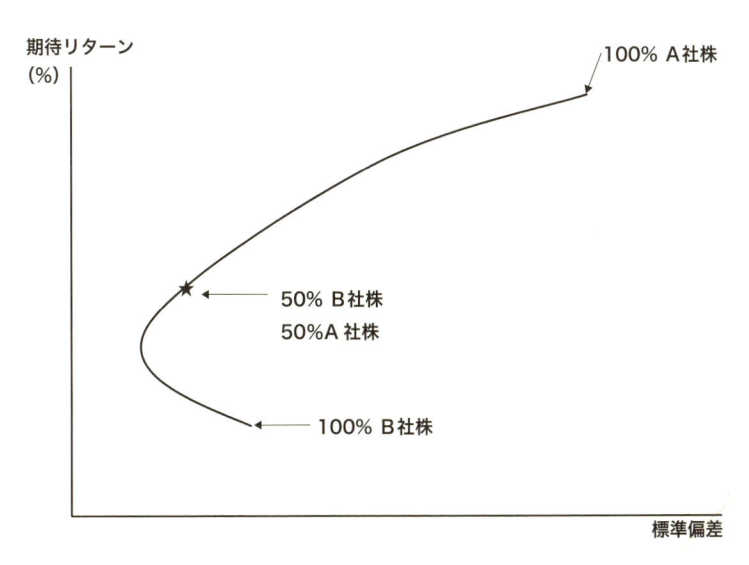

図表1-9　A株とB株が作り出す投資機会集合

が，B社株の保有比率をある一定以上に増やすと，期待リターンは下がるものの，ポートフォリオのリスクは逆に上昇していく。投資家にとっては，ある一定以上B社株を保有するのは非効率となる。投資家の立場から考えるなら，リスクが小さく，出来るだけ期待リターンが高いポートフォリオが好ましい。出来るだけ北西に位置する組み合わせが望ましいのである。図示した卵型のポートフォリオの組み合わせをポートフォリオの（投資）機会集合（portfolio opportunity set）と呼ぶが，機会集合の下半分の組み合わせについては，選択肢から除外すべきである。なぜなら，下半分にある組み合わせに投資するくらいであれば，同じリスクに対してより高い期待リターンをもつ組み合わせが上半分に存在するからである。したがって，この2証券の組み合わせでは，卵型の上半分の組み合わせの中から，投資家の選好にしたがって選択すべきであることがわかる。

1-2-3　複数の危険資産の組み合わせ

これまでの議論から，2つの危険資産を組み合わせることでリスクを軽減できることがわかった。現実には世の中には無数の危険資産が存在する。危

険資産の中で，株式だけをとってみたとしても，日本の株式市場に上場している企業は4000社以上存在するのだ。複数の危険資産から成るポートフォリオを考えてみよう。

基本的には第3証券，第4証券と危険資産を増やしたとしても，同様の手順でポートフォリオのリスクを求めることができる。A，B証券に新たにCという証券を加えて考えてみよう。3証券の場合も期待リターンについては各証券へ加重平均で求められる。しかし，リスクについては，A証券とB証券の共分散，A証券とC証券の共分散，更に，B証券とC証券の共分散を考慮しなければならない。即ち，各証券への投資比率をw_A, w_B, w_Cとするならば3証券の場合のポートフォリオリスクは

$$\sigma_P = \sqrt{w_A^2 \sigma_A^2 + w_B^2 \sigma_B^2 + w_C^2 \sigma_C^2 + 2w_A w_B \sigma_{AB} + 2w_A w_C \sigma_{AC} + 2w_B w_C \sigma_{BC}} \quad (1\text{-}8)$$

となる。証券の数を次々に増やしていくと，（図表1-10）に示されているように，多くの共分散項を考慮に入れる必要がある。n個の証券ではn個の分散と$\frac{n^2-n}{2}$個の共分散を計算をして求めることになる。

計算は複雑になるが，ポートフォリオとして考えた場合，共分散項で表されるリスクは打ち消す要素が増えるために更に分散効果を実現することができる。（図表1-10）の黒塗りの部分は各構成証券の分散項であり，白抜きの部分が共分散項を示す。ここから証券の数が増えるにしたがって

$$\text{ポートフォリオの分散} = N\left(\frac{1}{N}\right)^2 \times \text{分散の平均} + (N^2-N)\left(\frac{1}{N}\right)^2 \times \text{共分散の平均}$$
$$= \frac{1}{N} \times \text{分散の平均}\left(1 - \frac{1}{N}\right) \times \text{共分散の平均}$$

となり，証券の数（N）が増えることで，ポートフォリオの分散は共分散の平均に近づいていくことがわかる。

このように証券の数を増やしていくことで，分散効果を高めることができるが，株式のような危険資産のポートフォリオを構築する場合には，いくら証券の数を増やしても，ある一定のリスクは残存する。全く相関のない独立の動きをする証券が世の中に多く存在するのであれば，リスクは証券の数を十分に増やすことで完全に除去できるであろう。しかし，現実の世界では異なる株式会社であっても，景気の動向とは無縁ではいられない。

株式

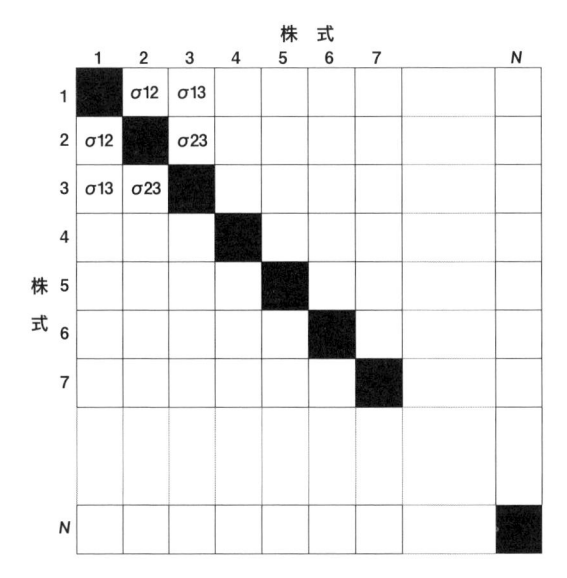

	1	2	3	4	5	6	7	...	N
1	■	σ12	σ13						
2	σ12	■	σ23						
3	σ13	σ23	■						
4				■					
5					■				
6						■			
7							■		
...									
N									■

図表 1-10　複数の証券から構成されるポートフォリオのリスク

おおよそ景気と正の相関を持つ。先の例ではA株と負の相関を持つB証券を設定して考えたが，そういう証券はほとんど存在しない。したがって，ポートフォリオの証券の数を増やすことである程度のリスク分散は可能であるが，リスクを除去することはできないのである。分散投資によって軽減され得るリスクを分散可能なリスク（diversifiable risk・unsystematic risk・idiosyncratic risk）と呼び，その残りを分散不可能なリスク（undiversifiable risk・systematic risk・market risk）と呼ぶ。証券の数（N）とポートフォリオのリスクの関係は図表1-11に示すようなものである。

　図表1-12は証券の数を増やしていった場合に，どのようにポートフォリオのリスクが変化していくかを図示したものである。証券の数が多ければ多いほど，ポートフォリオの機会集合が北西へと移動する。分散効果がそれをもたらしてくれるのであるが，ある一定数以上の危険資産を組み入れたとしても，分散不可能なリスクが残存するため，分散効果の限界が現れる。いくら多くの証券を組み合わせたところで，リスクがゼロになることはない。これ以上分散効果が出ないところまで分散投資されたポートフォリオが形づ

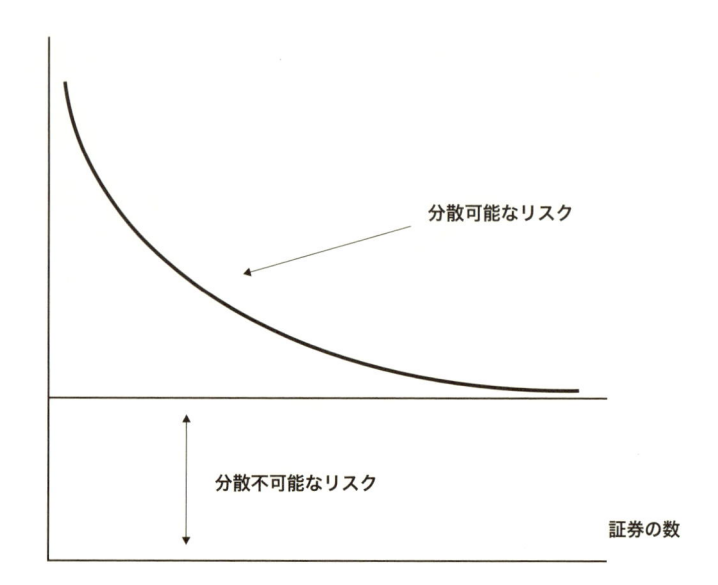

図表1-11　証券の数を増やした場合のポートフォリオリスクの推移

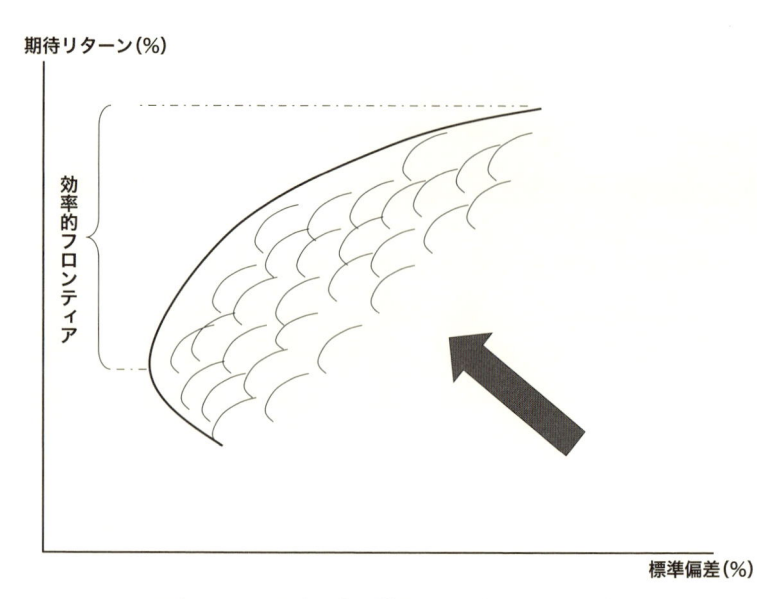

図表1-12　証券の数を増やした場合の投資機会集合

くる機会集合の中で，最もリスクとリターンが良い組み合わせが形作る曲線を効率的フロンティア（Efficient Frontier）と呼ぶ。卵型の投資機会集合の下側は，同じリスクでより高い期待リターンを生み出すポートフォリオが存在するため，効率的フロンティアとは呼ばれない点に注意をして欲しい。合理的な投資家が危険資産だけを投資の対象として考えた場合，効率的フロンティア上にある組み合わせ以外は選択しないのである。

1-2-4　無リスク資産と危険資産の組み合わせ

　無リスク資産と危険資産を組み合わせた場合の，期待リターンとリスクについて考えてみよう。期待リターンについては危険資産と同じ加重平均で求められるが，リスクについては共分散項が存在しないため，無リスク資産への投資比率分だけリスクが軽減する[4]。運用資産の半分を無リスク資産に振り向ければ，ポートフォリオのリスクは半減するという具合である。このような危険資産と無リスク資産から成るポートフォリオの期待リターンとリスクは，先ほどの卵型にはならず，図表1-13に示したような直線となる[5]。無リスク資産との組み合わせであるから，共分散は発生しない。投資額の30％を危険資産に投じ，70％を安全資産に投じた場合，全体のポートフォリオのリスクは単純に危険資産の持つリスクの30％だということである。

　高い期待リターンを求める投資家は危険資産の比率を上げ，リスクを取ることで目的を達成できる。運用資金のすべてを危険資産に投入して得られる期待リターンよりも高い期待リターンを達成したい場合は，借り入れによって危険資産への投資額を増やせばよい。無リスク利子率で借り入れを起こせるという条件付であるが，投資家は直線上のどの点でも取ることができるのである[6]。この直線は資本資産線（Capital Asset Line，以下CAL）と呼ばれる。

1-2-5　マーケットポートフォリオ

　危険資産が一つでもあれば，無リスク資産との組み合わせでCALが描けることがわかった。CAL上の点であれば，投資家がどのように資産配分するかという選択をするだけで自由に移動可能なこともわかった。ではどのようなCALを選ぶべきだろうか考えてみよう。

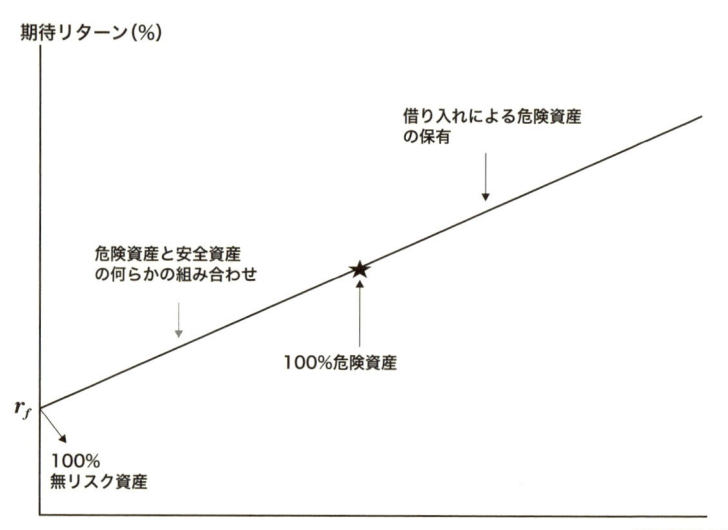

図表1-13　Capital Asset Line

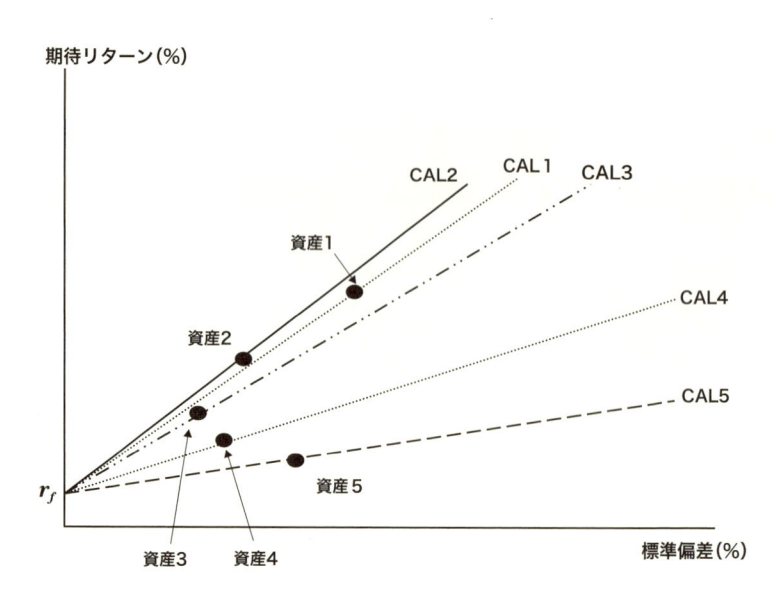

図表1-14　様々なCapital Asset Line

図表1-14に示すのは、1〜5までの危険資産と組み合わせることによって得られる様々なCALである。投資家はCAL上の点であれば自らの資金配分を変化させるだけで自由に選択できることを考慮すると、最も好ましいCALは傾きの大きいCAL2であることが分かる。その他のどのCALよりも常に良いリスクとリターンの組み合わせを提供してくれるからである。投資家はCALの傾きが最もsteepな資産選択をするのが合理的であるということである。投資決定の決め手となるCALの傾きは次式で表すことができる。

$$S = \frac{E(r_p) - r_f}{\sigma_p} \quad (1\text{-}9)$$

但し、SはCALの傾き、$E(r_p) - r_f$は選択した危険資産のリスクプレミアム、σ_pは選択した危険資産の標準偏差である。

　これまでの議論を複数の資産を組み合わせたポートフォリオの議論と併せて考えよう。世の中の危険資産全てを組み合わせていけば、効率的フロンティアが得られる。無リスク資産の存在を考慮せず、100%危険資産のみに投資しなければならないというのであれば、投資家は自らのリスク許容度に合わせて効率的フロンティアのいずれかの点を選択すればよい。しかし現実には無リスク資産と組み合わせて投資することができるわけであるから、効率的フロンティア上の危険資産ポートフォリオの組み合わせと無リスク資産で構成されるCALの中で、最も傾きの大きいCALとなるような危険資産を選択すべきであろう。それは、無リスク資産を起点として効率的フロンティアに接線を引いた時に、接点となる危険資産の組み合わせである。式で表現すれば、投資家は以下のような最大化問題を解くことによって最も効率的なポートフォリオを所有することになるのだ。

$$\begin{aligned} Max \ \ S &= \frac{E(r_p) - r_f}{\sigma_p} \\ subject\ to\ \ E(r_p) &= \sum_{i=1}^{n} w_i E(r_i) \\ \sigma_p &= \sum_{i=1}^{n}\sum_{j=1}^{n} w_i w_j \sigma_{ij} \\ \sum_{i=1}^{n} w_i &= 1 \quad (1\text{-}10) \end{aligned}$$

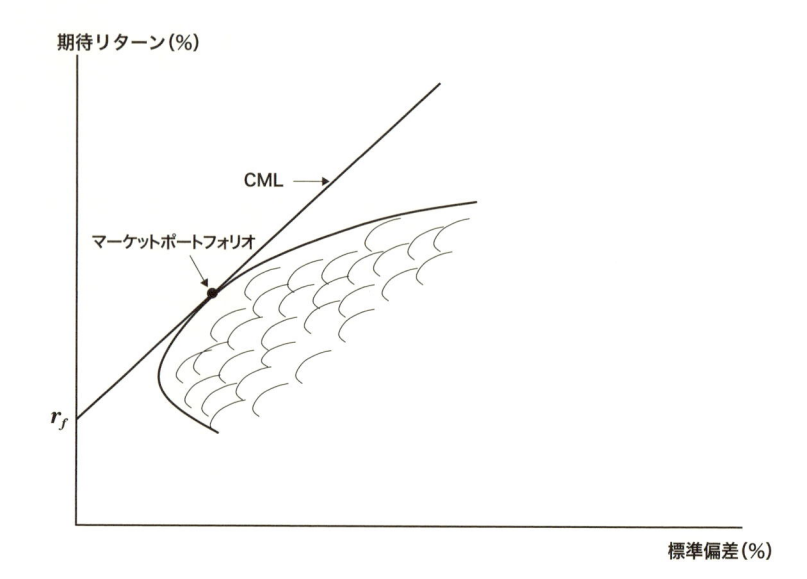

図表 1-15　資本市場線（Capital Market Line）

　このCAL以上の傾きを与えてくれる危険資産は存在しないから，手に入る最良の組み合わせということになる。効率的フロンティアの中から無リスク資産との接線を形づくる組み合わせは「マーケットポートフォリオ」と呼称され，（図表1-15）に示しているとおりである。マーケットポートフォリオと無リスク資産で構成されるCALを特に資本市場線（Capital Market Line, CML）と呼ぶ。投資家が合理的であれば，このマーケットポートフォリオとなる危険資産と無リスク資産の組み合わせ以外を保有することは考えられない。なぜなら，CML上の点が効率的フロンティア上のどの点よりも，同一のリスクに対してより高い期待リターンを提供する（北西に位置する）からである。このことは即ち，均衡において危険資産の保有は全てマーケットポートフォリオとなることを意味する。

1-3　資本資産評価モデル (Capital Asset Pricing Model, CAPM)

1-3-1　リスク指標としてのベータ (β)

　これまで学習してきたことをまとめると，合理的な投資家であれば，誰しもマーケットポートフォリオを持つということになる。もちろん，リスクを最小限に抑えようとする投資家は自らの資産の多くを危険資産に投入しようとは思わない。彼らはむしろ危険資産への投資額を最小限にとどめるであろう。そのような投資家が仮に99％無リスク資産を保有するとしても，残りの1％についてはマーケットポートフォリオを保有しようとするのだ。同様に，高いリターンを目指し，リスクをたくさん取る用意がある投資家は，自ら保有する資産以上の額のマーケットポートフォリオを保有しようとするかもしれない。いずれにせよ，どのような投資手法を採用する投資家でも，押し並べてマーケットポートフォリオを持つのである。合理的な投資家はマーケットポートフォリオ以外の危険資産は持たないというこの結論は，かなり現実感覚と異なるものであろう。もちろんこの結論が導かれるためには，多くの仮定が必要である。列挙すると，市場には多くの投資家が存在していなければならない，全ての投資家は同一の想定保有期間を有する，投資対象としては，株式や債券など公に取引されている金融資産のみであり，人的資本や公共財のような資産は対象外である。更に，投資家は税金や取引費用がかからない，投資家は皆合理的で，平均・分散の世界で最適化を行っている，全ての投資家は証券を同じ方法で分析し，かつ世界経済について同じ見通しを持っている，等である。非現実的な仮定も含まれているが，世界をモデル化する場合には，このような簡単化の仮定を設けて基本モデルを考え，現実への応用については，その点を修正していけば良いのである[7]。

　合理的な投資家は，皆マーケットポートフォリオを持つのであれば，マーケットポートフォリオを持つことを前提に個々の危険資産のリスク評価をする必要がある。1-2-2（1）で述べたように，標準偏差はリスク指標としては不完全である。世界に2つの危険資産しかない場合の例をもう一度想起し

てほしい。仮に皆がA証券をもっていると考えた場合，B証券のリスク評価として，標準偏差12.39%という表現は適切でない。なぜなら，12.39%という標準偏差の中には分散可能なものと不可能なものとが混在しているからである。評価として適切なのは分散不可能な部分だけを取り出したリスク指標，換言すればA証券とどういう共分散を持つかということを表す視点が反映されたリスク指標である。したがって，皆がマーケットポートフォリオを持つ世界においては，マーケットポートフォリオとどういう関係にあるかというという側面を記述した指標がリスク指標として適切である。この指標としてマーケットポートフォリオとの共分散をマーケットポートフォリオの分散で除したものを用いる。これをベータ（β）と呼ぶ。即ち，i証券のリスクはi証券とマーケットポートフォリオとの共分散（$\sigma_{i,m}$）をマーケットポートフォリオの分散（σ_m^2）で除した

$$\beta = \frac{\sigma_{i,m}}{\sigma_m^2} \qquad (1-11)$$

と表される。

$\beta=1$とは，マーケットポートフォリオの分散と全く同じマーケットポートフォリオとの共分散を持つ証券であるから，マーケットポートフォリオそのものになる。$\beta=2$とはマーケットポートフォリオより2倍も高い共分散を持つ証券であるから，マーケットの動き以上に同じ方向に激しい動きをする証券だと考えることができる。$\beta=0$とはマーケットポートフォリオとの共分散がゼロであるということである。これは必ずしも，標準偏差がゼロであることを意味しない。あくまでも，マーケットとは独立の動きをする証券であれば良い。独立の動きをする多くの証券を集めた場合，ポートフォリオのリスクがどうなるかを考えてみよう。独立であるということは，（図表1-10）の黒塗りの部分だけが，存在するということである。仮にn個の証券に等分散すると考えれば，ポートフォリオの分散は，$\sigma_p^2 = \sum_{i=1}^{n} \left(\frac{1}{n}\right)^2 \sigma_i^2$となり，$\sigma_p^2 = \left(\frac{1}{n}\right)^2 \sum_{i=1}^{n} \sigma_i^2$であるから，$n$が増加するにしたがって，不確実性は取り除かれていく。nが十分に増加するとリスクはゼロとなるのである。

逆に$\beta<0$という証券も考えられる。マーケットポートフォリオと逆相関を持つ証券である。このような証券（資産）は貴重である。このような証券

をポートフォリオに入れるだけで、ポートフォリオのリスクは軽減されるからである。

　$\beta=1$ であれば、その期待リターンはマーケットポートフォリオの期待リターンと同じである。仮に、マーケットポートフォリオと同じリスクを持つ証券が、マーケットポートフォリオよりも高い期待リターンを持つ状況が少しでもあらわれれば、利に聡い市場の投資家がすぐさま購入し、価格が上昇するだろう。結局、マーケットポートフォリオと同じ期待リターンを持つ水準まで買われたところで価格が落ち着き、マーケットポートフォリオと同じ期待リターンとなる。$\beta=0$ であればその期待リターンは無リスク資産のそれと同じである。なぜならマーケットポートフォリオを持つ投資家にとってみれば、$\beta=0$ の危険資産をポートフォリオに加えたところで、その標準偏差は全て分散可能であり、無リスク資産と同じだからだ。これで、期待リターンに関する二つの基準点が得られた。この二つの基準点を直線で結んだ線が（図表1-16）に表されている。これを証券市場線（Securities Market Line, SML）と呼ぶ。

1-3-2　CAPM の意味

　（図表1-16）において、二つの基準点を直線で結んだ証券市場線（SML）を紹介した。しかしこの基準点を直線で結んだのは単なる気まぐれではない。そうするにはそうするだけの理論的な支持が必要である。1960年代半ばに3人の経済学者 William Sharpe, John Lintner, Jack Treynor らがこの理論的枠組みを構築した。これが資本資産価格モデル（Capital Asset Pricing Model：CAPM）と呼ばれるものである。このモデルが伝える内容は驚くべきものであり、且つ単純である。競争的市場においては、期待リスクプレミアムは β に直線的に比例するのである。即ち i 証券の期待リスクプレミアム（$E(r_i)-r_f$）は以下の様に表す事ができる。

$$E(r_i)-r_f=\beta_i(r_m-r_f) \qquad (1-12)$$

　したがって、全ての投資は（図表1-16）に示す SML 上にプロットされることになる。勿論 β は負の値を取る事もある。(7) 式から、マーケットポートフォリオとの共分散が負であれば、β は負の値を取る。たとえば、金

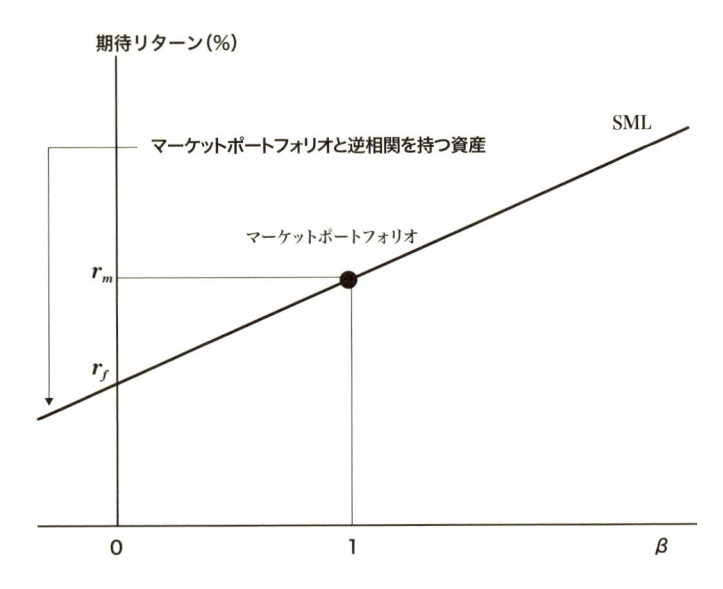

図表1-16 証券市場線（Securities Market Line）

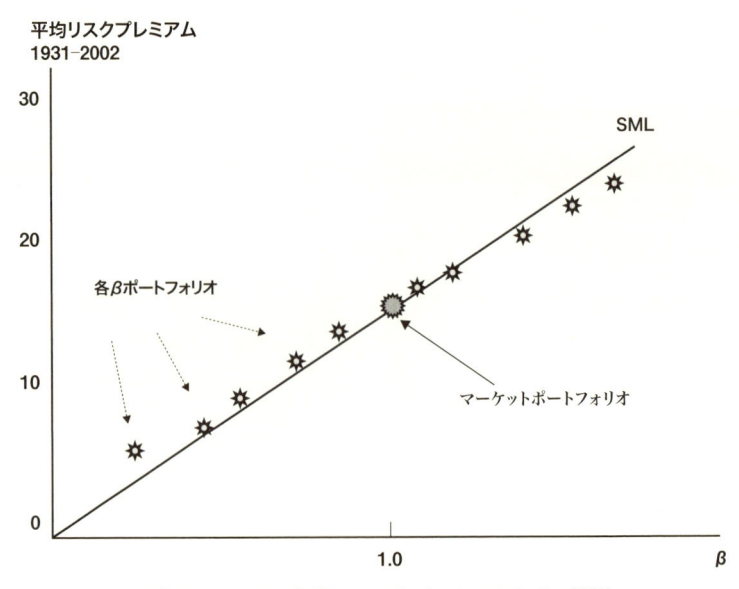

図表1-17 72年間のリスクプレミアムとβの関係

（ゴールド）はマーケットポートフォリオと負の相関を持つ危険資産として知られている。インフレヘッジとして考えられる金資産は，インフレ時に上昇する。しかし，株式資産にとっては，インフレ→金利上昇→割引率の上昇という連想が働き，売られてしまうケースが多い。株式資産と逆の相関を持つ金資産は，ポートフォリオのリスクを軽減する上では格好の投資対象なのである。したがって，期待リターンが低くとも，魅力のある資産だといえよう。実際に金の価格は1802年に1ドルだったものが，2001年時点で14.38ドルにしかなっていない資産なので，無リスク資産よりも期待リターンは低いと考えられる。

1-3-3　CAPMの検証

CAPMが示す期待リターンは実現値のなかで検証できるだろうか。十分に長い期間の観察を行えば，投資家が分散可能なリスクは評価せず，分散不可能なリスクにのみプレミアムを求めているかどうかを判断できよう。（図表1-17）に示すのは，過去72年間の米国におけるβと平均リスクプレミアムの軌跡である。マーケットポートフォリオは72年間に平均して，無リスク利子率よりも12.2％高い収益率をもたらし，当然であるがβは1である。CAPMの理論ではβが倍になるとリスクプレミアムも倍になるはずである。それを検証するため1931年から全上場銘柄のβを毎年推定し，それを10分位に分類しポートフォリオを構築する。こうして出来上がったbが高いものから低いものまで10のポートフォリオを一年間観察する。毎年この作業を繰り返し，ポートフォリオのリバランスを行いながら投資を継続する。こうして10のポートフォリオのリスクプレミアムを求め，プロットしたものが（図表1-17）である。図表から明らかなように，概ねCAPMを支持する実証結果が得られている。

【注】

1) 合理的に考えればゲームCでは50万円から1円でも安ければ支払ってよいはずであるが，ここはあくまでもアンケート調査から得られた平均値であるので，48万円となっている。
2) インフレ調整後では株式資産は719倍になっている。
3) 共分散は $\sigma_{AB} = \sum_{i=1}^{s} p_i [r_{Ai} - E(r_A)][r_{Bi} - E(r_B)]$ で求められる
4) (3)式の共分散項をゼロとおいて考えればよい。
5) 直感的に理解を深めたい読者は投資比率を変化させて，期待リターンと標準偏差をグラフにプロットしてみればよい。
6) 借り入れ金利が無リスク利子率よりも高い場合は，危険資産への投資比率が100%を超えた点から直線がよりフラットな直線に変化する。
7) CAPMの厳しい前提条件では実務的に応用不可能であるが，次章に説明する裁定価格理論（Arbitrage Pricing Theory）の登場で，広く実務界に応用されるようになった。

【参考文献】

Bodie, Z., A. Kane, and A. Marcus (2007), *"Investments,"* McGraw-Hill.

Dimson, E., P. Marsh and M. Staunton (2001), *"Triumph of the Optimist:101 years of global investment returns,"* Princeton University Press.

第2章
伝統的ファイナンスの枠組みII

　資本資産評価モデル（CAPM）は数学的にとても洗練されており，しかもリスクとリターンの関係をシンプル且つ説得的に表現している。ただし，これは規範理論であり，多くの前提条件の下で成立するモデルなのである。第1章では，CAPMが概ね金融市場を説明していると述べたが，実は多くのアノマリーも報告されている。これらのアノマリーの存在は伝統的ファイナンスのあり方への批判材料となっているが，伝統的ファイナンス陣営の研究者たちは，かならずしも彼らのアプローチを否定するものではないと反論する。

　伝統的ファイナンスの依拠するパラダイムは，価格は合理的に決定されているということである。価格が合理的に決定されているとは即ち，リスクを取ることなく高いリターンは得られないということを意味する。CAPMを用いてアノマリーが発見されるのであれば，それはCAPMが生まれてきた土台が悪いのではなく，リスクを記述する方法がうまくいっていないと考えるのである。

　第2章では，CAPMの評価方法を実務界に定着させることに大きな貢献をした，裁定価格理論（Arbitraqge Pricing Model）とファクターモデルについて紹介する。更に，より洗練されたモデルとしてThree Factor Modelを解説する。伝統的ファイナンス学者の営みは，マーケットにおける真のリスクとリターンの関係を記述する完全なモデルを探すことであると言えるかもしれない。その意味では，アノマリーの報告は彼らのアプローチを否定するものではなく，単にモデルの精緻化の過程で出てくる発見に過ぎないのだ。数多くの論文で引用され，アノマリーの代表格と言えるDe Bondt and Thaler（1985）の過大評価，過小評価の発見についても，著者達がマーケットの合理性を疑う証拠として提出した意図とは無関係に，不完全なモデルをより精緻化するための新たなリスクファクターと認識され，モーメンタムファクターとして取り込まれたのである。第2章を通じて，アノマリー現象に対する，伝統的ファイナンスのアプローチを理解していただきたい。

2-1 ファクターモデルと裁定価格理論（APT）

2-1-1 Single Factor Model と APT

　証券価格のミスプライスを利用して，リスクを取ることなく利益を上げることを『裁定（arbitrage）』と呼ぶ。これは，同時に2つの実質的には同価値の証券を，売って・買うという行為を通じて，その差額を利益として得るという取引である。現代ファイナンス理論の中核には，市場の均衡価格は，この裁定取引によって担保されるという考え方が存在する。これは強力な議論であり，強い説得力を持つ。仮に少しでも裁定機会があるならば，巨額の裁定取引がそこに発生し，均衡価格へと価格を誘う強い力がはたらくことで均衡価格は維持される。即ち，証券市場は，常にこの『無裁定（no-arbitrage condition）条件』を満たしていることになる。『無裁定条件』が満たされるということが，ファクターモデルが成立する条件である。Steve Ross の提唱した裁定価格理論の登場によって，モダンポートフォリオ理論は机上の理論から実用の理論へと大きく進化した。

　まず，もっともシンプルなシングルファクターモデル（Single Factor Model）を考えよう。今経済は一つのマクロファクターだけの影響を受けていると仮定する。このような状況では，株式などの危険資産に価格変動をもたらす不確実性の源として二種類考えられる。一つは，共通要因であるそのマクロ経済要因である。もう一つは，その会社に固有の要因，ミクロ経済要因である。この共通の要因は，その変化にサプライズがあった場合のみゼロから乖離する。定義上サプライズであるから，期待値はゼロである。個別の要因も当然錯乱項であるから期待値はゼロである。

　ここで，共通のファクターの期待値からの乖離を F とし，β_i を F への企業 i の感応度とし，e_i を企業 i に固有の事情による誤差項だとすると，企業

iの実現リターンは以下のように記述できる。

$$r_i = E(r_i) + \beta_i F + e_i \tag{2-1}$$

ただし，$E(r_i)$ は企業iの期待リターンである。仮にマクロファクターの値がゼロであれば(即ち，マクロ要因のサプライズは全くなかったとすれば)証券のリターンは従来の期待リターンと同じということになる。e_iはそれぞれに無相関で，Fとも無相関である。

たとえば，Fが景気循環に関するニュースだとして，GDPの変化率でそれが捕らえられるとしよう。この時の市場のコンセンサスがGDPの成長率が4%であるとして，企業iのGDP変化率への感応度β_iが1.2だったとしよう。この場合，発表されたGDPが3%であれば，企業iのリターンは期待的に1.2%下落するということになる。実現リターンは，そもそもi証券の期待リターンから1.2%をマイナスし，誤差項であるe_iを加えて決まることになる。

個別の企業iに替えて，十分分散されたポートフォリオであればどうなるだろうか。このポートフォリオの実現リターンは，先程とは異なり，共通要因に発生したサプライズのみで決められることになる。なぜなら，錯乱項のミクロ経済要因については，お互いに無相関であるから，nが大きくなるにつれてゼロに近似していくからである。それを示そう。n個の証券をそれぞれwiの比率で保有するポートフォリオ（但し$\sum w_i = 1$）の場合，収益率は次のようになる。

$$r_p = E(r_p) + \beta_p F + e_p$$
$$\beta_p = \sum w_i \beta_i \tag{2-2}$$

ここで，β_Pはn個の証券の加重平均であり，e_pはマクロ変数とは無関係な変動についてn個の証券の加重平均したものである。ポートフォリオの分散を共通要因と個別要因に分けると，次のように記述できる。

$$\sigma_p^2 = \beta_p^2 \sigma_F^2 + \sigma^2(e_p)$$

ここで，σ_P^2はマクロファクターFの分散であり，$\sigma^2(e_P)$はポートフォリオの個別要因の分散である。個別要因の分散は次式のようにあらわすことができる。

$$\sigma^2(e_p) = variance\left(\sum w_i e_i\right) = \sum w_i^2 \sigma^2(e_i)$$

銘柄に固有のe_iは，それぞれに無相関であることを念頭に，仮に，等分

散のポートフォリオを考え，$w_i = 1/n$ と考えると，個別要因の分散は

$$\sigma^2(e_p) = variance\left(\sum w_i e_i\right) = \sum \left(\frac{1}{n}\right)^2 \sigma^2(e_i) = \frac{1}{n}\sum \frac{\sigma^2(e_i)}{n} = \frac{1}{n}\bar{\sigma}^2(e_i)$$

となる。ここで，銘柄数（n）を増やしていくことで，マクロファクターとは関係のないリターンのバラツキについては，ほとんど無視しても良い水準にまで除去できることがわかる。機関投資家などは，数千銘柄を保有するため，これは現実的である。したがって，ポートフォリオの実現リターンは以下のように書き換えることができる。

$$r_p = E(r_p) + \beta_p F \tag{2-3}$$

図表2-1に示すのは，single factor modelで個別銘柄をを見た場合と十分分散されたポートフォリオを見た場合の収益率の分布である。ポートフォリオの場合，グラフAで示すように，マクロ要因のサプライズが全くない場合は，そもそものポートフォリオの期待リターンである10%となり（切片），サプライズがある場合は，$\beta = 1$でファクターに反応する。個別銘柄の場合は，グラフBに示すように，錯乱項（個別要因，non-systematic risk）があるので，直線の周りをばらつくことになる。

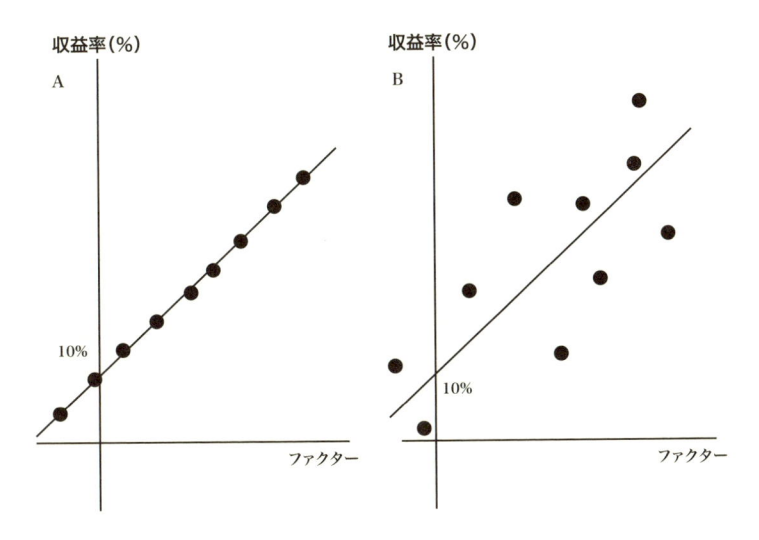

図表2-1 分散されたポートフォリオAと個別銘柄

2-1-2　裁定取引の働き方

次に，十分に分散されたポートフォリオBを考えよう。十分に分散されたポートフォリオBは，マクロファクターに何もサプライズがない場合は，そもそもの期待リターンが8%であり，しかも$\beta=1$である。このようなポートフォリオは存在するだろうか。答えは否である。仮にこのようなポートフォリオBが存在するのであればすぐに裁定取引の対象となる。（図表2-2）に示すように，βが同じ1であるということはファクターのサプライズに対して，収益率が同程度上下するということである。したがって，この場合1億円の想定元本で裁定取引を行なうとすれば，ポートフォリオBを1億円空売りし（ショート）し，ポートフォリオAを1億円購入（ロング）しさえすればよい。ファクターのサプライズがどの程度であったとしても，200万円の利益を上げることができる。裁定取引にかかる費用はゼロである。同金額のショートとロングをするわけであるから，手元資金も必要ない。この取引は無限に可能となるから，ポートフォリオAとBの収益率は瞬時に同じレベルとなって均衡する。

ではβが異なる場合はどうであろうか。仮に分散されたポートフォリオ

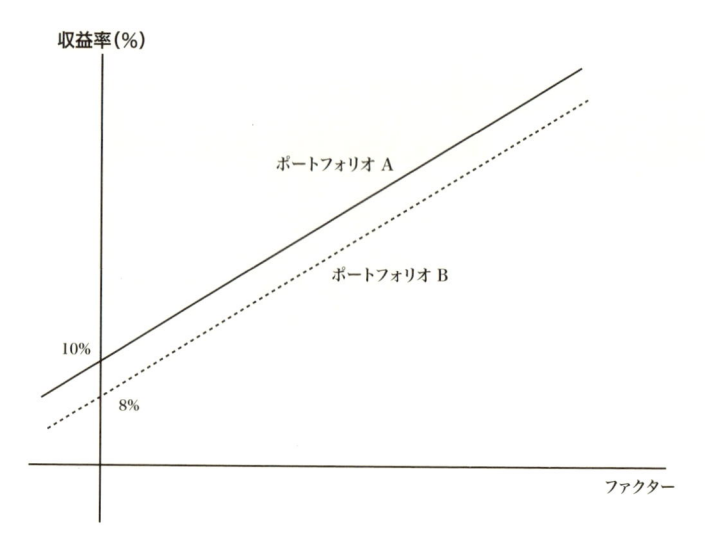

図表2-2　仮想のポートフォリオB

Cがマクロファクターに対する感応度が0.5で期待リターンが6%であるような場合はどうなるだろうか。（図表2-3）に示すように、リスクプレミアムはβに比例していなければならない。ここでは無リスク利子率が4%でマーケットリスクプレミアムが6%であるから、$\beta=0.5$の良く分散されたポートフォリオは、本来、期待リターンは7%でなければならない。このような場合、どのようにして裁定取引が行われるだろうか。図から明らかなように、期待リターンの低いCをショートするのであるが、Cをショートすると、Cとまったく同じリスクプロファイルのものをロングしなければ、無リスクの裁定取引とならない。そのため、Aを使ってCとまったく同じリスク内容のポートフォリオを構築する必要がある。そのためには、Aを0.5単位だけロングし、更に無リスク資産を0.5単位分ロングすればよい。1億円の想定元本で取引を行うならば、Aポートフォリオを50%ロング（5000万円分ロング）し、無リスク利子率で50%ロングする。同時にCポートフォリオを1億円分ショートすれば、どういうマクロサプライズが起こったとしても100万円の利益を上げることができる。このようなおいしい取引には皆が群がり、無数の裁定取引が発生することから、Cは消滅する。

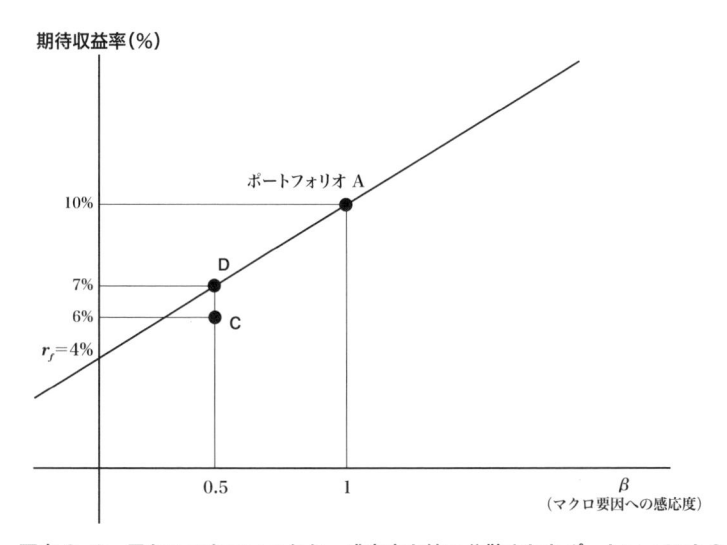

図表2-3　異なるマクロファクター感応度を持つ分散されたポートフォリオC

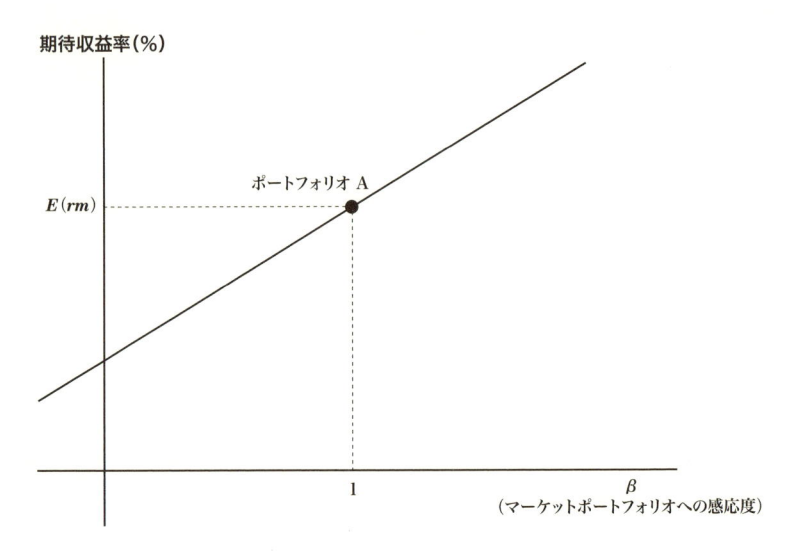

図表 2-4 マクロファクターをマーケットポートフォリオの予期せぬ収益と考える

　ところで，(図表 2-3) のグラフは (図表 1-16) の証券市場線のグラフと酷似していることに気付かれただろうか。十分に分散されたポートフォリオとしてマーケットポートフォリオを考え，共通のマクロ要因をマーケットポートフォリオの予期しない収益と考えれば，マーケットポートフォリオの β はそれ自身への感応度であるため $\beta=1$ である。(図表 2-4) はそれを表している。この直線は SML そのものである。マーケットポートフォリオが不完全にしか構築されていないとしても，銘柄数が十分であれば，十分に分散されたポートフォリオであり，SML 上から逸脱するポートフォリオは瞬時に裁定取引によって SML 上の均衡価格に収束する。実務家は，十分に分散されているという点と，期待リターンの推定のためのデータを注意深く集めれば実用に耐えうるということになる。

　これまで，CAPM を導出するためには，多くの仮定をおいて考えてきた。しかし，このような無裁定条件を用いて考えていくと，CAPM が実務的に非常に使いやすいものとなることがわかるだろう。そもそもマーケットポートフォリオという概念は，世の中の全ての危険資産が包含されるため観察不可能であった。しかし，無裁定条件をベースとする裁定価格理論

（APT）で考えると、十分に分散されたポートフォリオさえ観察できれば、CAPMの厳しい仮定を置かなくても、その主要な結論がほぼ成り立つと言えるのである。SMLを導くために、マーケットポートフォリオが真のポートフォリオでなくても、十分分散された株価指数のようなポートフォリオで代替できるというのは、実務上大変好都合である。（図表2-4）の関係から、あるポートフォリオが割安か割高かを判断するために、株価指数を用いてポートフォリオの β を推定し、SMLよりも上にあるのか、下にあるのかを見ることによって判断可能となる。

2-1-3　Multi-Factor Model と APT

これまでの議論では、株式の収益率に影響を及ぼす共通要因は一つであると考えてきた。しかし、単一のファクターで上場株式の全ての収益率について語るのは無理がある。たとえば、インフレ率、景気循環、石油価格などの複数のファクターが企業収益に影響を与えていると考えられるので、これらについて記述するモデルが必要である。そこで、裁定価格理論（APT）のマルチファクター版を用いて、これら複数のリスクの源泉について対応することにしよう。

経済は、GDPの成長率とインフレ率という二つの共通要因を持つとしよう。その場合企業 i の実現リターンは次のように記述することができる。

$$r_i = E(r_i) + \beta_{i,GDP} GDP + \beta_{i,IR} IR + e_i \qquad (2\text{-}4)$$

（2-4）の方程式の2つのマクロ要因は経済の共通要因であり、（2-1）と同様、それぞれのファクターに対してサプライズがある場合のみに企業 i の期待リターンに変化が生じることを表している。このマルチファクターモデルは証券のリターンにどのような影響を与えるかという描写を与えているに過ぎない。最も素朴な疑問は（2-4）式にある $E(r)$ をどうやって求めればよいかということだろう。これまで学習してきたCAPMでは証券の期待リターンは、無リスク利子率（時間価値に対する補償）にリスクプレミアムを加えたものということがわかっている。

$$E(r) = r_f + \beta \left[E(r_m) - r_f \right] \qquad (2\text{-}5)$$

マーケットポートフォリオのリスクプレミアムを RP_M と記述するなら、

$$E(r) = r_f + \beta RP_M \qquad (2\text{-}6)$$

と記述できる。この β の解釈は，マーケット全体の動きに対する感応度を測定していると考えることができる。したがって，投資家はマクロ経済リスクをとったことによるご褒美として高い期待リターンを得るということである。そしてそのご褒美の水準は，マクロ経済リスクへの感応度（β）と，マクロ経済リスクを1単位保有することから得られるプレミアム（RP_M）をかけたものである。次にこのシングルファクターの考え方をマルチファクターに拡張していくことにする。(2-4) 式で用いた二つのファクター，(GDPのリスクと金利リスク) が世界を描写しているとするならば，証券のリターンは次のように表すことができる。

$$E(r) = r_f + \beta_{GDP} RP_{GDP} + \beta_{IR} RP_{IR} \qquad (2\text{-}7)$$

ここで，β_{GDP} は GDP の予期しない成長に対しての当該証券の感応度であり，RP_{GDP} は一単位の GDP に対するリスクプレミアムである。このリスクプレミアムはファクターポートフォリオを観察することによって計算する。ファクターポートフォリオとは，特定のファクターに感応度1を持つポートフォリオの事である。マーケットには数千の銘柄が存在しているため，ある特定のファクターに感応度1を持つポートフォリオを構築可能である。このように構築されたファクターポートフォリオをベンチマーク（基準）として期待リターンを計算するのである。RP_{IR} は金利に対する感応度1を持つファクターポートフォリオのリスクプレミアムであり，金利が上昇すれば一般的には株価は下落するので，係数の β_{IR} は負である。

今，第1のファクターにのみ感応度を持つポートフォリオの期待リターンが10%で，第2のファクターにのみ感応度を持つポートフォリオの期待リターンが12%だとしよう。また，無リスク利子率が4%だとする。今，よく分散されたポートフォリオAの第1ファクターに対するベータが0.5で，第2ファクターに対するベータが0.75だとする（$\beta_{A1}=0.5$, $\beta_{A2}=0.75$）。ポートフォリオAのリスクプレミアムは，各システマティックなリスクファクター感応することに対する補償として与えられる。従ってポートフォリオAの期待リターンは，

$$E(r_A) = 4\% + 0.5(10\% - 4\%) + 0.75(12\% - 4\%) = 13\%$$

となる。0.5(10％－4％)はファクター1に対して持っているポートフォリオAのexposureに対するご褒美、0.75(12％－4％)はファクター2に対して持っているexposureに対するご褒美と解釈できる。ポートフォリオAが第1のファクターと第2のファクターに感応度を持つので、リスクプレミアムもこのようにシングルファクターの時と同様に裁定によって決まる。

　一般化しておくと、Pというポートフォリオが各ファクターについて$β_{P1}$、$β_{P2}$という感応度をもっているとすると、同じリスクを持ったポートフォリオをつくることが可能となる。ある任意のポートフォリオQと呼ぶ。すると、Qは$β_{P1}$だけ1のファクターポートフォリオに投資し、$β_{P2}$だけ2のファクターポートフォリオに投資し、$(1-β_{P1}-β_{P2})$だけ無リスク資産に投資することで、Pと全く同じリスクプロフィールを持ったものとなる。

$$E(r_Q) = b_{P1}E(r_1) + β_{P2}E(r_2) + (1-β_{P1}-β_{P2})r_f$$
$$= r_f + β_{P1}[E(r_1) - r_f] + β_{P2}[E(r_2) - r_f] \quad (2\text{-}8)$$

2-1-4　裁定価格理論の応用

　CAPMは投資家がどのように効率的ポートフォリオを構築するかという視点から組み立てられたものであるのに対し、Stephan Rossによる裁定価格理論（Arbitrage Pricing Theory：APT）には、効率的ポートフォリオは存在しない。その代わりに、個々の危険資産価格の変動にはマクロ経済要因と個別の要因（ノイズ）が混在していると考える。即ち、ある証券の収益率（r）は以下のように記述できるのである。

$$r = a + b_1(r_{factor1}) + b_2(r_{factor2}) + b_3(r_{factor3}) + \cdots\cdots + ノイズ \quad (2\text{-}9)$$

　APTではそれぞれのファクターが何であるのかについては述べていない。ただ、どのような危険資産にも二つのリスクの源泉があり、一つはその危険資産に特有のファクターで分散可能、もう一つはマクロ経済全体のファクターであり、これは分散不可能なのである。期待リスクプレミアムは

$$E(r_i) - r_f = b_1(r_{factor1}) + b_2(r_{factor2}) + b_3(r_{factor3}) + \cdots\cdots \quad (2\text{-}10)$$

と表され、CAPMと基本的な考え方は似ている。

　期待収益率は経済全体の影響から生じるリスクによって決まり、個別リスクには影響を受けないのである。仮にこれらのファクターの一つ一つを組み

合わせたものが β に相当するのなら，CAPM と APT は同じことを言っていることになる。APT ではファクターを特定していないが，(図表2-5) に示すように，Elton, Gruber and Mei (1994) は 5 つの主要なファクターを特定化した。

では，全てにおいてこの 5 つのファクターで説明できるのだろうか。実はこの部分が APT の最も弱いところなのである。どのようなファクターが危険資産に影響を及ぼしているのかがはっきり語られないのである。

図表 2-5

ファクター	変数
イールドスプレッド	長期国債の収益率と短期国債の収益率の差
金利	短期国債の収益率の変化
為替レート	通貨バスケットに対するドル価値の相対的な変化
実質ＧＮＰ	実質ＧＮＰの予測値の変化
インフレーション	インフレ予測の変化

2-2 現象面からのアプローチ

2-1 では，金融市場では裁定が常に働き，価格は常に均衡価格に収束すると考え，モデルを構築した。シングルファクターモデルで，株価指数を共通要因として世界を記述する方法は，実務的に検証可能である。この方法で多くの実証研究が蓄積されているが，説明できない異例（アノマリー）が数多く報告されている。これに対して，APT のメッセージは複数のファクターによって経済を記述すれば，そういったアノマリーは消滅するということである。これを証明するためには，マルチファクターモデルの有効性を実証研究で検証できなければならない。しかし，理論的には説得力のあるマルチファクター APT モデルであるが，ファクターの内容について言及しないた

め，検証のしようがないのである。

そこで，アプローチを変えて，現象面から危険資産の期待リターンを記述するモデルを構築しようという営みの中で登場したのが，以下に説明するスリーファクターモデル（Three Factor Model）とフォーファクターモデル（Four Factor Model）である。

2-2-1　スリーファクターモデル（Three Factor Model）

CAPMが登場して以来，米国を中心に夥しい数の実証研究の蓄積がされてきた。多くの実証研究が蓄積されるにつれて明らかになってきたことは，CAPMの予想から外れた現象も多く見られるということである。βは重要なリスク指標ではあるが，それだけで全てを説明できないというのが悩みである。あくまでもβは期待リターンを求めるための指標なので，ある期間の現実をうまく説明できないからといって，あたらないと切り捨てられるべきものではないが，時代が進むにつれて新たなリスク指標が指摘されるようになった。その代表的なものがEugene FamaとKenneth Frenchが発見し，1992年と1993年に論文で発表した小型株効果とヴァリュー株効果である。

図表2-6は，小型株効果とヴァリュー株効果の二つのポートフォリオのパフォーマンスの差異を1926年時点から2002年までの期間において観察したものである。一つは小型株ポートフォリオと大型株ポートフォリオの収益率の差であり，もう一つは簿価時価比率の高い株式ポートフォリオと低い株式ポートフォリオの収益率の差である。

図表2-6から明らかなことは，小型株は大型株よりも恒常的に割安（保有することで収益率が高い）であり，簿価時価比率の高い株式（ヴァリュー株）は簿価時価比率の低い株式（グロース株）よりも恒常的に割安だということである。即ち，あたかも投資家がこれらをリスクとみなしていると理解できるということである。小型株は，時価総額が小さいというリスク要因がゆえに，投資家が高いリターンを求め，ヴァリュー株は，ヴァリュー株というリスク要因がゆえに，投資家が高いリターンを求めると解釈されるのである。これらの要因を考慮して，CAPMは次のように3ファクターモデルに代替される。

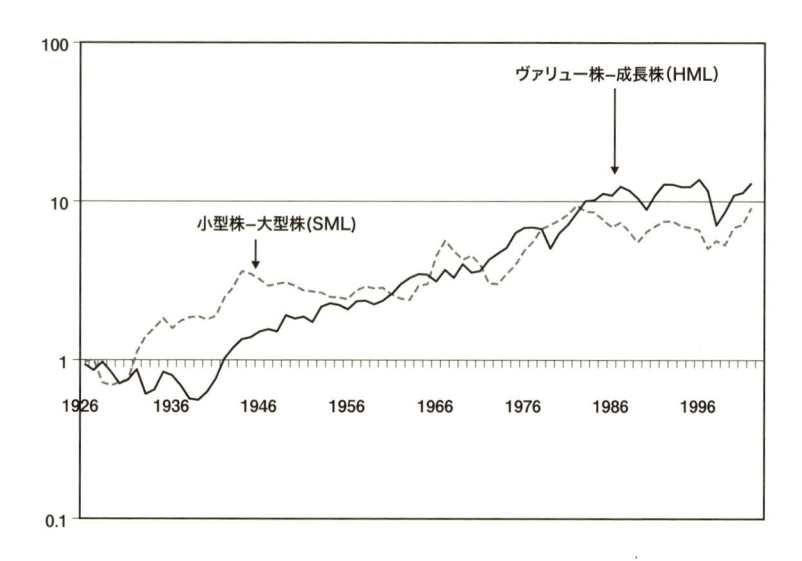

図表 2-6　1926 年から 2002 年までの HML と SML

$$E(r_i) - r_f = b_1(r_m - r_f) + b_2(SMB) + b_3(HML) \quad (2-11)$$

ある i 証券の期待リスクプレミアムを求めようとするならば，i 証券の市場のリスクプレミアムとの感応度 b_1，小型株収益率－大型株収益率（SMB）との感応度 b_2，更にヴァリュー株とグロース株の収益率の差（HML）への感応度 b_3 を推定して求める。たとえば，推定期間 30 年間にある証券の市場への感応度が 0.9 であり，SMB への感応度が 0.17，HML への感応度が－0.49 だったとしよう。30 年間のマーケットポートフォリオの平均リスクプレミアムが 5.2％，SMB が 3.2％，HML が 5.4％であれば，この証券の期待リスクプレミアムは $E(r_i) - r_f = (0.9 \times 5.2\%) + (0.17 \times 3.2\%) - (0.49 \times 5.4\%) = 2.49\%$ となる。市場との感応度（β）のみが期待リスクプレミアム決定するという CAPM での推定と比較すると，リスクプレミアムが大きく減少している。これは，当該株式が HML に対して負の影響をうける成長株であるというところに由来している。

CAPM では，投資家が「平均（mean）」「分散（variance）」の二つの基準で合理的に行動するという，誰もが納得のいく前提をもとに理論が構成されており，理解がしやすい。しかし，スリーファクターモデルでは，現象的に

規模効果やヴァリュー効果がリスクファクターのような働きをしているという理解ができたとしても、なぜそうなるかについての明快な回答は与えられていない。投資家が企業の成長性が乏しいことや、企業規模が小さいことを「リスク」と考えているという解釈は成り立つが、同じようなレベルのリスクファクターであれば、他にも存在しても不思議はない。スリーファクターモデルの登場によって、これまで説明されなかった一月効果などのいくつかのアノマリーは消滅した。しかし、すべてのアノマリーが消滅したわけではない。伝統的な金融経済学者達は、現存のモデルで説明できない現象については、未知のリスクファクターの仕業であると考え、新たなアノマリー現象が発見されれば、既存のモデルを修正していくという営みを続けてきた。次に示すフォーファクターモデルは、そうした営みのなかで生まれてきたものである。

2-2-2　フォーファクターモデル（Four Factor Model）

　De Bondt and Thaler という二人の学者が1985年に発表した「株式はoverreactするのか」という論文はたいへん話題になった。当時は効率的市場仮説論者が学界を支配していたころであったので、この発見は驚きであった。彼らの発見によると、株式市場にはモーメンタムという現象とリバーサルという現象が存在するという。（図表2-7）で明らかなように、過去3年間においてパフォーマンスの悪かったグループは、その後の3年間においてパフォーマンスが良く、逆にパフォーマンスが良かったグループというのはその後の3年間においてパフォーマンスが悪いのである。したがって、ポートフォリオの組成をする際には、過去のパフォーマンスの高いものは避けた方が良いということになる。

　過去3年間でパフォーマンスが良いポートフォリオということは、おそらく業績好調で株式市場では人気のある銘柄群から構成されていることが想像に難くない。投資家がそれらの銘柄群の将来収益力を過大評価しているとすれば、それは既に株価に織り込まれているはずである。既に高くなってしまっている株式は予想通りの業績好調であったとしても追加的に上昇することはなく、累積超過リターン（Cumulative Abnormal Return, CAR）[1]で考

えれば0%となろう。現段階での株価が，将来実現可能なパフォーマンス以上を織り込んでいるとすれば，その後の累積超過リターンは負となるであろう。逆に，過去の業績が悪い銘柄群から構成されているポートフォリオについてはどうだろうか。それらの銘柄群では過去についての悪いニュースが今後も継続するのではないかという思いから投資家が過小評価している可能性がある。仮に悲観を確認するような業績であったとしても，累積超過リターンはゼロであろうし，少しでも改善が見られれば株価は上昇することだろう。こういった過大評価や過小評価がシステマティックに長期間発生しているということは，先程の小型株効果，ヴァリュー株効果と同様，過去3年間のパフォーマンスが悪い効果のようなものを考える必要があろう。これをモーメンタムファクターと呼ぶ。この要因を考慮して，Three Factor ModelはFour Factor Modelに代替される。

$$E(r) - r_f = b_1(r_m - r_f) + b_2(SMB) + b_3(HML) + b_4(Momentun)$$

(2-12)

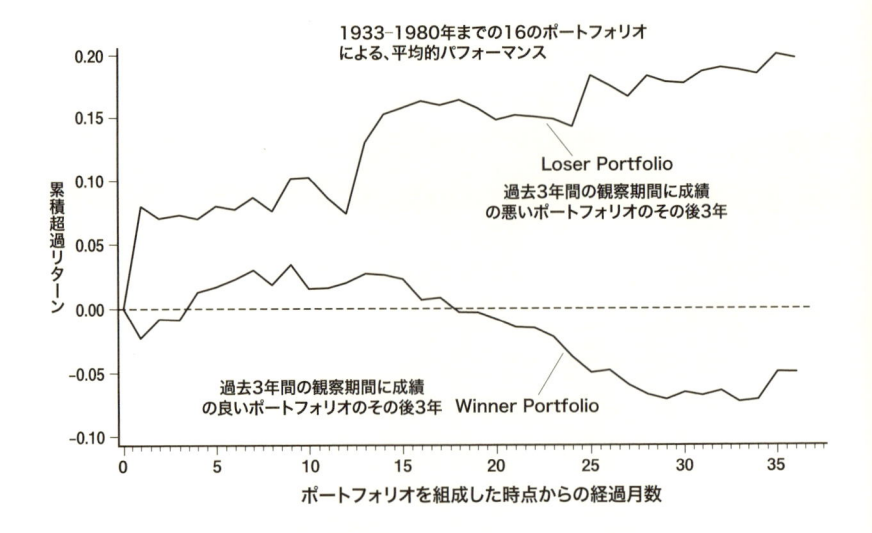

図表2-7 米国市場におけるリターン・リバーサル

出所：Debont and Thaler (1985), "Does the stock market overreact?," Journal of Finance, より筆者作成

2-3 効率的市場仮説（Efficient Market Hypothesis[2]）

　1950年代にコンピューターが市場分析に用いられるようになってから，まずはじめに試されたのが株価の時系列分析であった。景気循環論者たちは，当時，過去の長い期間のデータを分析すれば，経済のブームとバストのサイクルを特定でき，ある程度の正確な将来予測ができるものだと考えていた。ところが，Maurice Kendall という学者が1953年に時系列分析をしたところ，株価には何ら予測可能なパターンが存在しないということが明らかになった。この結果には彼自身も驚きであったが，価格変動は実はまったくのランダムだったのだ。上がるも下がるも全くのデタラメだというのだ。この発見に多くの経済学者たちは当初，株価は「そんなにいい加減に決まっているのか……」と感じたようだが，後に，ランダムであるが故に効率的だと考えられるようになった。以下，効率的市場仮説（Efficient Market Hypothesis）がどのような背景から生まれてきたのか，また，なぜファイナンスのパラダイムといわれるまでになったのかについて考えて行きたい。

2-3-1　ランダムウオークと効率的市場仮説（EMH）

　仮に Kendall が株価にあるパターンを見つけたとしよう。Kendall の方程式で将来の株価の動きが予測できるのであれば，今まさに眼前で値上がりしようとしている株価を投資家が買い，まさに値下がりしようとしている株式を売却することから，方程式が上昇を示すその前から上下するようになるだろう。そう考えると，株式に何らかのサイクルがあって，それによって将来が予想できるという試みは失敗する運命にあったと言えるのだ。

　もっと一般的にいうならば，株価のこれからの動きを示す情報はすでに価格に反映されていると考えてよい。したがって，『これから業績がよくなる』という予測については，業績がよくなってから株価が上昇するのではなく，業績がよくなるだろうという予測に基づいて投資家が取引することによって，株価に反映されてしまう。何らかの信頼できる分析によって株式が『割安』で将来値上がりするだろう，という予測が皆に共有されれば，多くの投

資家がその割安を解消してしまう。即ち，株価の変動は誰も予測しない『新しい情報』の到来によってしか起こらないのである。この『新しい情報』の到来は予測不可能で，且つランダムに起こる。当然株価の変動もランダムとなる。株式というのは実は正の期待リターンを持ち，その大きさは時間価値とリスクファクターで決まる。

『ランダム』ということと，価格変化が『非合理的（irrational）』ということとは異なる。『ランダム』ということは，価格が新しい情報にしか反応しないということである。株価が予測できるということは，価格に情報がしっかり反映されていないということを意味し，この場合，市場の efficiency は破られる。Efficient market とは，株価に既存の情報が全て反映されていて，新たな情報のみが株価を動かす要因になるということである。

図表 2-8 は，米国の研究者が企業の合併ニュースを発表されたときに株価がどういう反応を示すのかを調査した結果である。ここに示されているのは 194 社について，買収の標的になった企業の株価変化を表している。（図表 2-8）から分かるのは，あきらかに情報漏れがあるということである。時点 0 が，買収のターゲットになったということが公開情報になった時であるから，その 10 日前くらいから，情報が漏れていると考えられる。

株価情報を専門に放送している CNBC の番組の中で，その日に入ったニュースを整理し，株価評価を専門家が行うという視聴者向けコーナーがある。このコーナーで紹介された銘柄がその後マーケットでどう動いたかを分単位でおったのが，図表 2-9 である。ザラ場（取引時間内）中に上昇するような要因のニュースが流れている銘柄群の平均が，mid-day positive と記してあるもので，mid-day negative と記しているのは，下落要因となりうるニュースを受けた銘柄群の平均である。0 時点が発表の瞬間の平均収益率であるから，株価はすぐにニュースに反応し，その後落ち着く様子がよくわかる。つまり情報は，公開時点から 5 分以内で織り込まれるということである。この二つの図表から，株価はファンダメンタルに関する新しい情報が得られた場合に変化し，新しい情報は非常に短時間に織り込まれる様子がわかる。

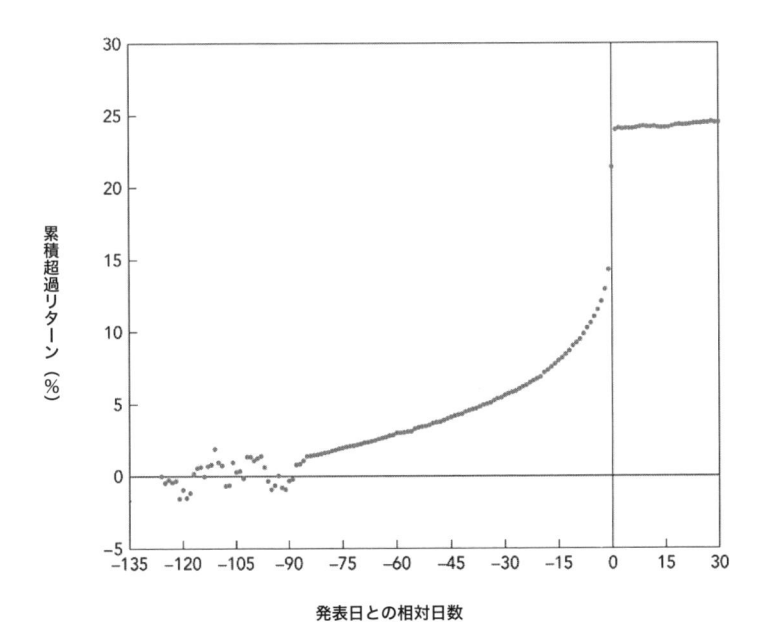

図表 2-8　買収ターゲット企業の株価反応

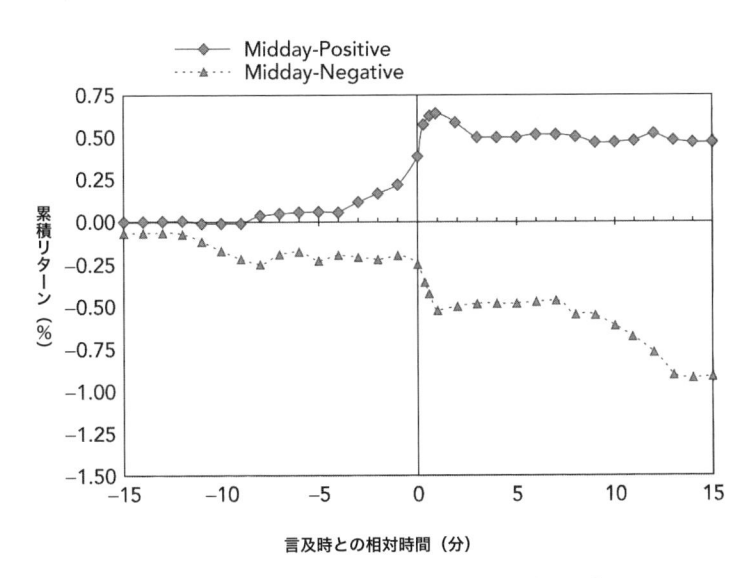

図表 2-9　ザラ場中に流れたニュースによる反応

2-3-2 三つの市場の Efficiency

　大手の証券会社の営業部門,或いはリサーチ部門には必ずテクニカルアナリストという市場の分析家達がいる。彼らは日々の相場を分析し,過去のデータからある特定のパターンを見出し,売買を推奨する専門家である。しかし,市場の動きがランダムであったらどうだろうか。コインの裏表の結果を正確に予想できないのと同様に,市場の動向も正確には予想できないのである。何らかのパターンがあると考えるのは幻想であり,テクニカルアナリスト達は無駄な努力を続けていることになる。イギリスの統計学者 Maurice Kendall が1953年の論文に発表した通り,過去のデータをいくら研究しても,将来の予測ができないのである。

　過去の価格から将来は予想できないが,将来に関する情報についてはどうだろうか。これもやはり同じである。アービトラージャーは将来株価が上昇することになる情報を入手すれば,今,買いに走るだろうから,将来の情報についても瞬く間に現在の株価に反映されるだろう。こう考えていくと,投資家がどのような情報を手にいれたとしても,それは既に株価に反映されていることになる。

　どの程度の情報が現在の株価に反映されているかについて,経済学者は三つのレベルでの市場の効率性を定義した。第一のレベルは,現在の株価が過去の価格に含まれている情報を反映しているというものであり,ウィークフォームの市場効率性（weak form efficiency）と言われる。市場がウィークフォームで効率的であれば,過去の分析をしたところで超過収益は上げられないことを意味する。市場がこの意味において efficient であれば,テクニカルアナリストは全く無意味な存在となる。

　第二のレベルの効率性は,過去の情報だけでなく,現段階で公開情報となっている将来に関する情報も全て株価に織り込み済みだという,セミ・ストロングフォームの効率性（semi-strong form efficiency）である。市場がセミ・ストロングフォームで効率的であれば,利益発表時や,合併時などに株価は瞬時に適正価格に収斂し,それらの情報で取引したとしても,超過収益は得られないことを意味している。市場がこの意味において efficient であ

れば，公開情報をベースに様々な分析を加える証券アナリストの役割はなくなる。

　第三のレベルの効率性はストロングフォームの効率性（strong form efficiency）と呼ばれ，全ての情報，即ち公開情報であれ，未公開情報であれ，それらは株価に反映されているというものである。仮に市場がストロングフォームで efficient であれば，インサイダー取引のような違法な取引をしても，継続的に儲けることはできないというものである。

2-3-3　Weak form の効率性テスト　株式市場のパターンについて

　1980年代の初期の効率性テストはほとんどが，weak form の効率性テストであった。即ち，過去の価格を分析して，未来の価格の示唆を得ることができるのかどうかをみるのである。これを調べる直接的な方法は，株価の時系列相関（serial correlation）を調べればよいわけである。系列相関が正であれば，過去において上昇した株式は，将来にも上昇するということになり，これをモーメンタム（momentum）と呼ぶ。系列相関が負であれば，過去において上昇した株式は将来において下落するということになり，これをリバーサル（reversal）と呼ぶ。

　ニューヨーク株式市場でこれをテストした Lo and MacKinley によれば，weekly の株価では弱いながらも正の系列相関を見い出す事ができたが，それは短期間の株価変動に限られた。Jagadeesh and Titman の二人の学者は，ポートフォリオで考えた場合，個別株と比較してより，モーメンタム効果が強く出ることを報告している。過去においてもっともパフォーマンスの良かったポートフォリオは，将来においてもパフォーマンスが良いということである。彼らの発見も短期から中期の結果であって，それ以上長い期間については検証の対象外となっている。

　では長期的にモーメンタム効果は存在し続けるのだろうか。仮にそうだとすれば，投資家としては，過去にパフォーマンスの良かった株式だけを選択的に保有すればよいことになる。実は，長期ではその逆（リバーサル）が起こっていることがわかっている。2-2-2で紹介した，Debont and Thaler の行った研究結果がそれを示している。過去5年間の期間を観察し

て，もっともパフォーマンスの悪かった35社（loser portfolio）が，もっともパフォーマンスの良かった35社（winner portfolio）を次の3年間で25% outperform していることが明らかになったのである。これは，過去5年の loser を買い，winner を売るという逆張り投資戦略が有効であることを示している。

　この現象を考える場合に二つのアプローチが存在する。一つは，伝統的ファイナンスのアプローチ。このリターン・リバーサルは，マーケットの要求するリスクプレミアムが時系列で変化している結果であるとの解釈である。時系列で変化するリスクプレミアムに対して価格が変動しているに過ぎないと解釈すれば，weak form efficiency は満たされていると考えることができる。他方，市場の efficiency に対して疑義をさしはさむ解釈も存在する。『提灯効果仮説（fad hypothesis）』と呼ばれるもので，投資家が過大評価と過小評価を繰り返しているとの解釈である。過去の winner portfolio は，そのポートフォリオに関するファンダメンタルに positive なニュースが過大評価され，投資家は買い過ぎてしまっている。その結果，長期的には逆にリバーサルが起こってしまうというのだ。この仮説は，投資家の認知と行動にある一定のパターンが存在し，そのパターンに沿って投資家が行動した結果，株価が変動すると考えるものであり，伝統的ファイナンスでは受け入れられない仮説である。なぜなら，真のファンダメンタル価値よりも過大評価されれば，裁定取引を通じて価格是正が行われるはずであるからだ。仮に一部の投資家が，良いニュースを過大評価しようとも，冷静な一部の投資家がその反対売買を通じて裁定取引を行うことによって，ファンダメンタル価格からの乖離は抑制されるはずである。仮に，『提灯効果仮説（fad hypothesis）』が正しく，投資家の認知と行動にある一定のパターンが存在し，それが価格に現れているのであれば，株価収益率の予測可能性（return predictability）をデータは示すはずである。次に，それを確認しておこう。

2-3-4　ウィークフォームの efficiency テスト　時系列分析

　Weak form の効率性のテストを行うということは，系列相関の有無を調査することに他ならない。その方法論について少し述べておく。

時系列分析（time series analysis）は観測されたデータの集合 $\{y_t^*\}$ を用いて、(*印は観測値という意味) そのデータを生み出した構造を探り出し、その結果をもとに予測を行うことを目的としている。時系列分析を行うときは、過去のデータからその数字を生み出したと考えられる何らかの構造を想定する必要がある。正規分布であれば、平均と標準偏差で分布の形が特定できるが、時系列の $y_t = \{\cdots y_{-2}, y_{-1}, y_0, y_1, y_2 \cdots\}$ という確率変数がどういう形であるのかを特定するということである。通常、経済を含む社会科学の分析においては、繰り返し実験ができる環境にはないので、時系列データは1度しか取れない。そこで、この形に定常性という形を想定してやって分析する。定常性を満たすためには、① $E(y_t) = \mu < \infty$、② $var(y_t) = \gamma(0) < \infty$、③ $cov(y_t - y_{t-2}) = \gamma(s) s = \cdots -2, -1, 0, 1, 2, \cdots$ という条件をクリアしていなければならない。確率過程が定常であるということを前提に話を進めていくと、実際のデータを用いて推定するには、次のような計算を行う。

$$\hat{\mu}^* = \bar{y}^* = T^{-1} \sum_{t=1}^{\tau} y_t^* \qquad (2\text{-}13)$$

$$\hat{\gamma}^*(0) = {}^* T^{-1} \sum_{t=1}^{\tau} (y_t^* - \bar{y}^*)^2 \qquad (2\text{-}14)$$

$$\hat{\gamma}^*(s) = T^{-1} \sum_{t=1}^{T} (y_t^* - \bar{y}^*)(y_{t-s}^* - \bar{y}^*) \qquad (2\text{-}15)$$

時系列分析において重要なのは、自己相関（auto-correlation or correlogram）と呼ばれる値である。これは自己共分散を分散で除して基準化したであり、次式で示される。

$$\rho(s) = \gamma(s)/\gamma(0) \qquad (2\text{-}16)$$

自己相関は通常の相関係数と同様、s 期間前の観測値と現在の観測値の間の相関係数と考えればよい。従って、

$$-1 < \rho(s) < 1$$

となる。自己相関係数が高いという意味は、s 期前の観測値が今日の観測値（0時点の観測値）に強い正の影響を与えているということである。株価で言えば、昨日上昇すれば本日も上昇するというような状況が推定され、$\rho(1)$ が1に近いと考えられる。

定常な確率過程の中で、モデルで説明できない誤差項（ホワイトノイズ）

は次式で定義され，平均が0で分散が有限，自己共分散が0という性質を持つ。即ち

$$E(\mu_t)=0$$
$$var(\mu_t)=\sigma^2<\infty$$
$$cov(\mu_t, \mu_{t\pm s})=0$$

である。

次に最も時系列分析で一般的に用いられるモデルを説明しておこう。これはAR（自己回帰 autoregressive model）と呼ばれ，次式で表すことができる。

$$y_t = \mu' + \phi_1 y_{t-1} + \phi_2 y_{t-2} + \cdots + \phi_p y_{t-p} + \mu_t \qquad (2\text{-}17)$$

(2-17) 式のモデルは，現在の価格は，ある平均値（u'）と1日前からp日前までの価格の影響プラスホワイトノイズの3つの部分から構成されていると考える。このモデルを当てはめて現実のマーケットを見てみよう。

（図表2-10）はTOPIXとS&P500種平均で見た場合の分析結果をである。図表中のACF（Auto Correlation Function）は自己相関である。理論値はACFの有意性を測る物差しです。したがって，TOPIXにおいては分単位の動向で見た場合，約40分前の価格にまで影響されているといえる。また，米国のS&P株価指数に対して同じ時系列モデルを当てはめた結果であるが，ここに記されているように，10分間くらいで有意な自己相関は消滅することがわかる。日本には5分毎の自己相関 spike が存在し，これが特徴的である。いずれのマーケットにおいても分単位で系列相関が存在することが読み取れる。これは，将来株価の予測可能性があることを示唆するので，ある種の trading strategy が実行されうるということになる。

2-3-5　セミ・ストロングフォームの efficiency テスト

証券アナリストが行うファンダメンタル分析は，過去の価格だけを用いるテクニカルな分析手法とは異なり，より多くの情報を活用する。しかしながら，セミ・ストロングフォームでマーケットが効率的であれば，公開情報だけに基づいて行われるファンダメンタル分析は，あまり意味のない営

第 2 章　伝統的ファイナンスの枠組み II　│　71

TOPIX 1 分変化率の自己相関係数（ACF）：
1988 年 1 月 5 日 - 2003 年 11 月 28 日

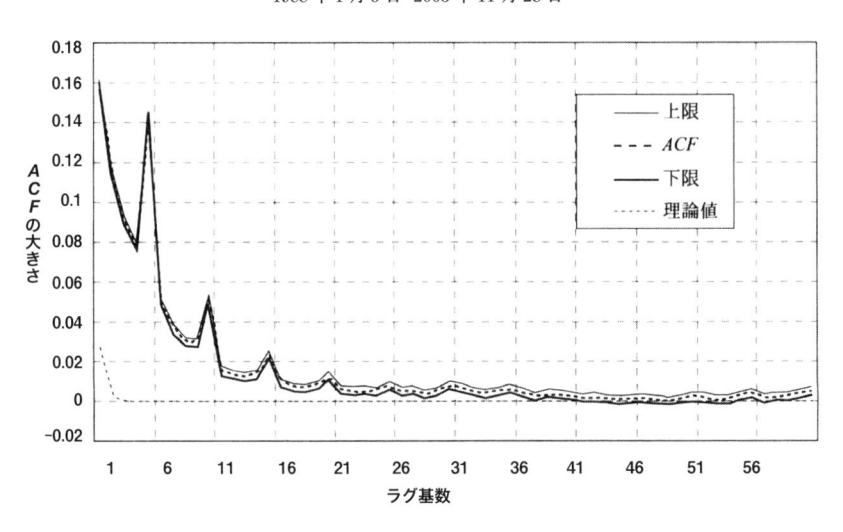

S&P500 の 1 分変化率の自己相関係数（ACF）：
1988 年 1 月 5 日 - 2003 年 11 月 28 日

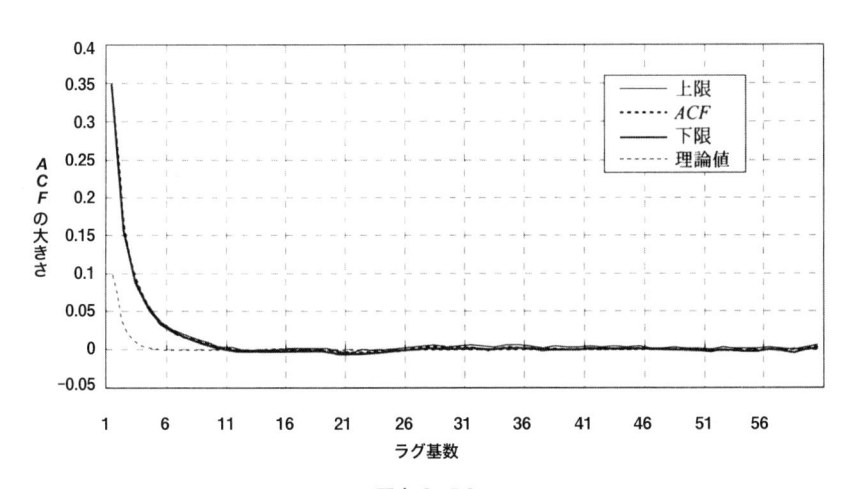

図表 2-10

出所：筒井・平山「日本の株価　投資家行動と国際連関」より抜粋

みだといえる。しかし，現実には多くの証券アナリストが存在し，投資銀行で重要な役割を果たしていることから，マーケットはセミ・ストロングフォームの efficiency は満たしていないと考えられ，多くのマーケットアノマリーの報告も inefficiency を示唆している。ところが，マーケットが本当に anomalous な動きをしているかどうかについては，本当のところチェックできないという bad model の問題点が伝統的ファイナンス論者からは指摘されている。CAPM は理論的には正しいとしても，様々な前提が置かれており，現実として本当に正しいかどうかは調査不可能である。APT は，CAPM よりも強力な議論であるが，ファクターが特定されていないので，何が真のリスクとリターンの関係であるかについては言及がない。マーケットアノマリーの研究は，真のモデルが存在し，それが正しいという前提のもとで可能なのであるが，ひょっとするとこれまでのモデルが不完全であるかもしれない。したがって，いくら多くのデータでマーケット動向を調査しても，モデルの正誤をテストするという意味と，マーケットが anomalous であるかどうかという共同調査（joint test）になってしまうのだ。

　たとえば，2-2 で論じた規模効果について考えてみると，CAPM をモデルとして調査すると小型株の平均的なパフォーマンスは大型株よりも高いという結果が出ている。図表 2-11 に示したように，CAPM により算出された超過リターンは規模が小さくなるほど大きくなるのである。これは CAPM を真のモデルであるという立場からみれば，アノマリーであり，セミ・ストロングフォームの efficiency は達成されていないと考えられるかもしれない。しかし，この小型株効果は，図表 2-12 に示すように多くの国で観察されている。CAPM では捉えられていない新しいリスクファクターと考える方が妥当であろう。投資家はおそらく，小型株を保有することに対してなんらかのリスクプレミアムを求めているのかもしれない。それが過去の平均リターンの高さに反映されているのだ。これは，分散可能なリスクに対して，投資家はリスクプレミアムを求めないというモダンポートフォリオ理論の考え方とは一線を画すものであるが，少なくともマーケットの efficiency を否定するものではない。事実 2-2 で紹介した Three Factor Model を用いれば，1月効果（January effect）は消えてしまうのである。

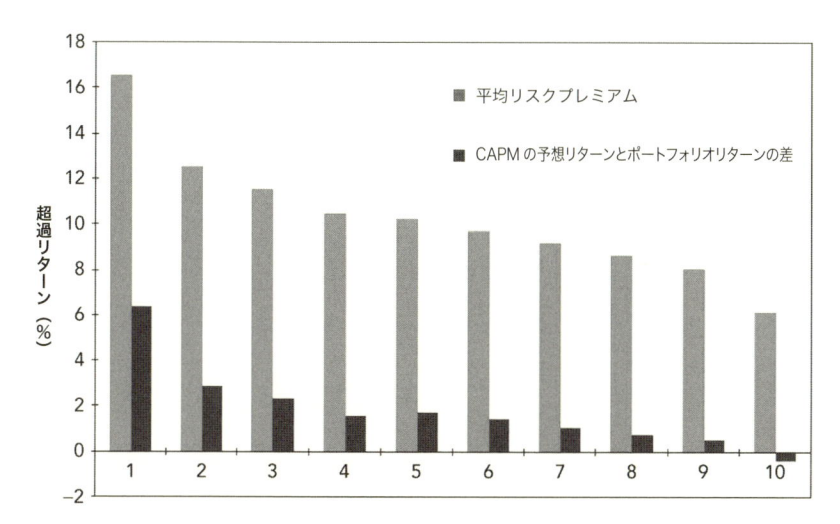

第2章 伝統的ファイナンスの枠組みⅡ | 73

図表2-11 規模別超過リターン

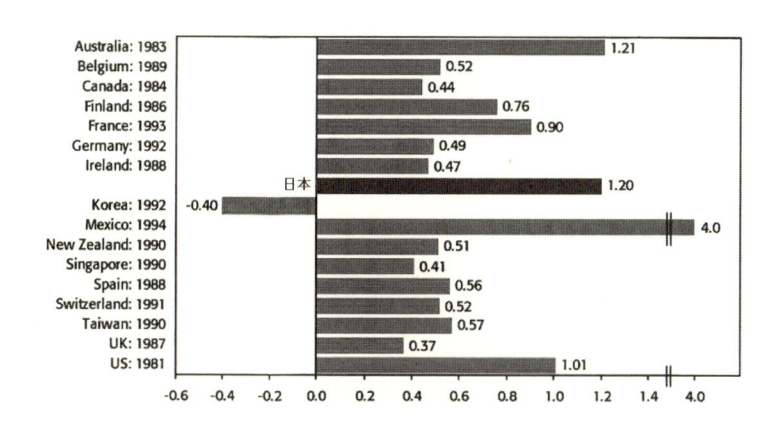

図表2-12 規模効果の国際比較

出　所：Dimson, Marsh and Staunton, "Triumph of the Optimist:101 years of global investment returns", Princeton University Press

ファイナンス研究者の役割は，多くの実証研究を通じて，真のリスクとリターンに関するモデルを見つけることだというのが伝統的ファイナンスの立場である。

2-3-6　Efficiency 議論を続けるのか，パラダイムシフトの時期か

　伝統的ファイナンスでは，efficiency を前提として議論が構築されてきた。マーケットは efficient であり，高い期待リターンは，高いリスクを取ったことへの代償としてもたらされるというのである。No free lunch，即ち，ただ飯は食えないのである。確かに，マーケットをモデル化するのに，CAPM では不完全である。しかし，モデルが不完全だということと，inefficient であるということは意味が異なる。モデルの不完全性がマーケットアノマリーとして現れてきているだけなのだ。したがって，マーケットアノマリーを利用してひと儲けをたくらんだとしても，結局は何らかのリスクを取って平均的に高いリターンが得られているに過ぎないと考えられる。それを裏付けるように，Burton Malkiel は，1972年から1991年までの投資信託のデータを集め，超過リターンを計算した。その結果，図表 2-13 のように，ほとんど α は平均で 0，正規分布に近い形であることを発見した。すなわち，プロのファンドマネージャーとて，マーケットでプラスの α を達成することは，平均的には出来ていないのだ。これはマーケットが efficient である証拠だと主張する。

　一方，行動ファイナンスはそもそも投資家がそれほどリスクをしっかり認識できているのか，という点に軸足を置く。リスクとリターンのトレードオフの関係を，投資家自身が認知できていなければ，荒唐無稽な価格が成立する可能性があるのではないかということである。行動ファイナンスと伝統的ファイナンスでは，正に市場を見る際のパラダイムが根本的に異なるのである。裁定取引が価格を均衡に導くはずだという強力な議論については，現実に存在する裁定取引の限界が，伝統的ファイナンス論者がいうような取引を不可能とし，inefficient なマーケットが長期間継続し得るため完全ではない。次章からは，伝統的ファイナンスのパラダイムでは理解しがたいアノマリーについて，いくつかの研究を紹介する。

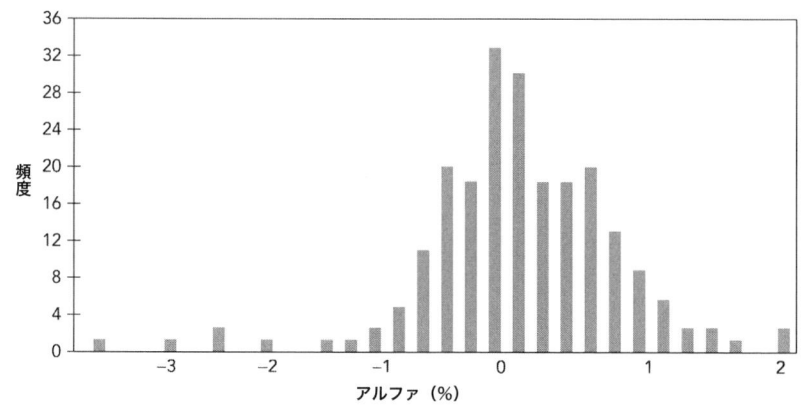

図表 2-13　投資信託の α の分布

【注】

1) 累積超過リターンはファイナンスの実証研究で標準的に用いられる異常収益率の累積値を指す。CAPM や Three Factor Model などで計算された期待収益率（ベンチマーク）からどの程度乖離しているかを計測することによって算出する。De Bondt and Thaler（1985）の論文ではベンチマークから 3 年間の累積値を計算している。
2) Efficient を効率的と最初に訳した学者が誰かは不明だが，学界ではこの訳語が定着している。しかしながら，筆者は誤訳だと考える。なぜなら，英語の "efficient" には，「全て（情報が）が反映されている」という意味があるからだ。日本語の「効率的」とは「能率が良い」という含意が多く，適当ではない。

【参考文献】

筒井義郎・平山健二郎（2009），「日本の株価，投資家行動と国際連関」，東洋経済新報社．
Bodie, Z., A. Kane, and A. Marcus (2007), "*Investments*," McGraw-Hill.
Elton E, J Gruber and J Mei (1994), "Cost of capital using arbitrage pricing theory: A case study of nine New York utilities," *Financial Markets, Institutions and Instruments*.
De Bondt, W.F. and R.Thaler (1985), "Dest the Stock Market Overreact?," *Journal of Finance*, 40, 3, 793–805.

Fama, E. F., and K. French (1992), "The Cross-Section of Expected Stock Returns," *Journal of Finance*, 47 (2), 427-466.

Fama, E. F., and K. French (1993), "Common Risk Factors in Returns on Stocks and Bonds," *Journal of Financial Economics*, 33 (1), 3-56.

Malkiel, B.G. (2007), "*A random walk down Wall Street, The time-tested strategy for successful investing,*" Norton, W.W& Company Inc..

第3章

金融市場における一物一価の法則について

　第1章と第2章では，伝統的ファイナンスの枠組みについて解説した。伝統的ファイナンスのパラダイムは，投資家は合理的であり，市場は"efficient"だというものである。投資家が合理的であるとは，投資家はリスクのある金融資産にはリスクプレミアムを要求するということである。即ち，期待的なリターンが高くない限り，リスクの高い金融資産を保有しようとはしないということである。仮に一部の金融資産に，このリスクとリターンの関係の歪みが生じたとしよう。その場合，瞬時に合理的トレーダーによる裁定取引がその関係を是正するため，結果として全ての金融資産は適正にリスクとリターンを反映した価格で取引されることになる。こうした合理的な投資家が目付役として活躍しているマーケットが"efficient"なのである。"Efficient"であるとは，当該金融資産に関する情報が，完全に反映されているということである。即ち，リスクとリターンに関する情報は，常にupdateされ，マーケットのefficiencyが保たれるということである。

　伝統的ファイナンスのパラダイムは，裁定取引の存在がある限り非常に説得的である。本章では，現実の金融市場において一物一価の法則が成立していない例を紹介し，裁定取引の存在があったとしても，マーケットのefficiencyが保たれていない事象を考察する。

　本章は，ビジネスアンドアカウンティングレビュー第2号に掲載された研究論文，「裁定取引が機能不全に陥る諸要因について」を加筆訂正したものである。

3-1 はじめに

　金融市場を科学的に考察する場合に，物理学の世界における引力の法則のような普遍的な法則が存在することが望ましい。経済学におけるそのような法則の第一に挙げられるのが，需要と供給の法則であろう。これは経済学における基本的な法則であり，普遍性をもつ。第二に挙げられるのが一物一価の法則である。これは同じモノには同じ価格がつけられるという法則である。たとえば，ロンドン金属取引所（LME）で取引される1オンスの金塊の値段は，異なる取引所であるチューリッヒの取引所のそれと同じであるという法則である。もしどちらかの金塊が一方よりも高い値段がつけられているとすれば，より値段が高いマーケットへ金塊が流入し，先ほどの需要と供給の法則により，高い方のマーケット価格が下落し，やがて一物一価の法則が成立するのである。金融市場には，このような2つのマーケットの異なる価格差を利益に結びつけようとする輩が存在する。マーケットでは彼らをアービトラージャー（裁定取引業者）と呼称し，一物一価を実現する重要な役割を担っている。彼らのおかげで，一物一価の法則は広い意味で需要と供給の法則の一部だと考えることができる。勿論，この法則が成立するためには，異なる金融市場間に取引障害がなく，取引コストが存在しない状況が必要である。

　それではどのような状況下で一物一価の法則が破られてしまうのだろうか。市販アスピリンの場合を例に取って考えてみよう。アスピリンはドイツのバイエルン社が1897年に開発した解熱剤であるが，今では多くの製薬メーカーが製造している。バイエルン社の製造するアスピリンとほぼ同等のものが，ゼネリックメーカーによって半額で販売されているとしよう。このような状況が起こるのは，非合理的かもしれないが，消費者は信頼できるメーカーのものであれば，内容が同じであってもより高い値段を払うことは

一般的である。このような現実は，一物一価の法則に則り，いずれかの時点で同一価格に収束するだろうか？　一物一価の法則を担保するアービトラージャーの行動を考えてみよう。この2つの価格差を利益に結び付けようとするアービトラージャーは2つの方法で取引を行うことが考えられる。ひとつはゼネリックメーカーの製造するアスピリンを購入し，ラベルをバイエルン社のものに貼りなおし販売するというものである。もうひとつの方法は，現在バイエルン社のアスピリンを空売りし，将来のいずれかの時点で消費者が合理性を取り戻すのを期待しながら，価格が半分になるのを待つという方法である。言うまでもなく，第一の方法は違法であり現実的ではない。それでは第二の方法はどうだろうか。これにも2つの問題が内在する。ひとつはバイエルン社のアスピリンを空売りするには，誰かから現物を借りて来ないと出来ないということである。貸し手がいないことには実現不可能である。さらには，仮に空売りが実現したとしても，将来いつかの時点で価格が半分になるという保障はないということである。読者は当たり前だと考えるかもしれない。しかし，このアスピリンのケースで紹介した事例には，金融市場で従来当然と考えられてきた一物一価の法則が成立しない原因が象徴的に表されているのである。

　裁定取引という概念は，現代ファイナンス理論の成立の屋台骨を支えているといっても良いだろう。「マーケットで観察される価格はファンダメンタルを表した正しい価格である」，というファイナンス学者に対する実務家の反論は，「そうは言っても，非合理的な投資行動を引き起こす一部の投資家が価格をゆがめているかもしれない」というものである。しかし，アービトラージャーの存在を想定することで一部の投資家の（あるいは大部分の投資家の）非合理性については無視してもよくなった。なぜなら，一部の合理的なアービトラージャーが無限の収益を上げることができるので，多くのマーケット参加者が非合理的投資行動に走ろうとも，アービトラージャーがすべての誤った価格を排除してくれるからである。アービトラージャーの利己的な行動が価格是正効果を持つ。だからこそ，負債構成にかかるModigliani-Millerの理論が成立し，またブラックショールズのオプション評価モデルも機能するのである。現代ファイナンス理論の多方面への発展の礎となってい

るのが，アービトラージャーの持つ価格是正機能なのである。

　ところが，先のアスピリンの例に挙げたような裁定取引にかかわる諸問題が存在し，一物一価の法則が必ずしも達成されない場合があることを指摘した。異なるマーケット間で一物一価の法則が成立しない場合，観察される価格は伝統的ファイナンスが考えるところの正しい価格ではない。そうした現実が金融市場に多数存在することが多くの研究者によって報告されている。本稿ではそうした例のいくつかを紹介し，効率的市場を達成するための課題について考察する。

3-2　株価の決まり方に対する2つの考え方

　株式の価格はどのように決まっているのだろうか。古くから投資の実務家や経済学者の間では2つの考え方が存在していた。そのひとつは，株価は企業の業績や将来性とは無関係に，株式市場に参加する人々の思惑で決まるというものである。Keynes（1936）は，その著書「一般理論」の中で株式投資を「美人投票」に例えている。ここで言う「美人投票」とは，当時ロンドンの大衆紙が主催していたもので，掲載した100人の女性の顔写真を見た読者が，誰が一番の美女かを投票するというゲームである。そして美女を当てた読者には賞金が与えられるのだ。ここで一番の美人を当てるためには，読者が自分で美人だと感じる人に投票するよりも，多くの人が美人だと思う女性に投票する必要がある。読者自身の評価は二の次なのである。勿論，他の読者も同じ思考をするわけであるから，ゲームの本質は美人の選択というよりも，読者の投票動向分析の色彩を帯び，誰が本当に美人なのかということからはかけ離れたところで，美人投票が行われることになる。これと同じく，株式市場の参加者は，そのほとんどが値上がり益を期待しているわけであるから，真のファンダメンタルな価値とはかけ離れたところで株価が決まっているというのである。換言すれば，当該企業を良いと思う人が増えれば，需要が高くなり，株式の供給が一定であれば価格が上昇することを示唆している。

もう一つの考え方は,株価は企業のファンダメンタル価値,即ち,収益力や将来性で決まるというものである。この考え方をケインズの美人投票に例えると,参加者全員が女性の美に対して正しい基準を持っており,好みが介在する余地はないので,全員が一人の女性を選ぶということである。女性についての絶対的な美は測定不可能であるが,株式の場合,当該企業が将来にわたって稼ぎ出す利益の現在価値と捉えれば,ある程度の幅をもって測定可能である。株価はその測定値の幅で推移するという考え方である。これは,ファイナンス理論の効率的市場仮説と呼ばれるものであり,これを強力にサポートするのが,Friedman (1953) のいうアービトラージャーの存在が果たす機能である。株価がたとえ美人投票の様相を一時的に示したとしても,ファンダメンタル価値が示す実体からかけ離れた価格で取引が行われれば,アービトラージャーが間違った価格を是正してくれるというのである。様々な思惑が交錯するマーケットの中で,美人投票よろしくあるA社の株価が急速にファンダメンタル価値からかけ離れた価格まで吊り上げられたとしよう。この時アービトラージャーはファンダメンタル価値からかけ離れたA社株を空売りし,同じような業種に属し,且つファンダメンタル価値に近い価格で取引されているB社株を購入するという行動に出るだろう。合理的なアービトラージャーは無限にA社株の供給を始めるため,やがて,マーケットが落ち着きを取り戻し,A社株が下落し,ファンダメンタル価値に収束したところで反対売買をするというのだ。このようなアービトラージャーの行動は必ず裁定利益を生み出す。一方,非合理的投資家はかならず損失を被るので,次第にマーケットから退場を余儀なくされ,やがてマーケットの効率性は担保されるというのである。

　Friedman (1953) の枠組みでマーケットの効率性が担保されるためには,アービトラージャーはいくつかのハードルを越えなくてはならない。まず,割高となっているA社株の供給が無限にできなくてはならない。次に,A社株と同じようなファンダメンタル価値を持つ同業者の上場株式を特定しなくてはならない。更に,取引コストや空売りするための借株コストなど,アービトラージ取引にかかる諸コストを勘案する必要がある。このようなアービトラージに費用がかかることから,一物一価の法則が成立しない場合

がある。次節では，上場投資信託の値段の付き方から，どのような要因で一物一価の法則が成立しないかについて紹介する。

3-3　クローズドエンドファンド

　証券会社が募集する投資信託には大きく分けて二種類存在する。一つは，運用期間の途中で購入や解約ができる「オープンエンドファンド」と呼ばれる種類のものと，一旦購入すれば決められた日まで保有する必要のある「クローズドエンドファンド」と呼ばれる種類の投資信託である。オープンエンドファンドの場合，運用担当者は解約額を見越してポートフォリオを組む必要があるため，ある程度の流動資産を保有していなければならないが，クローズドエンドファンドの場合は，運用規模の変動を気にすることなくポートフォリオを組むことができる。また，多くのクローズドエンドファンドはマーケットに上場している。従って，一旦クローズドエンドファンドを購入した投資家が何らかの事情で中途解約する必要が生じたときは，マーケット価格でファンドを売却することができるのである。

　このようなクローズドエンドファンドの投資信託がマーケットで売買される場合，どのような基準で価格は決められるべきであろうか。一物一価の法則が成立するのであれば，保有株式の時価総額（ファンドの純資産価値，NAV）を反映した価格が付けられるべきである。クローズドエンドファンドは株式や債券をポートフォリオに持つ投資信託であるから，ファンドのNAVよりも割安な価格がつけられていたとするならば，アービトラージャーは当該ファンドをマーケットで購入し，ファンドの保有するポートフォリオを空売りすることで利益を上げることができるからである。しかし現実にはクローズドエンドファンドのマーケット価格はNAVの価格を大きく下回ることが確認されている。なぜ，アービトラージャーによって一物一価の法則が実現されないのだろうか。クローズドエンドファンドの運用担当者は保有株式の構成を頻繁に変更する一方で，保有銘柄の公開は四半期毎にしか行われないため，完全にヘッジポートフォリオを作るのは難しい。

これが大きな要因の一つとは言えるものの，それだけでは，大幅に NAV を下回るマーケット価格は説明できない。Pontiff (1996) は 1965 年から 1985 年までの期間の 65 の投資信託をサンプルに，ファンドのマーケット価格が NAV より下方乖離する要因分析を行っている。

図表 3-1 に示すのは，クローズドエンドファンドのディスカウント幅を被説明変数として，「ファンド価格の逆数」「対数時価総額」「3 カ月間の配当利回り」「NAV の残差標準偏差」「投資信託で説明可能な NAV の標準偏差」の 5 つの説明変数を用いて，4 種類の回帰分析を行った結果である。() 内はこれらの説明変数の推定された係数がゼロであるという帰無仮説を検定する t 検定量であり，太字は有意であることを示す。概観すると，NAV の残差標準偏差とファンド価格の逆数は，ディスカウント幅と正の関係があることが伺える。ここで示すファンド価格の逆数と NAV の残差標準偏差はアービトラージャーの取引コストの代理変数である。上場している投資信託は値段の高低にかかわらず売り買いのスプレッドは同じであることが多いため，価格の低い投資信託の相対的な取引コストは高くなる。この係数からファンドの取引コストが高い程，NAV のディスカウント率が大きいことがわかる。もう一つの説明変数である残差標準誤差は，代表的な投資信託で説明できない価格変動をどの程度もつかを示すものである。マーケットを代表すると考えられる 10 のオープンエンド型投資信託をベンチマークとし，サンプル期間において推定した。この値が大きいほど，ファンドの構成銘柄にはユニークなものが多く，他の証券で代替しにくいことを意味する。割安なクローズドエンドファンドを買って，正当な値段がついている類似のポートフォリオを売ることによって，アービトラージャーは利益を確保するのだが，当該ファンドの保有する銘柄が特殊な銘柄であり，類似のポートフォリオをつくることができなければ，アービトラージャーによるクローズドエンドファンドの買いは期待できず，ディスカウントは放置されたままになるのである。

次に，3 カ月間の配当利回りについては有意に負の関係が見られる。配当利回りが高い銘柄を持っているファンドであるほどディスカウント率は小さいのである。何らかのシステマティックな要因でファンドに保有される銘柄がマーケット価格より割安に評価されるものであったとしても，高配当であ

図表3-1 クローズドエンドファンドのディスカウント率要因分析

説明変数	被説明変数：ファンドのディスカウント率			
	1	2	3	4
切片項	5.96 (2.35)	52.67 (5.27)	11.30 (1.61)	52.36 (4.28)
ファンド価格の逆数	0.21 (0.61)		0.48 (1.98)	
対数時価総額		−0.04 (−4.18)		−0.04 (−4.10)
3カ月間の配当利回り	−2.89 (−3.23)	−2.50 (−3.98)	−2.78 (−3.95)	−2.40 (−3.99)
NAVの残差標準偏差	7.36 (2.88)	4.33 (2.91)	9.61 (3.61)	6.45 (4.03)
投資信託で説明可能なNAVの標準偏差			1.45 (1.23)	0.79 (0.33)

（注） Pontiff(1996)より作成。ディスカウント率はファンドのファンドNAV÷ファンド価格，ファンド価格の逆数は1÷ファンド価格，対数時価総額は時価総額の対数値，3カ月間の配当利回りは今月とその後2カ月間の配当額の合計を先月の配当で割ったもの，NAVの残差標準偏差は，10のオープンエンド型投資信託をベンチマークとして用いた場合の，超過リターンの残差の標準偏差を取ったもの。10のオープンエンド型投資信託で説明可能なNAVの標準偏差も10の投資信託をベンチマークとして用いた。

れば，ミスプライスの部分は比較的重要ではなくなる。極端な例を考えると分かりやすい。将来キャッシュフローの現在価値の99％を配当で支払ってもらえるなら，1％の部分がどのように割安に評価されていようと，全体のディスカウント幅としては誤差の範囲であることがわかるだろう。

ファンドの保有銘柄の時価総額が大きい程ディスカウント幅が小さいというのは（対数時価総額の係数が有意に負），上述の株式代替性が大型株ほど大きいという事や，ビッド・オファーのスプレッドが大型株ほど小さいということを考え合わせると整合的である。また投資信託で説明可能なNAVの標準偏差の係数がゼロと有意に異ならないという結果から，ファンドのディスカウント率は，マーケットにおける代替性に依存しているということがわかる。この結果も他の説明変数が示唆する結果と整合的である。

このように，クローズドエンドファンドのディスカウント率の要因分析から，アービトラージャーの行動にコストがかかることが，金融市場における

一物一価の法則の阻害要因となっているのである。

3-4　LTCM社の崩壊に見るアービトラージャーの限界

　先に述べたように，もしA社の株価がファンダメンタル価値よりも大幅に割高に取引されているとするならば，アービトラージャーが無限にA社株を供給し，やがて価格が下落する。このFriedman (1953) の議論が，現実のマーケットではうまく機能しなかった最たる例が，1998年に起こったロシア危機を引き金にして発生したLTCM社（Long Term Capital Management社）の巨額損失事件とその後のFRBの救済劇に見ることができる。

　LTCM社は13億ドル（1500億円）の資本で1994年の2月に創設されたヘッジファンドである。このファンドに投資するための最低購入単位は1000万ドル（12億円）であり，3年間は一切解約ができないというファンドであった。運用手数料（management fee）は運用資産の2%であり，成功報酬（performance fee）は利益の25%であったが，これは一般的ヘッジファンドの倍近いものであった。[2] このような法外な手数料が課されても多くの投資家が殺到した背景には，夢のチームと呼ばれる運用チームの陣容にあった。16人のパートナーの中には元ソロモンブラザーズ債券部の伝説的な債券トレーダーだった，John Meriwether，米国中央銀行の副総裁だったDavid Mullins，金融工学の分野の功績でノーベル経済学賞を受賞したMyron SchalesとRobert Mertonの二人の学者を擁していたからだった。その華麗な経歴の経営陣に加えて，運用成績についても当初数年間はすばらしい数字を残している。最終顧客へは，法外な手数料を差し引いた上で，1994年に19.9%，1995年に42.8%，1996年に40.8%，1997年に17.1%の配当を果たしているのだ。これは1997年の時点で，当初からファンドを購入した投資家はその資産を4年間で約2.83倍にしていることを意味している。1997年末時点では追加購入もあり，運用資産は70億ドル以上に膨れ上がっていたが，アービトラージの機会が限定されてきたという理由で，27億ド

ルを投資家に返却している。1998年初には運用資産は48億ドルとなっていた。

　LTCM社の主たる運用方法はヘッジファンドの実務家が呼ぶところの「マーケットニュートラルアービトラージ戦略」(market neutral arbitrage) であった。これは，ファンダメンタル価値から考えて割高だと思われる証券を空売り（ショート）し，割安だと思われる証券を購入（ロング）するという投資戦略である。ポートフォリオにはロングとショートが組み合わさっているので，マーケットの動きに対しては中立的であるが，個別の証券の動きが，同じであるとは限らない。マーケットが上昇しても，保有している証券が値下がりし，ショートしている証券が値上がりするということは十分にあり得るからだ。この戦略の狙いは，マーケットに存在する割安なものをロングし，割高なものをショートすれば，マーケットの金利水準がどうなっていたとしても，いずれ両証券がそれぞれ適正価格に収束したときに利益が上がるという点にある。LTCM社は基本的に債券マーケットを中心に取引を行っており，彼らのマーケットニュートラルアービトラージは，信用リスクプレミアムが過剰に価格に反映されている債券をロングし，信用リスクプレミアムを適正に（或いは過小に）評価している債券をショートするというものであった。信用リスクの高い債券の利回りと国債の利回りの差をイールドスプレッドと呼ぶが，このスプレッドがファンダメンタル価値に収束することに賭けている投資戦略だと言えるだろう。LTCM社の頭脳達は，1997年にタイバーツの切り下げに端を発したアジア危機の影響で，過小評価されていると考えたロシアなどの新興国の国債や，デンマークのモーゲッジ債などを購入し，米国の30年債をショートしたのである。彼らはこのポジションを非常に大きなレバレッジをかけて保有した。50億ドルの運用規模にもかかわらず，1250億ドルの借り入れを行い，イールドスプレッドの縮小に賭けたのである。通常，債券ファンドといえども10倍のレバレッジは狂気の沙汰であるが，20倍ものレバレッジをかけたというから，余程の確信があったのだろうか。アービトラージャーは無限に証券を供給できるというのがFriedman (1953) の議論であったが，LTCM社の場合140兆円もの証券を非常にマーケットの流動性が低い新興国国債マーケットにおいて保有した

のである。しかし，マーケット価格は彼らの予想とは反対の方向に動き出していた。アジア危機以降全世界的に「質への逃避（flight to quality）」が多くの投資家の行動原理となり，債券価格は彼らの考えるファンダメンタル価値への収束ではなく，より割安な状態へと変化していった。この動きを決定的にしたのが，1998年のロシア政府のドル建て債務に対するデフォルト宣言である。いわゆるロシア金融危機の到来で，かつてない規模の質への逃避が発生し，世界中の投資家が新興国の債券を投げ売りし始めたのである。

図表3-2は，ロシア危機発生前後数カ月間の債券市場と株式市場の動向を示したものである。それまで米国のB格付けの社債と同程度の価格推移をしていた新興国国債は，価格の大幅な下落を受け，利回りは急騰している。ロシア危機以降は米国の30年債は逆に急騰したのであるから，20倍のレバレッジを持つLTCM社のポジション評価額がどうなったかは想像に難くないだろう。この時点の世界中の債券価格は全く理屈に合わない値段で売買されていた。一例を挙げるならば，英国エコノミスト誌は「1998年の9月時点で，おなじ新興国であるベネズエラ債の価格はあまりにも安く，2年以内にベネズエラ政府が債務不履行になる確率が99.9％であるということを割り引いた程度の水準にまで暴落していた」と記事にしている。ロシア政府による債務不履行宣言は，あくまでもロシア政府が指定した数本の債券に対してのみ行われたものである。しかし，その影響は地球の反対側にある，同じ産油国であり新興国だという共通点しかない国の債券価値を暴落させるまでに至ったのだ。当時マーケットはミスプライスであふれていたが，アービトラージャーの反対売買がマーケットを安定化させることはなかった。事態はFRB主導により信用供与が実施されるまで改善されなかったのである。

この例からマーケットには合理的な投資家は居ないと結論すべきであろうか。Friedman（1953）の静的な合理的投資家像に対して，より現実的に動的な合理的投資家像をモデル化したのが，De Long, Shleifer, Summers and Waldman（1990）である。彼らのモデルでは，状況によって投資行動をダイナミックに変化させる投資家像を念頭においている。マーケットのパニック状態に狼狽した非合理的な投資家は，ファンダメンタル価値よりも割安な値段でも，価格に下落モーメンタムがある限り，更なる価格の下落を期待し

てショートするかもしれない。こういう「下がるから売る」，という判断しかできない投資家が多いマーケットにおける合理的行動とはどういうものだろうか。De Long らは，このような投資家が多く存在するマーケットでの合理的投資とは，自らの後に追随して売ってくれる投資家を扇動する意味でまず自らショートし，その後愚かな投資家が安値を売りにきたところを買い戻すという戦略であるという。ファンダメンタル価値よりも割安だからと買いを入れる投資家ではなく，非合理的投資家の投資行動を読みながら，ファンダメンタル価値よりも安い値段でもショートする合理的投資家がいるはずだというのだ。このような合理的投資家の行動は，非合理的な投資家のもたらしたミスプライスを是正するどころか，むしろ価格の歪みを助長する，とモデルでは予想している。LTCM 社崩壊時に観察された価格動向は，まさに伝統的なファンダメンタル価値と合理性の議論では捉えられていないマーケットの真実を現しているといえるだろう。

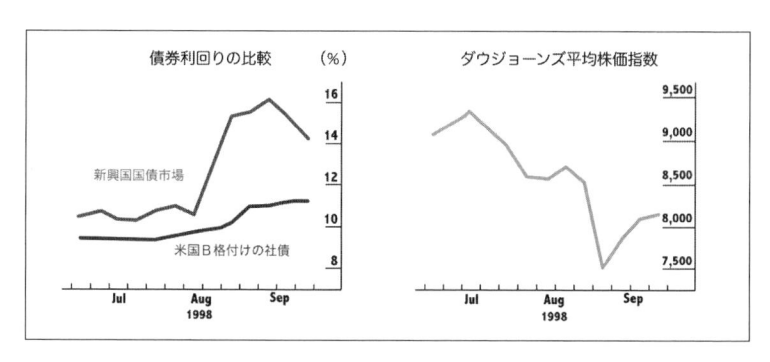

図表 3-2 ロシア危機発生前後の新興国債券市場と米国株式市場の動向
出所：J. P. Morgan, Merrill Lynch Database
エコノミスト誌　1998 年 9 月 24 日号より作成

3-5　双子株式と親子上場の不思議

第 3 節でみたクローズドエンドファンドの実例から，代替性が制限される場合は価格が是正されにくいことがわかった。また第 4 節の LTCM の崩壊

事例から，マーケットに多くの非合理的投資家が同じ方向の取引をする場合には，合理的投資家でさえ価格を歪める行動に出ることが明らかになった。前者をファンダメンタルリスクと呼び，後者をノイズトレーダーリスクと呼ぶが，ノイズトレーダーリスクは金融危機的な状況下以外でも証券価格を歪めている。本節の5-1では，通常の金融市場の状態においても，ノイズトレーダーリスクゆえに一物一価の法則が成立していない例を紹介する。また3-5-2では執行リスクがミスプライスを発生させている例を紹介する。

3-5-1　双子株式 (twin share)

1907年に当時完全に独立した2社であったローヤルダッチ社とシェルトランスポート社はそれぞれの会社を残しながら6割4割で事業統合することに合意した。即ち，統合した事業からの収入の6割は米国やオランダで上場されているローヤルダッチ社のものとなり，4割は英国に上場しているシェル社に帰することになったのだ。株価は当該企業の将来キャッシュフローの割引現在価値であるから，ローヤルダッチ社の株式時価総額は丁度シェル社の1.5倍でなければならない。それぞれの株価の水準は経済状況や投資家が求めるリスクプレミアムで変化するが，2社の株価の比率は1.5倍と一定であるはずである。しかしながら，現実にはそうなっていないばかりか，乖離幅は非常に大きい。ローヤルダッチ社は，時には理論価格に比較して35%も過小評価されている場合があるのである。図表3-3は理論値（パリティ=0%）からの乖離の推移をグラフにしたものである。このミスプライスはどうして放置されるのであろうか。もし，アービトラージャーがこのミスプライスを利用して利益を得ようとするならば，割高な株式を売って，割安な株式を買えばよい。先述のLong Term Capital Management社もこの取引をしていたことがわかっている。この取引を先の三つのリスクの視点から考えてみよう。ローヤルダッチ社はシェル社の完全な代替証券であるため，ファンダメンタルなリスクは完全に回避される。クローズドエンドファンドの保有銘柄の類似のポートフォリオを構築するというポジションよりも，アービトラージャーにとって安全な取引であると言える。また，両者とも非常に流動性の高い大企業であり，借株をするには全く問題ない種類の株式で

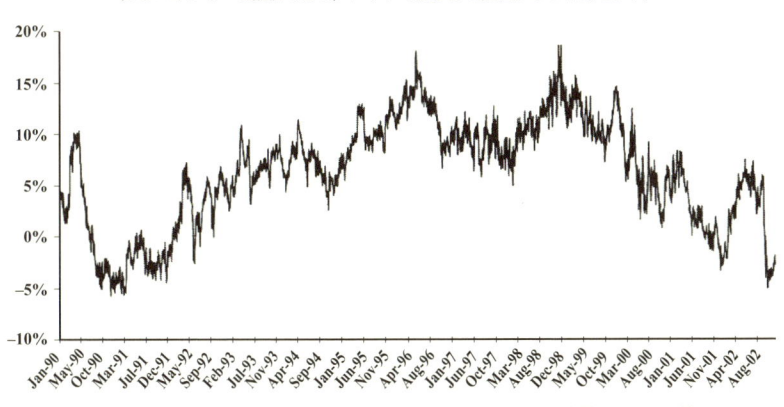

合併比率を考慮した場合のローヤルダッチ社の企業価値とシェル社の企業価値
（0がパリティ　理論値であり，グラフの推移は理論値からの乖離を示す）

図表3-3　ローヤルダッチ社とシェル社の株価の理論値からの乖離
出所：Lamont and Thaler（2003）より抜粋

あるため，執行コストも非常に低い[3]。このアービトラージを困難にしているのは，唯一ノイズトレーダーリスクである。ノイズトレーダーの存在が割安な株価を更に安くする可能性があり，その状態が長く続けば，損失を抱えたまま顧客から資金を引き上げられてしまうかもしれないからだ。

3-5-2　親子上場（Spin off or Curve Out）

　親会社が子会社を上場させるという例は多く見られる。日本の例については，Inoue, Kato and Schallheim（2006）で詳しく論じているし，米国においてはドットコム企業の例が分析されている。親子上場におけるミスプライスとは，子会社の価値が親会社の価値を上回るという現象である。日本におけるその代表例は，NTTとNTT docomoであろう。NTTの子会社であるNTT docomo社はスピンオフし，上場している。しかし1998年に上場したNTT docomo株の64.5％は親会社であるNTTが握っていた。つまり，NTTの株式時価総額の内，NTT docomoの時価総額を控除した分がNTTの携帯電話事業以外の残余事業価値ということになる。図表3-4は，NTTの時価総額からその持分であるNTT docomo株の時価総額を差し引いた価値の1998年から現在までの推移である。当初8000億円程度だった残余事

業価値はその後上昇するが，NTT docomo 株が IT ブームに乗って上昇し始めるにしたがって下落し，1999 年から 2002 年までのかなりの期間にわたって，NTT の残余事業価値はマイナスになる。

　これは極端なミスプライスが存在しているという証左である。アービトラージャーはこのチャンスを生かすことはできないのであろうか。まず親子上場のミスプライスを対象とした裁定取引には，ファンダメンタルリスクもノイズトレーダーリスクも存在しない。つまり，巨大なファンドが親会社である NTT 株の 50％以上を取得し，保有する 64.5％の NTT docomo を売却することができれば，理論上 NTT の携帯事業以外の事業を負の価値で受け継ぐことができるのである。つまり，事業継承してお金がもらえるという奇妙な現象が起こるのである。問題は実行可能かどうかである。残念ながら，アービトラージャーは執行するのに莫大な費用をかけなくてはならない。あるいは，いくら費用をかけても執行できないかもしれないのである。NTT の大株主は当時の大蔵省（現在の財務省）であり，そもそも NTT の過半数をファンドが取得するのは，いくら費用をかけたとしても現実的でないだろう。過半数を握ることなく NTT docomo ショート，NTT ロングのポジションを作ることは可能であるが，その場合は NTT docomo の比較的高い借株

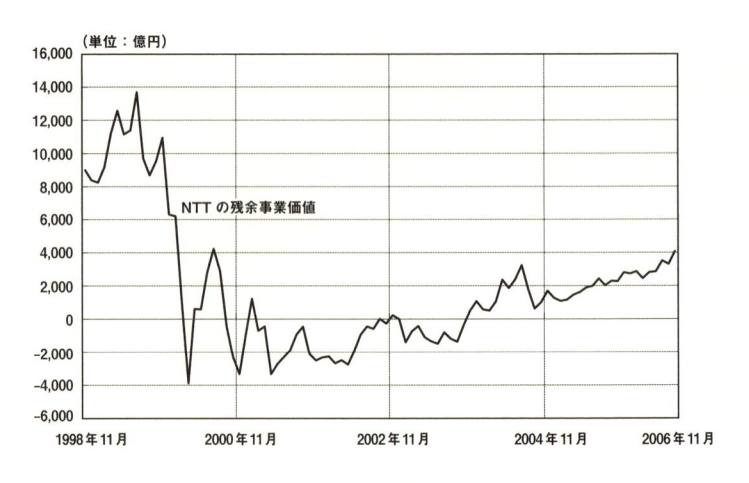

図表 3-4　NTT の時価総額から所有する NTT docomo 株の時価総額を控除した残余事業価値の推移

コストを支払う必要があるばかりでなく，ノイズトレーダーリスクは回避することができないのである。

3-6 まとめ

　金融市場の健全な発展と金融資源の有効活用の観点から，マーケットは極力効率的であることが望ましい。もしマーケットがケインズのいう美人投票的な場であるならば，投資家はほとんどギャンブラーとなってしまい，健全な資本市場の発展は望めない。昨今は日本においても株主価値最大化をはじめとする，マーケットの原理が以前より広く認知されるようになってきた。株主価値を測る株式市場の効率性を追求する意義は重要性を増していると考えられる。

　マーケットの効率性とは，証券の本質的な価値が正しく価格に反映されているということである。マーケットにおいては概ね一物一価の法則は成立しているものの，価格是正機能を持つアービトラージャーの行動が制約されることで，ミスプライスが時折発生することは，実例を通して紹介した通りである。ここからの含意は，投資家が自由に資本を動かし，取引コストが低いマーケットほど効率性が高いということである。その意味では株価が下落するたびに，空売り規制など様々な規制を導入してきた当局の対応は，効率性の観点からは逆効果であったといえるかもしれない。LTCMの崩壊時のように極端にマーケット心理が傾いている場合以外はマーケットへの干渉を最小限に抑え，アービトラージャーが行動し易いような環境を整備に注力すべきだろう。

【注】

1)　米国のEncyclopedia of Closed End Fundsによれば，株式クローズドエンドファンドの平均(中央値)回転率は77%(60%)であり，債券ファンドのそれは107%(60%)であることがわかっている。

2)　ヘッジファンドについての公式な統計は存在しないが，情報ベンダーに登録され

ている一般的なヘッジファンドは，運用手数料が純資産価値（NAV）の1.5%，成功報酬は15%程度だとされている。
3) 株式を空売り（ショート）するためには，借株市場（Stock Lending Market）から株式を借りてくる必要がある。この借株市場は株式を長期保有する年金や生命保険会社などの機関投資家が当面売却する予定のない株式を貸し出すことによって，より高いリターンを得ようとするものである。従って，機関投資家が保有していないような小型の新興市場株式などであれば，借株が困難である場合がある。

【参考文献】

De Long, J., A.Shleifer, H.L. Summers and J. Waldman (1990), "Positive Feedback Investment Strategies and Destabilizing Rational Speculation," *Journal of Finance*, 45.

Edwards, R. Franklin (1999), "Hedge Funds and the Collapse of Long Term Capital Management," *Journal of Economic Perspectives*, 13, 2.

Friedman, M., "The Case for Flexible Exchange Rates," in *Essays in Positive Economics* (Chicago: The University of Chicago Press 1953).

Inoue, K., H.K. Kato and J.S. Schallheim (2006), "Parent Company Puzzle in Japan: Another Case of Limit of Arbitrage," *Nagoya City University working paper*.

Keynes, J.M. (1936), "The General Theory of Employment, Interest and Money," *Macmillan, London*.

Lamont A. O. and R. H. Thaler (2003), "The Law of One Price in Financial Markets," *Journal of Economic Perspectives*, 17, 4.

Pontiff J. (1996), "Costly Arbitrage: Evidence from Closed-End-Funds," *Quarterly Journal of Economics*, 111, 4.

"The Economist," September 24-31 issue 1998.

第4章
日本における株式需要曲線の形状について

　本章では，日本の株式市場で観察される株価から，株式の需要曲線の形状について考察する。株価が将来キャッシュフローの現在価値で決まっているのであれば，一時的に特定の銘柄に買い注文が殺到したとしても，株価には影響を与えないはずである。なぜなら，株式には本源的価値が定まっており，それを大幅に逸脱するような価格が実現するのであれば，当該株式をショートし，他の代替証券を買う裁定取引が発生するからである。例えて言えば，ある同じ満期，同じ利回りの国債が，一つは99円で取引され，もう一つは大変人気が高く100円で取引されていれば，忽ち100円で取引されている国債はショート（空売り）され，99円で取引されている国債はロングされ（買われ），瞬時の内に同一価格となるだろう。株式には国債と異なり将来キャッシュフローの不確実性が伴うため，国債取引ほどはっきりとした裁定は働きにくい。その分，多少の変動はあるかもしれないが，資本市場がefficientであれば，当該株式のファンダメンタル価値から乖離した水準まで需要が盛り上がったとしても，価格はほどなく是正されるはずである。この意味で，ファンダメンタル価値に関する情報を伴わない売買に対して，株価は変動しないはずである。これが株式の需要曲線はフラットであるという意味である。

　仮に株式の需要曲線が通常の商品のように下降している（downward sloping）のであればどうだろう。もしそうであれば，株価はケインズの言う美人投票的投資行動によって決まっている可能性があるということである。この意味で，株式市場のefficiencyを語るときに，株式の需要曲線がどうなっているかを調査することは大変重要なポイントとなる。株式の需要曲線は，個別企業の株価を追っていても，観察することはできない。株価は常にマーケットから流れてくる情報に対して反応をくりかえすため，どの変動が情報をうけたもので，どの変動がノイズであるかを識別できないからだ。そこで本章では，イベントスタディの手法を用いてこの問題を克服する。即ち，株価指数への採用・除外という売買は伴うが，ファンダメンタル価値に変化が起こり得ないイベントに遭遇した銘柄群を摘出し，イベント日を中心とした株価の動向を観察することによって，ファンダメンタル価値に変化が生まれるかどうかを見ようというのである。ファンダメンタル価値に変化がなければ，需要曲線の形状は伝統的ファイナンス理論通りにフラットであると考えられ，ファンダメンタル価値に変化があれば，株式の需要曲線は商品などと同様の下降曲線を持つと考えられる。

　本章は，証券アナリストジャーナル42号No.2に掲載された研究論文，「日経225構成銘柄入れ替えにおけるトレーディングシミュレーション──1991年以降の全銘柄入れ替えの分析」と，ビジネスアンドアカウンティングレビュー第1号に掲載された研究論文，「日本株式の需要曲線の形状について」を加筆訂正したものである。

4-1 はじめに

　現代ファイナンス理論においては，株式には完全な代替証券が存在し，それゆえに株式の需要曲線がフラットであるということは長い間前提として考えられてきた。もしある証券が完全に弾力的な需要を持つならば，どのような需要ショックも，それが情報を含んでいない限り価格に影響を与えることはない。過去の先行研究では新たな情報を含まない需要ショック，供給ショックに対して価格がどう反応するかを，多様なイベントスタディを通じて分析している。たとえばScholes（1972）は大口売買の実証研究により，株式の大口売り注文に対しての下落幅は限定的であることを示し，「ブロックトレード」において，需要の弾力性の存在を確認している[1]。その他にも「新株発行」「株式分割」などのイベントでも株式の需要の弾力性については研究されているが，各イベントが持つ情報効果を完全に除去することは出来ていない。

　一般的に，銘柄入れ替えによって対象企業のファンダメンタル情報が伝えられるとは考えられない。イベントが事前に何らかの情報を伝えるものだという明らかな証拠がないという意味で，株式需要の弾力性をテストするには好都合なフレームワークだと考えられる。銘柄入れ替え日の前後において，新規採用銘柄に超過リターンが観察されれば，それは株式が下降需要曲線（Downward Sloping Demand Curve）を持つものだと考えることができる。もし株式が短期的に下降需要曲線をもつとすれば，それは一時的な需要ショックが収まった段階で株価は元の鞘に収まることを意味する。Harris and Gurel（1986）のS&P500の採用銘柄における発見はこのようなものであり，これは価格圧力仮説（Price Pressure）と呼ばれている。一方，株式が長期的に下降需要曲線を持つとすればそのような超過リターンは永続的なものとなる。Shelifer（1986），Beneish and Whalery（1996），Lynch and Mendenhall (1997), Kaul, Mehrotra and Morck (2000), Wurgler and Zhuravskaya (2002) らの研究によれば, 採用銘柄の超過リターンはイベント終了後も保持され, この長期的下降需要曲線仮説 (不完全代替仮説) を支持している。

ところが, 銘柄入れ替えイベントが真に情報を一切含まない, information free event であるか否かについては, 先行研究に意見の一致は見られない。Jain (1987), Dhillion and Johnson (1991), Denis et.al (2003) らは, 銘柄入れ替えは何らかの情報を持つイベントであるという証拠を提出している。これは情報仮説と呼ばれるもので, 銘柄入れ替え自体に将来キャッシュフローに対する情報コンテンツがあり, 採用銘柄では将来キャッシュフローが増加し, 除外銘柄では将来キャッシュフローが減少するという情報を伝えていると考えるのである。たとえば, 指数に採用されることで業界の代表企業であるというお墨付きが与えられ, 資金調達が容易になる可能性が考えられる。このような場合, 容易な資金調達により当該企業がより高い成長率を達成することになるのかもしれない。

本章ではまず日経225指数銘柄入れ替え時の採用銘柄と除外銘柄の超過リターンを観察し, 日本の株式が需要ショックに対してどのように反応するかについて調査した。日経225指数の銘柄入れ替えをイベントとして取り上げるのは, それが米国市場の実証分析にはないユニークな視点を提供してくれるからである。第1に, 日経225指数が日本を代表する指数でありながら, 先進国では唯一の価格ウェート指数であるという点である。価格ウェート指数は S&P500 種平均やその他の多くの国の株価指数のような時価総額ウェート指数と異なり, 現物指数と先物指数の裁定取引を行い易い指数である。従って, 裁定取引に絡む売買も米国のそれよりも多く, 相場観を伴わない売り買い (forced buying and selling) が交錯する。このような売り買いはファンダメンタル情報に基づいて行われるものではなく, 純粋な需要 (供給) ショックが与える影響を考察するという点では, 非常に有効な枠組みを提供してくれるということである。更に第2点として, 日本市場固有の株式持合いという習慣の存在が挙げられる。株式持合いにより銘柄によって浮動株比率が異なるため, 需要ショックの採用・除外銘柄全体への影響だけではなく

個別銘柄に与える影響も詳細に比較することが可能である。

　本章では1991年から2004年までの全52回の銘柄入れ替えを分析した。その結果，米国の多くの報告と同様，採用銘柄は有意に正の超過リターンを示し，除外銘柄は有意に負の超過リターンを示した。その超過リターンの源泉ついて調査するために，株式の代替可能性と超過リターンの関係についても調査したが，やはり代替可能性の小さな銘柄ほど超過リターンも大きいという結果を得た。取引高については，指数に採用後急激に高まる傾向が確認された。

　ここまでの実証結果からは，日本の株価の需要曲線はフラットではなく長期的な下降需要曲線を持ち，需要曲線の傾きは，当該銘柄の代替証券の入手可能性によって決定されるというWurgler and Zhuravskaya（2002）の報告と整合的な結果となった。しかし筆者はイベントウィンドウを前後60日まで拡大して観察を続けた。すると採用銘柄の超過リターンの推移に変化は認められなかったものの，除外銘柄については超過リターンが発生しないことが明らかとなったのである。もし株式の需要曲線が下降していることが超過リターンの発生原因だとすると，採用・除外銘柄が対称的な動きを示して然るべきある。ところが，現実には採用銘柄は長期的下降需要曲線を示唆し，除外銘柄は需要曲線がフラットであることを示すのである。

　株価の需要曲線の形状を特定するためには，この非対称な株価形成の原因を探る必要がある。米国における指数銘柄入れ替えでは，Chen, Noronha and Singal（2004）が，日経225と同じように，採用銘柄と除外銘柄の非対称な株価動向を報告している。彼らはMerton（1987）の認知度という視点でこの現象を捉え説明を試みている。即ち，これまで指数に採用されていなかった銘柄は，指数に採用されることによって急速に投資家への認知度が高まる一方で，除外される銘柄の認知度がそれと対称的に急低下することはない，と考えたのである。そして，Kadlec and McConnell（1994）の手法で銘柄入れ替え前後の認知度の代理変数を算出したところ，確かに採用銘柄の認知度は急速に上昇したが，除外銘柄のそれにはあまり変化は見られなかったのである。更に，投資家の認知度の変化と超過リターンの発生に強い相関関係が認められた。このことから，非対称な株価動向は認知度の変化率に

よって発生している可能性があり，長期的下降需要曲線仮説（不完全代替仮説）に疑問を呈している。

筆者は彼らの手法を踏襲し，日本市場のサンプルで認知度の変化について検証した。認知度の変化について頑健性を高めるため，異なる3つの期間で測定して比較してみた。その結果，日本では米国の研究が示唆するような結果とはならなかった。採用銘柄の認知度は銘柄入れ替え後に確かに向上するが，除外銘柄のそれはより向上するという結果となったのである。超過リターンの発生パターンは，その非対称性の現れ方など米国の銘柄入れ替え時の株価動向と似通っているが，採用銘柄と除外銘柄の株価動向の差異を認知度の変化によって説明することは出来なかったのである。従って，Chen, Noronha and Singal（2004）が示唆する株価の需要曲線は長期的にはフラットであるという仮説（Price Pressure 仮説）は，日本市場では支持されず，非対称な超過リターンが観察される理由については，更なる研究が必要であることを示唆するに留まった。

本章の構成は以下の通りである。まず第2節では内外の先行研究の流れと，銘柄入れ替えの理論を紹介し，本論文の位置づけを考える。第3節ではデータと方法論について述べる。第4節では超過リターンと出来高についての実証結果を報告する。第5節では，米国の既存仮説について日経225での実証結果を用いて検証する。第6節では投資家の認知度と超過リターンの関係を探り，第7節で本章のまとめを行う。

4-2　先行研究と銘柄入れ替えに関する仮説

銘柄入れ替えイベント時に，採用銘柄が上昇し，除外銘柄が下落することについて，3つの仮説が考えられている。不完全代替仮説（長期的下降需要曲線仮説），価格圧力仮説（短期的下降需要曲線仮説），情報仮説である。効率的市場仮説では，株式の需要曲線はフラットであると考える。即ち，株価は当該株式のファンダメンタル価値を反映して決まっているものであり，通常の商品のように需要が増えたからといって価格が上昇するわけではない。

仮にある株式への需要が増えたとしても，ファンダメンタルが変わらない限り，その株価は変わらないのである。この意味で株式の需要曲線はフラットである。仮にあるA社の株価が，ファンダメンタルが変わらないにも関わらず上昇したらどうなるだろう。効率的市場では，合理的な投資家であるところの裁定取引業者が参入し，瞬時にして株価の上昇を抑えると考える。裁定業者はA社と同じようなファンダメンタルを有している別のB社株式を購入し，需給バランスが崩れたことにより上昇したA社株式を売却するという取引を行うからである。結果的にファンダメンタル価値から乖離して取引されるどのような証券に対しても，裁定業者が参入するため，市場の価格はやがてファンダメンタル価値に収束するのである。Scholes（1972）はブロックトレードが行われたときの株価の動きを通じて，株価が需給を反映して変動するかどうかを調査した。彼は大口の売り注文に対する株価が大きく反応する場合と，それほど反応しない場合があることに気が付いた。そしてその差異を分析した結果，何らかの情報に基づいて大きな売り注文がある株式は下落の程度が大きいが，ポートフォリオの入れ替えという目的で大きな売り注文が出ているときは，株価はさほど反応しないことを発見したのである。結論として，効率的市場仮説が予想するとおり，株価は非情報（non-information）には反応せず，同じようなファンダメンタルを持つ資産の期待収益率は等しくなるのである。Scholesによると株式は芸術品のようにこの世に1つの品物ではなく，不確実なキャッシュフローに対する請求権であるという。こう考えると，直接，間接にこれを代替することは可能であり，仮に一時的な需給関係のバランスの変化により株価が変動するのであれば，その変動分はすぐに裁定業者が是正するであろう。

　これに対して不完全代替仮説（長期的下降需要曲線仮説）は，市場が完備でないことを指摘する。市場が完備であれば，ファンダメンタル価値よりも乖離した証券を売買して裁定取引ができるだろうが，同じようなファンダメンタルを持つ代替証券が市場に存在しない場合は，裁定取引ができない可能性があるという。即ち，大口買い注文で割高になる株式を売却し，同じようなファンダメンタルを持つ証券に乗り換えようと裁定業者が考えたとしても，代替証券が存在しないため乗り換えることができないのである。

従って，不完備な市場で裁定取引を試みる投資家は「裁定リスク（arbitrage risk）」を負わなければならなくなる。その結果，十分な数の裁定取引に従事する投資家が存在せず，僅かな売り手しか存在しない採用銘柄に指数入れ替えの買い注文が集中して価格は上昇する。そして価格は新たな需給を反映したところで高止まりする。これは下降需要曲線仮説（Downward Sloping Demand Curve 仮説）とも呼ばれ，株式の需要曲線はフラットではなく，下降曲線であると主張するものである。Shleifer（1986）は S&P500 種での銘柄入れ替え時に，採用銘柄は平均で3％上昇することを発見し，この上昇幅が銘柄入れ替え実施後も維持されることから，この現象を不完全代替仮説で説明している。Wurgler & Zhuravskaya（2002）は1976年から1996年までの S&P500 種指数の銘柄入れ替えを調査し，採用銘柄は平均で3.5％上昇し，上昇幅は維持されることを確認している。彼らは併せて，採用銘柄がどの程度他の株式で代替できるかを調査し，平均的な採用銘柄ではその4分の1さえ代替できない事を示している。代替証券の有無の程度で表される裁定リスクの大小は下降需要曲線の角度を決定する。裁定リスクが大きければ大きいほど，需要曲線の角度は急になり，一時的な需要の増加が超過収益率に与える影響は大きくなる。逆に裁定リスクが小さければ超過収益率も小さい，と結論づけている。彼らの定義する裁定リスクは，S&P500 種指数の銘柄入れ替えをうまく説明し，取引コストと同様市場の効率性を阻む要因の一つに列挙している。Hanaeda and Serita（2002）は観察された超過収益率と入れ替え株式の需要ショック，裁定リスク等のリスクプロフィールとの回帰分析を行った。そしてそれらのリスクと超過収益率が正の関係にあることを指摘し，（市場に代替証券が存在しないようなリスクプロフィールを持つ証券ほど超過収益率が高いため）不完全代替仮説を支持している。

　一方価格圧力仮説（Price Pressure 仮説，短期的下降需要曲線仮説）は，市場のマーケットメーカーに着目し，指数採用銘柄の株価上昇は，一時的にマーケットメーカーが流動性を供給する際にインセンティブを要求することが原因だと解釈している。通常マーケットメーカーは当該株式を売り持ちし，時間をかけてそのポジションをスクエアにしていくが，その期間当該株式の価格変動リスクにさらされることになる。これについてのリスクプ

レミアムが，価格上昇によって織り込まれると考えるのだ。これは株式が短期的な下降需要曲線を持つということである。この仮説が正しいとすれば，採用銘柄の株価は流動性トレーダーがポジションを反対売買するにつれて下落するであろう。Harris and Gurel（1986）は1978年から1983年までのS&P500種の入れ替えを調査し，採用される銘柄が出来高，価格ともに上昇するが，約二週間でその効果は消滅する点を指摘した。彼らは，採用銘柄の上昇は，銘柄入れ替えに伴う大口注文に株価が反応しているだけであって，単なる価格圧力であると結論づけている。

　指数に採用されるということ自体が，何らかのポジティブな非公開情報をシグナリングしていると考えるのが，情報仮説の立場である。指数に採用されることで会社の知名度が高まり，アナリストのカバレッジに入ることで投資家がアクセスし易くなる等のメリットを反映して価格が上昇するのであれば，それは需給の変化で価格が上昇するのではなく，あくまでもファンダメンタルな部分の変化を反映した価格の上昇である。Beneish & Gardner（1995）はダウ平均の銘柄入れ替えを調査し，ダウ平均に新規採用される銘柄には出来高や価格に何の変化もなかったが，除外される銘柄は有意な株価の下落が観察されたと報告している。ダウ平均はS&P500種指数とは異なり，インデックスファンドがトラックする指数としては一般的に用いられていない。従って，銘柄入れ替えに伴う売買は活発に行われず，対象銘柄への需給の変化は少ない筈である。ところが，採用銘柄がまったく反応しない一方で，除外銘柄だけが有意に下落するという非対称な現象が観察される。これは不完全代替仮説でも，価格圧力仮説でも説明できず，指数から除外されるという情報に何らかのファンダメンタルに関するシグナルが含まれていると考えるのが妥当だと主張している。Jain（1987）はS&Pのサブインデックスについての銘柄入れ替えを調査し，インデックスファンドがベンチマークとして使っていない指数でさえ採用銘柄が上昇し，除外銘柄が下落している点を指摘し，採用，除外というイベントが持つ情報こそが超過収益率の源であると主張している。Dhillon & Johnson（1991）はS&P500種の銘柄入れ替えについて，採用銘柄の社債，コール，プットの価格を調べた。社債やオプション価格を観察することで市場が原資産の価格変化をどう捉えている

かが分かるからである。その結果採用銘柄の変動率及び資本コストは低下しており，指数銘柄への組み入れが将来キャッシュフローに対する情報をシグナルしていると結論づけている。Denis et. al（2003）はS&P500種指数への採用銘柄のアナリストの予想EPSと，その後の実現利益について追跡調査をおこなった。その結果アナリストの1株当りの利益予想においても，実現益においても採用後に増加するという，情報仮説と整合的な結果を報告している。

4-3 データと方法論

4-3-1 データ

本章では1991年以降から2004年12月までの全銘柄入れ替えについて，イベントスタディの手法で分析する。日経225先物取引が1988年大阪証券取引所で開始されてから初めての大規模な入れ替えがあったのが，1991年9月であり，それを起点としてサンプルを収集した。

銘柄入れ替えの影響をみる場合にまず銘柄入れ替え実施のニュースがいつの時点で公開情報となったかを知る必要がある。日本経済新聞の記事を，日経テレコンを用いてサンプル期間で検索することで新聞発表の日時を特定し，その日を発表日とする。全てのケースにおいて，発表は証券取引所の取引が終了した大引け後に行われており，その翌日の日本経済新聞及び日本金融新聞の朝刊に掲載されている。従って，銘柄入れ替えイベントの情報が市場価格に反映されるのは発表日の翌営業日からとなっている。サンプル企業や指数の価格データ，一部財務データについては野村総合研究所のオーロラデータベースを使用し，一部の財務データや株主構成のデータについては，日経NEEDS Financial Questを用いた。

（図表4-1）には1991年以降の52回におよぶ全ての銘柄入れ替えについて，除外銘柄数と採用銘柄数を記している。筆者の設定するサンプル期間では，除外企業93銘柄及び採用企業93銘柄の計186銘柄が入れ替えられた。

この186銘柄には，日本経済新聞社が定期的に見直す純粋な銘柄入れ替えと，構成銘柄の倒産，合併，上場廃止等の理由で225銘柄に足りなくなった場合に補充する意味合いの銘柄入れ替えが混在している。また発表日から実施日までの期間は，2日間から27日間とまちまちであり，52回の平均では11.82日（土，日，祝日を含むカレンダーベース）となっている。

分析対象となるサンプルは186銘柄から次の3種類のサンプルを除外する。倒産したサンプル企業の場合は，極端に大きな負の超過リターンが発生するが，当然ながら銘柄入れ替えというイベントに対しての反応ではないため除外する。1993年4月の山陽国策パルプや7月の日活，2001年以降の新潟鉄工，青木建設，佐藤工業，フジタ，飛島建設等のケースがこれにあたる。次に，ベータの推定に必要な十分なヒストリカルデータが入手できないサンプルも除外する。第一勧業銀行，富士銀行，日本興業銀行の3行が合併して誕生したみずほ銀行などがそれに当たる。更に，既存の225採用銘柄以外の企業と合併した場合や上場廃止になった場合なども，銘柄イベントのインパクトを測るという目的には沿わないため除外する。この結果，52イベントの内32イベント，183銘柄の中から157銘柄を分析対象サンプルとすることとなった。

図表4-1　日経平均株価指数銘柄入れ替えの軌跡

イベントNo	発表日		実施日	除外銘柄	採用銘柄	分析対象除外銘柄	分析対象採用銘柄	備考
1	1991.9.25	～	1991.10.1	6	6	6	6	
2	1992.9.18	～	1992.9.24	1	1	1	1	
3	1992.9.25	～	1992.10.1	3	3	3	3	
4	1993.3.26	～	1993.4.1	1	1	1	1	
5	1993.7.1	～	1993.7.2	1	1	0	0	＊
6	1995.9.22	～	1995.10.2	1	1	1	1	
7	1996.3.19	～	1996.3.25	1	1	1	1	
8	1996.9.17	～	1996.9.24	1	1	1	1	
9	1997.9.17	～	1997.9.24	1	1	1	1	
10	1998.9.17	～	1998.9.24	2	2	2	2	
11	1999.3.16	～	1999.3.25	2	2	2	2	
12	2000.3.21	～	2000.3.28	1	1	1	1	
13	2000.4.14	～	2000.4.24	30	30	30	30	
14	2000.6.23	～	2000.7.3	1	1	1	1	

イベントNo	発表日		実施日	除外銘柄	採用銘柄	分析対象除外銘柄	分析対象採用銘柄	備考
15	2000.9.8	～	2000.9.22	3	3	3	3	
16	2000.9.8	～	2000.9.26	1	1	1	1	
17	2000.9.8	～	2000.10.2	2	2	2	1	**
18	2001.3.9	～	2001.3.23	1	1	1	1	
19	2001.3.9	～	2001.3.27	6	3	6	3	
20	2001.3.9	～	2001.3.30	0	1	0	0	**
21	2001.3.9	～	2001.4.3	0	2	0	0	***
22	2001.9.11	～	2001.9.25	1	1	1	1	
23	2001.9.11	～	2001.10.1	2	2	2	2	
24	2001.11.27	～	2001.11.28	1	1	0	0	*
25	2001.11.26	～	2001.12.5	1	0	1	0	
26	2001.12.6	～	2001.12.7	1	1	0	0	*
27	2001.11.26	～	2001.12.12	0	1	0	0	***
28	2002.2.15	～	2002.2.25	1	0	1	0	
29	2002.2.22	～	2002.2.27	0	1	0	1	
30	2002.3.3	～	2002.3.4	1	0	0	0	*
31	2002.3.3	～	2002.3.6	0	1	0	1	
32	2002.3.19	～	2002.3.26	1	0	1	0	
33	2002.3.19	～	2002.4.2	0	1	0	0	***
34	2002.9.5	～	2002.9.6	1	0	0	0	*
35	2002.9.5	～	2002.9.11	0	1	0	0	***
36	2002.9.5	～	2002.9.19	3	3	3	3	
37	2002.9.5	～	2002.9.25	2	0	2	0	
38	2002.9.5	～	2002.9.25	0	2	0	0	***
39	2002.9.5	～	2002.10.2	2	2	2	1	***
40	2002.11.16	～	2002.11.26	1	0	0	0	***
41	2002.11.16	～	2002.12.3	0	1	0	0	***
42	2003.2.25	～	2003.3.6	1	0	0	0	***
43	2003.2.25	～	2003.3.13	0	1	0	0	***
44	2003.3.14	～	2003.3.26	1	0	0	0	***
45	2003.3.14	～	2003.4.2	0	1	0	0	***
46	2003.9.9	～	2003.9.22	1	0	0	0	***
47	2003.9.9	～	2003.9.25	1	1	0	1	***
48	2003.9.9	～	2003.9.30	0	1	0	0	***
49	2003.9.9	～	2003.10.1	1	1	1	1	
50	2004.3.16	～	2004.3.26	1	0	0	0	***
51	2004.3.16	～	2004.4.2	1	2	1	1	***
52	2004.9.7	～	2004.10.1	3	3	3	3	
			合計	93	93	82	75	
			平均	1.79	1.79	1.58	1.44	

（注）備考欄の＊記の意味は以下の通り。＊：倒産のため発表日と実施日が同一，＊＊：β推定に十分なヒストリカルデータが入手不可能，＊＊＊：吸収，合併，上場廃止等で銘柄入れ替えインパクト以外の要因が株価に影響与えていると思われるもの。或いは新持ち株会社へ以降等の理由により株価の連続性が無いもの。

4-3-2　日本の銘柄入れ替えの特徴

4-3-2-1　日経 225 指数の特徴

　日経 225 の銘柄入れ替えの特筆すべき特徴は，指数の計算方法にある。S&P500 種平均やカナダの TSE300 指数など，先行研究の大多数は時価総額加重平均型の株価指数で行われている。一方日経 225 は価格ウェイトの平均指数であり，単純に 225 銘柄の株価合計値を日経新聞社が計算する除数で割った値として公表されているものである。価格ウェイト指数と時価総額ウェイト指数の最も大きな実務的差異は，前者が現物指数との指数裁定取引をおこない易いという点にある。たとえば，先物市場の株価指数が現物株式指数よりも理論値を超えて高く取引されれば，指数裁定取引業者が割安な現物指数を買って割高な先物指数を売るという取引をする。この際，時価総額加重平均指数で指数裁定取引をする場合は指数ポートフォリオの時価総額の変動に合わせて，銘柄を少しずつ売買する。このような微調整がなければ，忠実に指数をトラックできないからである。それに対して，価格ウェイト株価指数で指数裁定取引をする場合には，その後の市場変動による調整は必要がなく，現物指数と先物指数のスプレッドを指数裁定取引実行時に確定することができるのである。その意味で指数裁定取引業者が参入しやすく，理論値からの乖離が起こり難い市場のはずであるが，現実には巨額の指数裁定取引が行われている。

　図表 4-2 は東京証券取引所が発表している指数裁定取引残高の推移と，先物市場の建玉の推移を表したものである。東京証券取引所は指数裁定取引が日経 225 先物に対して行われたものか，Topix 先物に対して行われたものかの区別は行っていない。日経 225 先物の流動性が Topix のそれよりも圧倒的に高い事実や，先に述べた単純平均指数であるという点に鑑み，日経 225 に対する指数裁定取引の方が主流であることは間違いないと思われるが，客観的データがないため，どの程度 225 指数に対する指数裁定取引であるかははっきりしない。そこで筆者は日本経済新聞，日本金融新聞の市況欄を 1991 年まで遡り，市場の観測記事を集めた。その結果およそ 60％から 80％の指数裁定取引が日経 225 型であるという。そこで，本章では指数裁定

残高の 80% が日経型であると前提して論を進める。[2] 日経 225 は価格ウェート指数であるため, 指数裁定残高から各銘柄にどの程度の指数裁定取引にかかる需要・供給ショックが発生するかは簡単に計算することができる。図表 4-2 の 3 列目は株数で表した指数裁定残高であり, AB は日経 225 の各構成銘柄に対してどの程度の需要・供給ショックを与え得るかという推定値である。1991 年 3 月時点では, 現物指数買い, 先物売りの指数裁定残高が 8293 億円, 株数にして 6753 億株存在し, その内の 8 割が日経 225 型であるという前提で, 1 銘柄当たり 240 万株の買い残高があることを示している。指数裁定取引とは個別銘柄のファンダメンタル価値を分析して売買する投資行動ではなく, 先物価格との価格差を収益に結びつけようとした投資行動である。従って指数裁定取引実施時にはファンダメンタルとは無関係に指数銘柄への買い（需要ショック）が発生し, 先物の満期時には指数銘柄への売り（供給ショック）が発生する。銘柄入れ替えは, 少なくとも AB 株の供給ショックを除外銘柄に引き起こし, 需要ショックを採用銘柄に引き起こすイベントなのである。(図表 4-2) の 5 列目と 6 列目には日経 225 先物と Topix 先物の建玉を示しておいた。日経 225 はシンガポール国際金融取引所 (SGX, 旧 SIMEX) にも上場されており, 取引コストの安さから多くの指数裁定取引絡みの取引は SGX に移行している。[3] 指数裁定取引残高よりも少ない建玉残高が年によって存在するのはそのためである。

日経 225 指数は, 採用されている 225 銘柄の株価を単純に合計し,[4] 日本経済新聞社が決定する除数で割った値として計算されている。指数銘柄入れ替え発表があった後も, 実施日が到来するまではこの計算方法で算出される。実施日の寄り付きからは新構成銘柄の株価合計を新除数で割って計算される。即ち, 旧構成銘柄の株価合計／旧除数＝新構成銘柄の株価合計／新除数, の関係が実施日前日の終値で成り立つ様に新除数が決定され, 指数の連続性が保たれるのである。新除数は実施日に日本経済新聞社より発表される。

4-3-2-2 入れ替え銘柄の特徴

銘柄入れ替えは定期的に行われるものと, 構成銘柄の合併や倒産発表などで急遽行われるものとがある。基本的には日本経済新聞社は日経 225 指数

第4章 日本における株式需要曲線の形状について | 109

図表4-2 裁定取引残高と先物建玉の推移

年/月	日経225裁定残高 裁定残高（百万円）	裁定株式数（千株）	AB（千株）	先物建玉 日経平均（百万円）	Topix（百万円）
1991年3月	829,319	675,377	2,401	4,665,680	698,939
1991年9月	1,138,675	1,014,648	3,608	3,732,017	569,723
1992年3月	1,265,369	1,421,869	5,056	3,383,065	2,480,594
1992年9月	741,335	741,334	2,636	2,248,309	379,065
1993年3月	1,128,710	1,270,342	4,517	2,620,465	727,003
1993年9月	1,205,743	1,254,016	4,459	2,217,640	983,198
1994年3月	1,191,017	1,250,590	4,447	1,535,184	1,128,231
1994年9月	737,596	771,877	2,744	2,156,519	987,669
1995年3月	820,157	1,065,811	3,790	1,895,556	774,650
1995年9月	1,882,532	2,181,199	7,755	2,719,919	1,393,275
1996年3月	2,826,069	2,784,809	9,902	5,472,683	2,326,006
1996年9月	2,796,620	2,757,016	9,803	4,265,861	1,771,132
1997年3月	1,702,533	1,949,953	6,933	4,218,575	1,526,804
1997年9月	1,369,777	1,547,996	5,504	2,991,487	1,486,377
1998年3月	1,623,328	1,977,549	7,031	3,278,693	1,537,876
1998年9月	538,367	752,001	2,674	2,303,057	1,363,779
1999年3月	944,304	1,111,438	3,952	3,169,250	1,202,098
1999年9月	801,750	827,508	2,942	2,699,586	1,499,462
2000年3月	2,285,801	2,062,232	7,332	2,207,799	2,382,721
2000年9月	2,929,952	2,186,433	7,774	1,986,202	1,854,624
2001年3月	3,365,349	2,805,554	9,975	2,150,878	2,237,304
2001年9月	1,507,301	1,599,583	5,687	1,374,125	1,787,659
2002年3月	1,623,321	1,598,890	5,685	1,696,793	2,362,432
2002年9月	938,608	980,718	3,487	1,310,864	1,785,741
2003年3月	708,942	857,500	3,049	1,168,225	1,834,803
2003年9月	2,159,677	1,895,669	6,740	2,215,848	2,593,641
2004年3月	2,879,861	2,315,803	8,234	2,997,910	3,782,085
2004年9月	2,278,143	1,978,449	7,034	2,244,408	3,057,826

（注）金額ベースの裁定残高は東京証券取引所より提供されたものである。AB（四列目）は裁定取引に占める日経225の割合が80％であるとの前提で算出した，指数構成銘柄1銘柄当たりの裁定残高である。日経225の建玉は大阪証券取引所より，Topixの建玉は東京証券取引所より提供を受けた。但しSGX（旧SIMEX）の建玉は含まれない為，サンプル期間後半では裁定残高よりも小さくなる場合が発生する。

が、日本経済を常に代表する指数であるための調整を、定期的に行うとしている。指数からの除外や採用の基準は流動性、代表性という2つの大枠では決められている。たとえば、構成銘柄の出来高が東証1部上場全銘柄のメジアン値を過去3年間連続で下回れば、指数からは除外される。しかしその他多くの質的な判断基準があり、銘柄入れ替えを市場データから完全に予想することは困難である。

　図表4-3は入れ替え銘柄をサンプル別に分類したものである。上段は採用銘柄である75銘柄、下段は除外銘柄の82銘柄についてまとめたものである。時価総額で見ると、新たに採用される銘柄の時価総額の方が除外される企業よりも圧倒的に大きいのが分かる。やはり、日本企業を代表する企業だった会社も、属する業界が衰退し、業態が時代に合わなくなると企業規模も縮小し、やがては指数から除外されていくのであろう。採用される企業はその時代を新たに代表する企業であるから、企業規模も当然大きくなる。βについても明らかな差が存在する。採用銘柄は一般にβ値が高く、除外銘柄は低い。ただ興味深いのが、除外銘柄も採用銘柄も指数から除外されてからβ値が上昇することである。採用銘柄は指数の一部になるため、βが上昇するのは理解できるが、除外銘柄のβが顕著に上昇するのは、直感とは合致しない。株主構成を金融機関、外人投資家、その他法人、個人と分類したものを6列目以降に記しておいた。概して、採用銘柄の外人持ち株比率が高いようであるが、その他の株主構成で大きな差異は認められない。

4-3-3　方法論

　本章では各除外、採用サンプルについて発表日と実施日（CD）という2つのイベント日を設定する。日本経済新聞社はすべての銘柄入れ替えの発表を市場終了後に行っているため、ここでの発表日は発表日の翌営業日（AD）とする。新構成銘柄への移行の実施はある決められた日の引け値で行われが、指数へのインパクトは翌営業日の始値から発生するため、その日を実施日（CD）とする。

第4章 日本における株式需要曲線の形状について | 111

図表4-3 入れ替え銘柄企業の記述統計量

		時価総額(億円)	Pre-AD β	Post-CD β	金融機関持ち株比率 (%)	外人比率 (%)	その他法人 (%)	個人比率 (%)
採用銘柄	サンプル数	75	75	73				
	平均	15,425	0.997	1.070	41.66%	13.90%	24.24%	17.04%
	メジアン	5,542	0.906	0.992	45.07%	10.56%	19.86%	14.38%
	Max	359,100	2.340	2.234	67.10%	75.05%	68.98%	67.01%
	Min	557	-0.049	0.068	11.11%	0.50%	1.02%	4.26%
	標準偏差	-	-	-	13.75%	13.27%	17.21%	11.56%
除外銘柄	サンプル数	82	82	50				
	平均	4,300	0.598	0.814	39.64%	8.91%	25.76%	23.16%
	メジアン	606	0.633	0.759	39.13%	7.52%	20.35%	22.85%
	Max	56,620	2.137	1.495	66.01%	52.76%	57.20%	49.08%
	Min	66	-0.411	0.362	15.37%	0.89%	1.53%	4.79%
	標準偏差	-	-	-	10.47%	6.98%	14.73%	11.91%

(注) Pre-AD β は AD (-200,-1) の期間で推定した。Post-CD β は CD (+1, +200) の期間で推定した。採用銘柄では2銘柄が,除外銘柄では32銘柄が採用後200日の期間に上場廃止となった。

4-3-3-1 超過収益率の計測

超過収益率の計測については,市場モデルを用いる。まず,各銘柄の銘柄入れ替え発表日の10日前から209日前 (AD-209, -10) の200日間を推定期間としてベータを推定し,そのベータを用いて,無リスク利子率をゼロとおいた市場モデルで超過リターン (AR) の計測を行う。[5]

$$AR_{i\tau} = R_{i\tau} - \hat{\beta}_i R_{m\tau} \quad (4-1)$$

但し

$AR_{i\tau}$ は入れ替え i のポートフォリオの τ 日における超過収益率

$\hat{\beta}_i$ は i 企業の推定ベータ

$R_{m\tau}$ は Topix の τ 日の収益率

$R_{i\tau}$ は i ポートフォリオの τ 日の収益率

発表日の60日前から実施日の60日後 (AD-60, CD+60) までを最長のイベント期間とし,次いで (AD-30, CD+30), (CD, CD+13), (CD,

CD+8），(AD, CD-1），(AD+1, CD-1) 等の期間の超過収益率 (AR) を計算し観察する。また、ここで計算された各イベントの超過収益率の有意性を測るために、t 値の計算を行う。

$$t_{AR_{i\tau}} = \frac{AR_{i\tau}}{\hat{\sigma}_i} \qquad (4-2)$$

但し、$t_{AR_{i\tau}}$ は入れ替え i の超過収益率の t 値

$\hat{\sigma}_i$ は入れ替え i の対象銘柄について、発表日前 10 日から 210 日前までの収益率を標本として求めた標本標準偏差である。銘柄入れ替えショックによって当日中に大きく株価動向が変化すれば、有意な $t_{AR_{i\tau}}$ が検出されるはずであるが、数日間に渡り少しずつ影響が出る場合は、その値が小さくとも累積超過収益率（CAR）で捉えることができる。CAR の有意性は $t_{CAR_{ix}}$ で測る。サンプル企業 i の CAR の t 値は

$$t_{CAR_{i\tau}} = \frac{CAR_{i\tau}}{\sqrt{t\text{日までの累積日数}}\hat{\sigma}_i} \qquad (4-3)$$

で求められる。

但し、AR_{ix} は入れ替え i の対象銘柄の τ 日における累積超過収益率である。

サンプル企業毎に求められた、超過収益率を発表日と実施日というイベント日に対して相対化するために、平均超過収益率（MAR）と平均累積超過収益率（MCAR）を計算する。計算式は以下の通り。

$$MAR_\tau = \frac{1}{n}\sum_{i=1}^{n} AR_{i\tau} \qquad (4-4)$$

但し、MAR_τ は τ 日の平均超過収益率で、当日に n 社のサンプル企業があるとする[6]。τ_1 日から τ_2 日目までの平均累積超過収益率は $MCAR_{\tau 1, \tau 2}$ で表し、次式で求められる。

$$MCAR_{\tau 1, \tau 2} = \sum_{i=\tau_1}^{\tau_2} MAR_t \qquad (4-5)$$

ところで、発表日までのイベント期間や実施日以降のイベント期間については、単純なクロスセクションの平均を MAR_t としているが、発表日から実施日までの期間においては単純な平均では扱えない。なぜなら 52 の銘柄変更イベントのそれぞれの発表日から実施日までの日数が一定でないか

らである。つまり，発表日の2営業日後に実施される場合もあれば，発表日の17営業日後に実施される場合も存在するのである。従って，この期間に限っては，各サンプル企業のADからCD-1までの累計超過リターン（$CAR_{i,\,AD-CD-1}$）を算出し，それを銘柄数で平均することでMCARを求めている。即ち，

$$MCAR_{AD,CD-1} = \frac{1}{n}\sum_{i=1}^{n} CAR_{i,\,AD-CD-1} \qquad (4-6)$$

としている。

4-3-3-2 出来高の計測

銘柄変更の出来高へのインパクトを測るために，市場全体の出来高で調整した個別銘柄の出来高を測定する必要がある。このためHarris and Gurel (1986) の方法に倣い，t時点におけるクロスセクションの出来高の平均をMVR_t（t時点での平均出来高比率，Mean Volume Ratio）を以って測定することとする。

$$MVR_t = \frac{1}{n}\sum_{i=1}^{n} VR_{it} \qquad (4-7)$$

但し，$VR_{it} = \frac{V_{it}}{V_{mt}} \times \frac{V_m}{V_i}$である。ここで$V_{it}$はサンプル企業$i$の$t$時点での出来高，$V_{mt}$は$t$時点での東証1部平均株価指数（TOPIX）の出来高，V_mはTOPIXをt時点より遡って100日間の出来高の平均値，V_iは同期間のサンプル企業の平均値である。ここで得られる値は標準化された出来高指標であり，過去100日間の取引高と比べて変化がなければ期待値は1である。有意性は$MVR_{AD(-100,-1)}$の推定期間に基づいて，t検定で行う。出来高の分布は正規分布ではないため，t検定が適当でない可能性がある。Lynch and Mendenhall (1997) はこの問題を回避するために別の方法でt検定を行ったが，本章では先行研究で最も頻繁に用いられているHarris and Gurel (1986) の方法を用いることにした。[7]

4-3-3-3 需要ショックの計測

日経225指数に与える需要ショックとして最も大きいものは，225イン

デックス型投資信託と，日経225先物と現物指数の指数裁定取引である。本章ではインデックス型投信で日経225型とTOPIX型のそれぞれの残高データが入手できなかったため，指数裁定取引に焦点を当てることにする。指数裁定残高については東京証券取引所が公開情報としているが，日経225指数によるものか，或いはTOPIXの先物との指数裁定取引であるのかの区別をつけていない。従って，市場推定に依拠し，80％と日経225型指数裁定取引であると仮定して需要ショックを計測する。需要ショックについては2つの指数を用いる。一つはDSで以下の式で求められる。

$$DS_{it} = \frac{Arb_t \times 0.8/225}{Out_i} \quad (4\text{-}8)$$

但し，DS_{it} は i 証券の t 時点での需要ショック，Arb_t は東証が公開する t 時点での株数ベースの指数裁定取引残高，Out_i は i 証券の発行済株式数である。

ところで，日本市場の特徴の一つとしてよく指摘される点に，株式の持合構造がある。即ち，持ち合い比率の高い銘柄では，それほど多くの株式が市場に出まわっていないために，小さな需要ショックが発生しても，価格が大きく動く可能性がある。従って，需要ショックは市場の浮動株を考慮したほうが，より正確に実態を反映した変数となる。そこで，DSFを以下の式で求める。

$$DSF_{it} = \frac{Arb_t \times 0.8/225}{Out_i \times (Foreign_i + Indiv_i + Other_i)} \quad (4\text{-}9)$$

但し，DSF_{it} は i 証券の t 時点での浮動株調整後の需要ショックであり，$Foreign_i$，$Indiv_i$，$Other_i$ はそれぞれ i 証券の外人持株比率，個人持株比率，その他法人持株比率である。

4-3-3-4 株式の代替性の計測

株式の代替性の計測はマーケットモデルの残差項の標準偏差をもって計測する。AD-1，AD-200の推定期間でサンプル企業の β を計測し，その β を用いて当該企業の期待リターンを計測する。当該企業の観察されたリターンと期待リターンの差が残差項である。従って，i 証券の残差項 ε_i は

$$\varepsilon_i = R_i - E(R_i) \quad (4\text{-}10)$$

で求められる。本章では，株式の代替性の代理変数として $Arbrisk$ を用いることにする。つまりマーケットモデルで説明できない部分が多い証券ほど，代替証券が少ないという解釈である。$Arbrisk$ は次の式で求められる。

$$Arbrisk_i = \sqrt{\frac{\sum_{t=AD-1}^{AD-200}(\varepsilon_{it} - \bar{\varepsilon}_i)}{200}} \quad (4-11)$$

但し，$Arbrisk_i$ は i 証券の代替証券がどの程度存在するかの代理変数，$\bar{\varepsilon}_i$ は推定期間の残差項の平均値である。

4-4 実証結果

4-4-1 超過リターンの発生状況

　超過リターンの発生状況については，いくつかのイベントウィンドウに分類して分析することにする。発表日（AD）は日本経済新聞社が発表する日の翌営業日と規定しているのでs，発表日には既に市場参加者は銘柄入れ替えにニュースを知って取引している状態である。イベントウィンドウ AD−CD−1 の期間について見てみよう。これは市場にニュースが伝わって取引所が開いた日から指数に採用される前日までの超過リターンである。図表4-4に示しているように，この期間での超過リターンは採用銘柄で14.09%，除外銘柄で−21.00%である。採用，除外銘柄とも大幅な価格変動が起こっていることが理解できよう。この水準は米国におけるそれと比べると圧倒的に高い水準である。たとえば，Chen, Noronha and Singal (2004) の Comprehensive な実証研究によると，1962年から1976年までの期間で+0.588%，1976年から1989年の期間で+3.556%，1989年から2000年までの期間で+6.396%であるから（いずれも AD−CD+60 の期間），日経225の場合の半分以下であるといえよう。当然，超過リターンがゼロであるという帰無仮説は，いずれも場合の1%の有意水準で棄却される。この結果から読みとれることは，ストロングフォームの効率的市場仮説が成立していないと

いうことである。しかしながら，市場の効率性そのものに疑義をさしはさむものではない。なぜなら指数に採用されるということが何らかのポジティブな情報であり，除外されることがネガティブな情報だという視点にたてば，当然期待される結果だからである。次に AD+1-CD-1 の期間のイベントウィンドウではどうなるだろうか。この期間では採用銘柄で 9.10％の正の超過リターンが，また除外銘柄では −11.07％の負の超過リターンが観察され，いずれも 1％の有意水準で帰無仮説を棄却している。この 2 つのイベントウィンドウの超過リターンから言えることは，採用銘柄は指数に採用されるという情報に大幅にプラスの反応を示し，且つその情報は 1 日では消化しきれずに，発表日の翌日以降も大幅な上昇を示すのである。逆に除外銘柄は指数から除外されるという情報を嫌気し，大幅にマイナスの反応を示す。採用銘柄と同様にその下落は発表日の翌日以降も継続するのである。指数に採用・除外という情報が市場に伝わった後でも，採用銘柄にプラスの，除外銘柄にマイナスの影響があるという事実は，ただ単にポジティブニュース（ネガティブニュース）に市場が反応しているだけでは説明がつきにくい。この点については以下の仮説検証の節でより詳しく論じることにする。

図表 4-4　平均累積超過リターンのイベントウィンドウ別の推移

(1991 年から 2004 年)

イベントウィンドウ	採用銘柄					除外銘柄				
	日数	n	MCAR	t-value		日数	n	MCAR	t-value	
AD-CD-1	6.15	75	14.09%	15.876	***	6.63	82	-21.00%	-8.866	***
AD+1-CD-1	5.15	75	9.10%	11.202	***	5.63	82	-11.07%	-5.104	***
CD-CD+13(採用) CD-CD+8(除外)	14.00	75	-6.58%	-4.915	***	9.00	51	8.66%	3.023	***
AD-30-CD+30	66.14	75	14.62%	5.023	***	66.63	82	0.17%	0.022	
AD-60-CD+60	126.14	75	11.04%	2.745	***	126.63	82	6.69%	0.623	

（注）　AD−200−AD−1 の推定期間を用いて t 検定を行った。***，**はそれぞれ 1％，5％の有意水準で超過リターンがゼロであるという帰無仮説を棄却することを意味する。
日数は AD から CD までの期間がイベント毎に異なるため，平均日数をベースに算出した。

次に実施以降のウィンドウで観察する。ここでは，採用銘柄と除外銘柄のウィンドウが異なる。採用銘柄については実施日以降 13 日目までを観察し，除外銘柄については実施日以降 8 日目までを対象とする。Lynch and Mendenhall（1997）の研究では，採用銘柄の実施日以降の出来高を調査し，出来高が通常の水準に戻る日を特定している。即ちその日が銘柄入れ替えに関わる取引が一段落する日であるとして，その日までの超過リターンを計測し，銘柄入れ替えの影響を分析したのである。本章では彼らのアイデアに倣い，MVR が通常の水準に戻る日を特定したところ，採用銘柄では CD － CD ＋ 13 であり，除外銘柄では CD － CD ＋ 8 であった。つまり，採用銘柄では銘柄入れ替えの需要ショックが実施日以降も 13 日間続いており，除外銘柄では 8 日間続いていたことになる。この期間では，興味深いことに採用銘柄では負の超過リターンを示し，除外銘柄では正の超過リターンを示すのである。そのインパクトは採用・除外とも 1 ％の水準でそれぞれ有意であり，採用銘柄は実施日以降に下落し，除外銘柄は実施日以降に上昇するという事実が明らかになった。

　銘柄入れ替えの株価に与える影響を見ることは，それが一時的な価格圧力なのか，銘柄入れ替えそのものに何らかのファンダメンタル価値を変化させる要因が含まれているのかを判定する上で重要である。そこで，筆者は前後 30 日，更に前後 60 日（全て営業日ベース）の比較的長いウィンドウで超過リターンを計測することにした。その結果 AD － 30 － AD ＋ 30 では興味深い事実が明らかになった。即ち，採用銘柄については 1 ％の水準で有意となる大幅な正の超過リターンが認められた一方で，除外銘柄についてはほぼ超過リターンはゼロとなったのである。更に，前後 60 日のイベントウィンドウでは，採用銘柄の上昇幅が依然 1 ％水準で有意となる正の超過リターンが発生しているが，除外銘柄では負の超過リターンは観察されず，正の超過リターンが認められたのである。除外銘柄の超過リターンは有意性においてはゼロと異ならないという結果となり，明らかに採用銘柄とは異なる株価動向を示している。

　図表 4-5 は採用銘柄を AD － 60 から CD ＋ 60 までの期間で累積超過リターンを観測したものである。AD － CD － 1 の期間については，イベント毎に

日数が異なるため，各銘柄について AD−CD−1 までの累積超過リターン（$CAR_{i,\,AD-CD-1}$）を求め，それをクロスセクションで平均することで平均累積超過リターンを求めた（$MCAR_{AD,CD-1} = \frac{1}{n}\sum_{i=1}^{n} CAR_{i,AD-CD-1}$）。AD−CD−1 の平均日数は 6.15 日であるから，$MCAR_{AD-CD-1}$ を 6 で割った値を 1 日当たりの MAR としてグラフ化した。AD−CD−1 の期間が直線になるのは，このような操作の結果である。採用銘柄については AD の数十日前から緩やかにプラスの超過リターンを生み，AD に爆発的に上昇する。CD に上昇の反動から一旦は下落するものの，ある一定の超過リターンは維持されるのである。このような採用銘柄の動向は AD から CD−1 の期間にオーバーシュートする傾向はあるものの，銘柄入れ替え時の株価動向が Price Pressure によってもたらされているのではないという証拠と考えられる。

図表 4−6 は除外銘柄の動向を同じ AD−60 から CD＋60 の期間で観察したものである。採用銘柄の株価動向と対称となっていないことがわかる。

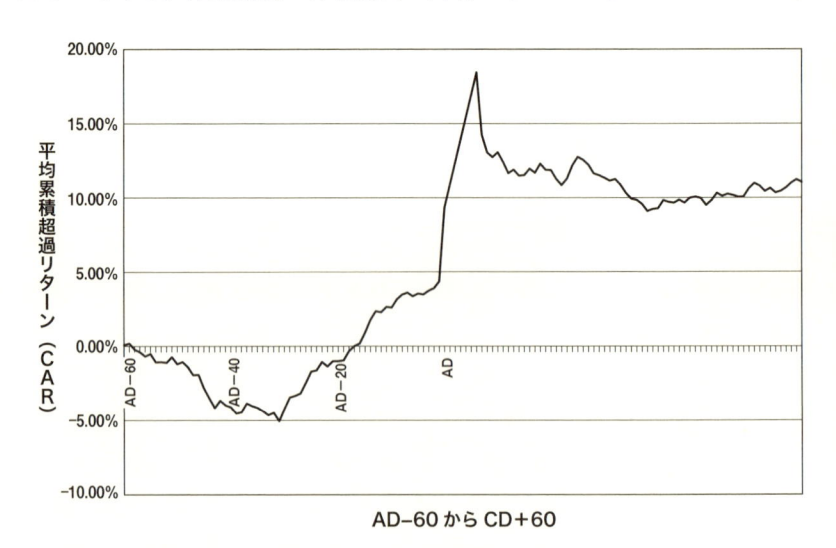

図表 4−5　指数採用銘柄の発表日前 60 日から実施後 60 日までの平均累積超過リターン

（注）採用銘柄（$n=75$）の平均超過リターンを AD−60 から CD＋60 まで累積したもの。但し，AD−CD−1 の期間については，イベント毎に日数が異なるため，各銘柄について AD−CD−1 までの累積超過リターンを求め，それをクロスセクションで平均することで平均累積超過リターンを求めた。AD−CD−1 の平均日数は 6.15 日であるから，当該期間の累積超過リターンを 6 で割った値を 1 日当たりの MAR としてグラフ化した。AD−CD−1 の期間が直線になるのは，このような操作の結果である。

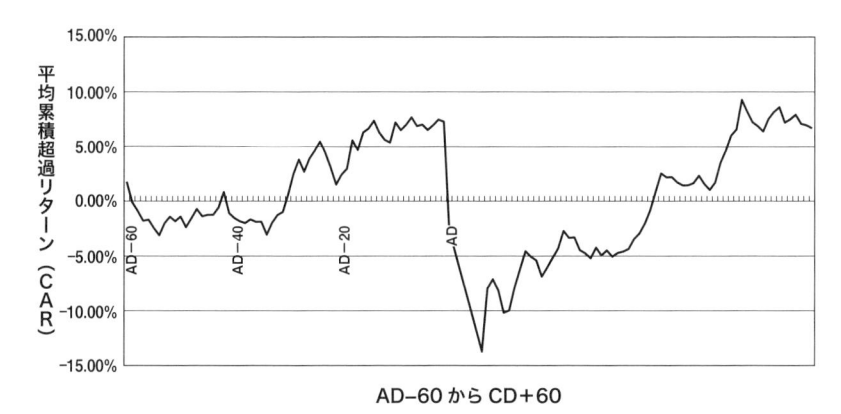

図表 4-6　指数除外銘柄の発表日前 60 日から実施後 60 日までの平均累積超過リターン

(注) 除外銘柄 ($n=82$) の平均超過リターンを AD−60 から CD+60 まで累積したもの。但し，AD−CD−1 の期間については，イベント毎に日数が異なるため，各銘柄について AD−CD−1 までの累積超過リターンを求め，それをクロスセクションで平均することで平均累積超過リターンを求めた。AD−CD−1 の平均日数は6.63日であるから，当該期間の累積超過リターンを6で割った値を1日当たりの MAR としてグラフ化した。AD−CD−1 の期間が直線になるのは，このような操作の結果である。

除外銘柄は除外の発表と同時に急激に下落するが，その後実施日以降は緩やかに回復し，CD+30 ではほとんど負の超過リターンは解消され，CD+60 ではプラスの超過リターンが発生している。Shleifer (1986) が Price Pressure 仮説の根拠とした実証結果では2週間で超過リターンが消えているが，日本市場では6週間程度かかっている。いずれにせよ除外銘柄については Price Pressure と整合的な結果となっている。

4-4-2　出来高の変化

出来高については Harris and Gurel (1986) の方法論に依拠して，MVR を計測し，その動向を観察する。(図表 4-7) は Mean Volume Ratio を発表日前の10日間と，実施日以降の10日間で観察したものである。MVR は該当日のサンプル企業の出来高を TOPIX の出来高の比率をそれぞれの時価総額で標準化したものであるから，異常な出来高が発生していない限り，その期待値は1となる。

発表日の数日前から出来高は異常値を示す。除外，発表銘柄とも発表日の

図表 4-7　Mean Volume Ratio の発表日，実施日前後の推移

相対日	サンプル数	採用銘柄 MVR	t-value		サンプル数	除外銘柄 MVR	t-value	
-10	75	1.054	0.473		82	1.086	0.410	
-9	75	1.014	0.126		82	0.864	-0.652	
-8	75	1.031	0.270		82	0.912	-0.419	
-7	75	1.027	0.232		82	1.278	1.326	
-6	75	1.084	0.729		82	0.942	-0.276	
-5	75	1.058	0.504		82	1.017	0.082	
-4	75	1.067	0.583		82	1.178	0.850	
-3	75	1.247	2.153	**	82	1.188	0.900	
-2	75	1.157	1.369		82	1.408	1.948	**
-1	75	1.324	2.820	***	82	1.869	4.147	***
AD	75	4.298	28.752	***	82	3.536	12.105	***
CD	75	4.191	27.816	***	51	6.999	28.639	***
1	75	2.221	10.646	***	51	4.047	14.546	***
2	75	2.106	9.644	***	51	3.737	13.069	***
3	75	3.239	19.517	***	51	3.143	10.229	***
4	75	3.507	21.855	***	51	3.020	9.644	***
5	75	2.389	12.104	***	51	2.027	4.904	***
6	75	1.768	6.695	***	51	1.786	3.755	***
7	75	1.561	4.894	***	51	1.989	4.724	***
8	75	1.681	5.940	***	51	1.873	4.169	***
9	75	1.720	6.279	***	51	1.327	1.559	
10	75	1.439	3.828	***	51	1.409	1.952	

（注）　MVR は期待値が1であり，t 統計量は MVR＝1 であるという帰無仮説を正規分布を仮定して検定したもの。**，*** はそれぞれ5％，1％の有意水準で棄却できることを意味する。

3日前から出来高が膨らみ初める。通常銘柄入れ替え時期が近くなると，多くの証券会社が入れ替え基準に鑑みて銘柄入れ替え予想を行うが，その影響が現れている可能性はある。[8] 実施日以降の出来高の上昇は顕著である。採用銘柄では有意な MVR が実施日以降10日目でも観察され，ここには記していないが，CD＋12まで継続している。除外銘柄についても同様な現象が観察される。発表日の3日前から出来高が急激に増加し，CD＋8まで継続するのである。

4-4-3　超過リターンと需要ショック及び裁定リスク

　銘柄入れ替え時に発生する超過リターンの源は何であろうか。S&P500種指数の銘柄入れ替え時の分析に於いて，Wurgler and Zhuravskaya（2002）らは，採用銘柄の裁定リスクを調査し，裁定リスクが高い銘柄ほど指数採用による需要ショックの影響を受けやすく，その結果超過リターンが高いという結論を得ている。この結果から彼らは，市場の効率性を阻害する要因群のひとつとして，情報コスト，取引コスト，ノイズトレーダーの存在（De Long et.al 1990），空売り制限に加えて，裁定リスクの存在をリストに加えたのである。

　前述したように，日経225指数の際立った特徴は，指数の算出が価格ウェイトで行われるために指数裁定取引を実施しやすいという点である。その特徴ゆえに指数裁定取引残高が多い場合には3兆円を超える状態にまで積みあがるのである。通常，割高な先物のショートポジションと現物株225指数を持つ裁定業者は，銘柄入れ替えの実施と同時に新銘柄に乗り換えしない限り，価格リスクを負うことになる。このような指数取引に関するリスクを最小限に留めようとする裁定取引業者は，極力実施日前日の終値に近い価格で除外銘柄を売却し，採用銘柄を購入しようとするであろう。もし，彼らが発表日や実施日直前以外の時点で除外銘柄を売却し，採用銘柄を組み入れたらどうなるだろうか。彼らのポートフォリオのパフォーマンスは実施日前日の引け値の行方に大きく左右されることになるだろう。引け値と買値（売値）の差が生じることで，日経平均指数を上回ったり，下回ったりすることになるのである。[9]　従って，銘柄入れ替えへの対応が実施日の直前であればあるほどリスクは小さいのである。[10]

　ここでは入れ替え対象銘柄の超過リターンと需要ショック，超過リターンと裁定リスクの関係について分析を加える。需要ショックの代理変数として本章ではDSとDSFを用いる。DSは（1-8）式に示されるように，指数裁定取引残高から推定される裁定取引業者の需要量である。裁定取引業者は銘柄入れ替え時には必ず採用銘柄買い，除外銘柄売りの取引を行うので，裁定残高が多ければ多いほど，創造される需要ショックは大きい。DSFは（1-9）

式に示されるように株式持合いを考慮して、株式に与えるインパクトを調整した代理変数である。同規模の需要ショックであったとしても、浮動株比率の低い（持ち合いの多い）株式ほど受けるインパクトは強いと考えられる。一方、株式の代替性については Arbrisk（裁定リスク）を以って代理変数とする。本章では Wurgler and Zhuravskaya（2002）とは異なり、(4-11) 式に示すようにマーケットモデルを用いた手法を採用した。[11]

図表 4-8 は需要ショックと裁定リスクをまとめたものである。採用銘柄の場合、後者の平均は前者の約 2 倍であるから、概ね浮動株は 50% であったことが分かる。

図表 4-8　需要ショックと裁定リスクの変数

		Mean	SD	Median	Max	Min
採用銘柄 (n=75)	DS	0.0222	0.0191	0.0182	0.1049	0.0009
	DSF	0.0441	0.0434	0.0297	0.2215	0.0014
	Arbrisk	0.0273	0.0083	0.0262	0.0526	0.0067
除外銘柄 (n=82)	DS	0.0421	0.0403	0.0346	0.2293	0.0008
	DSF	0.0766	0.0715	0.0580	0.3122	0.0014
	Arbrisk	0.0309	0.0109	0.0316	0.0666	0.0098

（注）DS は 1 銘柄当りの裁定残高を発行済株式数で除したもの。DSF は浮動株を考慮した場合の需要ショック・Arbrisk は AD−1−AD−100 の期間で推定したマーケットモデルがもたらす誤差項の標準偏差。

図表 4-9 には採用銘柄の超過リターン回帰分析の結果が示してある。被説明変数は 3 つの観察期間の MCAR であり、モデル 1 は $MCAR_{\tau 1-\tau 2} = \alpha + \beta_1(DS) + \beta_2(Arbrisk)$ という回帰式をクロスセクションで推定したものである。モデル 2 はモデル 1 の DS を DSF に変更したものであり、$MCAR_{\tau 1-\tau 2} = \alpha + \beta_1(DSF) + \beta_2(Arbrisk)$ という回帰式をクロスセクションで推定したものである。AD−CD−1 の期間、即ち発表日ショックを含む入れ替え期間では、モデル 1 及びモデル 2 双方の場合について、需要ショックと裁定リスクは有意に効いていることがわかる。発表日から実施日前日までの期間については、裁定取引残高の多い銘柄ほど正の超過リターンを示し、

また裁定リスクが大きい銘柄ほどその傾向が強いことが明らかになった。指数裁定取引業者は現物指数の入れ替えについて需要ショックを引き起こすが，それを吸収する代替証券が存在しないことが，大きな超過リターンへと結びついているのである。この傾向はパネル B で示す AD＋1－CD－1 の期間，即ち発表日ショックを除く入れ替え期間でも変わりはない。通常，なんらかのニュースが市場に伝わった場合，そのニュースは一日で株価に織り込まれる。銘柄入れ替えの情報効果についても，市場に伝わった当日に大幅な価格変動が起こり，その段階で株価には既に銘柄入れ替えの情報は織り込まれていると考えることができる。しかしながら，ここで観察されるように，発表日の翌日以降にも超過リターンが観察され，それが顕著に裁定取引による需要ショックと，裁定リスクに影響されるのは興味深い。

　次にパネル C に示している，CD－CD＋13 の期間，即ち実施後の期間の MCAR はどうであろうか。この期間では裁定取引に絡む売買は消滅し，ノイズトレーダーの売買が主流になると考えられる。指数裁定取引業者は実施日の前日までに，購入済みだからである。それを裏付ける様に，需要ショックは有意ではない。しかしノイズトレーダーの売買は MVR に示されている通り CD＋13 まで活発であり，この期間の超過リターンの発生は裁定リスクと有意な負の関係を持つのである。

　図表 4-10 は同じ分析を，除外銘柄を対象に行った結果をまとめたものである。パネル A で示されている様に，発表日から実施日の前日までの下落は，需要ショックと裁定リスクによって説明されるのである。これは採用銘柄と対称的な動きであり，指数裁定取引業者の生み出す負の需要ショック（供給ショック）が大きい銘柄ほど下落率が高く，また裁定リスクの高い銘柄ほどショックに対する反応が大きいことを意味するのである。

　パネル B は MCAR を発表日の翌日から累積したものである。表 1-7 の採用銘柄のケースとは異なり，需要ショックや裁定リスクが明らかに有意に効いていない。つまり市場に指数銘柄から除外されるというニュースが伝わる AD には株価が下落し，その要因はあきらかに需要ショックと裁定リスクに求められたのであるが，AD＋1－CD－1 の期間では，MCAR は有意に負であるものの，その下落要因は指数裁定業者がもたらす需要ショック

と裁定リスクでは説明できないのである。即ち，図表4-4で示されている $MCAR_{AD+1-CD-1}$ では採用銘柄は有意に上昇し，除外銘柄有意に下落しているため，対称的に見えるものの，その株価動向がもたらされている要因については，異なるという事である。

パネルCの実施後の期間では，DSもArbriskも有意ではないという結果になった。採用銘柄と同様，除外銘柄についても実施日前までに既に売却済みであり，指数裁定取引とは無関係なノイズトレーダーの取引でMVRはCD+8まで高い値を示しているのであろう。DSについては有意ではないが，モデル2のDSFについは10%の水準で有意という結果が出ている。

図表4-9 採用銘柄のMCARのクロスセクション回帰

パネル A: MCARの回帰結果（AD-CD-1）n=75						
	モデル1			モデル2		
	係数	t-value		係数	t-value	
定数項	0.005	0.109		0.023	0.529	
DS	2.392	3.744	***			
DSF				0.766	2.600	***
RISK	3.043	2.082	**	3.075	2.002	**
R-square		0.22			0.15	
パネル B: MCARの回帰結果（AD+1-CD-1）n=75						
定数項	−0.040	−1.152		−0.021	−0.583	
DS	2.398	4.578	***			
DSF				0.759	3.074	***
RISK	2.844	2.374	**	2.884	2.240	**
R-square		0.29			0.19	
パネル C: MCARの回帰結果（CD-CD+13）n=75						
定数項	−0.040	0.332		0.004	0.129	
DS	2.398	−0.534				
DSF				0.155	0.672	
RISK	2.844	−2.171	**	−2.822	−2.341	**
R-square		0.07			0.07	

(注) 被説明変数はAD−CD−1の累積超過リターン（パネルA），AD+CD−1の累積超過リターン（パネルB），及実施後CD−CD+13の累積超過リターン（パネルC）の3つである。モデル1は需要ショックに発行済株式数をベースとしたDSを用い，モデル2は浮動株をベースとしたDSFを用いる。**，***はそれぞれ5%，1%の水準で有意であることを示す。

図表 4-10　除外銘柄の MCAR のクロスセクション回帰

パネル A: MCAR の回帰結果（AD-CD-1）n=82

	モデル1 係数	t-value		モデル2 係数	t-value	
定数項	-0.033	-0.707		-0.025	-0.550	
DS	-1.498	-3.737	***			
DSF				-0.889	-4.014	***
RISK	-3.684	-2.490	***	-3.766	-2.596	***
R-square		0.26			0.28	

パネル B: MCAR の回帰結果（AD+1-CD-1）n=82

	係数	t-value	係数	t-value
定数項	-0.043	-1.295	-0.041	-1.233
DS	-0.475	-1.678		
DSF			-0.260	-1.645
RISK	-1.550	-1.484	-1.612	-1.555
R-square		0.08		0.08

パネル C: MCAR の回帰結果（CD-CD+8）n=51

	係数	t-value		係数	t-value	
定数項	0.092	1.973	**	0.079	1.671	
DS	0.455	1.251				
DSF				0.360	1.748	**
RISK	-1.010	-0.805		-0.985	-0.802	
R-square		0.04			0.07	

(注)　被説明変数は AD-CD-1 の累積超過リターン（パネル A），AD+CD-1 の累積超過リターン（パネル B），及び実施後 CD-CD+8 の累積超過リターン（パネル C）の3つである。モデル1は需要ショックに発行済株式数をベースとした DS を用い，モデル2は浮動株をベースとした DSF を用いる。**，***はそれぞれ5％，1％の水準で有意であることを示す。

4-5　既存仮説の検証

　これまでの実証結果から，銘柄入れ替え時には超過リターンが発生し，クロスセクションの回帰分析から，需要ショックと裁定リスクがその発生状況と深い関係にあることがわかった。更に，複数のイベントウィンドウの分析から，採用銘柄と除外銘柄では発表日から実施日の期間での超過リターンの発生状況が異なることも明らかになった。日本市場の実証結果から，米国で

議論となっている主要な仮説についてその妥当性を検討する。

4-5-1　不完全代替仮説（長期的下降需要曲線仮説）

　不完全代替仮説は下降需要曲線(Downward Sloping Demand Curve 仮説)とも呼ばれるが，文字どおり株式には完全な代替物が存在しないということを意味する。銘柄入れ替えのニュースが市場に伝わった瞬間に，インデックスファンドのファンドマネージャーや指数裁定取引を行っている業者が対象銘柄の需要ショックを生み出す。その対象銘柄には不完全にしか代替証券が存在しないために，裁定取引が十分に機能しない[12]。その結果需要ショックに対して超過リターンが発生するというのである。本章の分析では，日経225指数に需要ショック与えるものとして，指数裁定取引に焦点を当て，裁定取引の残高と超過リターンの関係を調査した。

　採用銘柄の株価動向を見る限り，不完全代替仮説と整合的な結果である。株価は発表と同時に正の超過リターンを生み出し，AD＋60－CD＋60の長いイベントウィンドウで見ても有意に正の超過リターンを生み出しているからである。日本の銘柄入れ替えからは株式の需要曲線は下降していると結論付けることができる。これは Lynch and Mendenhall (1997) や Wurgler and Zhuravskaya (2002) と同じ結論である。更に，超過リターンのクロスセクションでの回帰分析を行った結果，需要ショックと裁定リスクが有意に効いており，発表日から実施日の期間においては，この2つの変数が超過リターンの20%以上を説明するのである。実施日以降では需要ショック要因は有意ではなくなるが，裁定リスクはこの期間でも有意である。このように採用銘柄の株価動向を見る限りにおいては，不完全代替仮説が最も現象と整合的であるといえよう。

　一方で，除外銘柄の株価動向は全くこの仮説を支持しない。確かに銘柄入れ替えの情報が市場に伝わった瞬間に対象銘柄の株価は大幅に下落する。その際の超過リターンは需要ショック，裁定リスクと有意な関係がある。しかしながら，このような株価動向は AD＋1 には消滅する。AD＋1－CD－1の期間では有意に負の超過リターンは発生しているものの，需要ショックや裁定リスクとは無関係なのである。実施後の（CD－CD＋8）の有意な正の超

過リターンについても，裁定リスクとは無関係となった。更に，AD−60からAD＋60の比較的長いイベントウィンドウで計測すると超過リターンそのものも消滅してしまうのである。従って，発表時の需要ショックに対して株価は一時的に反応するが，それは短期的な需要曲線の下降によるもので，長期的な需要曲線はフラット（弾力的）だという結論に導かれる。これは次に述べる価格圧力仮説と整合的な結果である。

4−5−2　価格圧力仮説(Price Pressure Hypothesis，短期的下降需要曲線仮説)

価格圧力仮説は，株式の需要曲線は短い間に限って下降しているということを主張する。あくまでも長期の需要曲線は弾力的なのである。銘柄入れ替えのニュースが伝えられた瞬間に需要ショックが発生するが，それは一時的な価格変化をもたらすのみで，ある程度の時間が経過すればもとに戻るというのが，この仮説で期待される。米国においてはHarris and Gurel (1986)，Eliott and Warr (2003)が価格圧力と整合的な実証結果を報告している。本章の結果からは，除外銘柄については，一時的に価格が下落した後に，株価は次第に回復し負の超過リターンは消えてしまうことから，価格圧力仮説がこの現象を説明する。しかし，採用銘柄については，超過リターンが維持されるため，価格圧力仮説とは整合的ではない。

4−5−3　情報仮説 (Information or Certification Hypothesis)

情報仮説は日経225指数に採用されることが，何らかの新たなファンダメンタルな情報を伝えるものだという立場に立った見解である。日本経済新聞社はあくまでも企業の公開情報に基づいて，日本経済を代表すると思われる銘柄を選定する。しかし，日本経済新聞社のスクリーニングを合格したという事実が，将来のファンダメンタル価値について示唆的であると言えなくもない。Dhillon and Johnson (1991)はオプションと社債を分析することによって，指数への採用がファンダメンタル価値を高めていると主張した。指数採用銘柄の資本コストが低下していたからである。またJain (1987)は，S&Pのサブ指数に採用された銘柄には，需要ショックが発生しないにも関わらず，正の超過リターンが観察されたと報告している。Denis et.al (2003)

はS&P500種指数への採用銘柄はアナリストの1株当りの利益予想においても，実現益においても採用後に増加すると報告した。このように指数に採用されることが，何らかのファンダメンタルに関するポジティブな情報を伝えているとすれば，財務的に捕らえることができるかもしれない。そこで本章では銘柄入れ替えの対象銘柄の財務的変化について見てみることにする。増収率，増益率，株主資本成長率の3項目について，指数銘柄入れ替え発表前と発表後でどのような変化があるかを検証した。

図表4-11で示しているのは，採用・除外銘柄の発表前1年間と発表後1年間の財務的変化である。銘柄入れ替え発表時点に最も近い決算数値の前年度からの変化率と，銘柄入れ替え実施後1年間の変化率との差をサンプル企業とコントロールファーム（Control Firm）で比較したものである。[13] 図表4-11の作成過程を2002年9月5日に採用銘柄となったCSKを例にとって説明しよう。CSKの増収率は，この発表日時点の直近の2001年度（2002年3月末時点）の決算で発表された前年比の数字で5.5％であった。日経225銘柄に採用後の1年間の増収率は1.34％である。即ち，CSKの前年比増収率は指数に採用されてから減少したのである。CSKと同じ業種に属し，且つ企業規模及び簿価時価比率の観点から最もCSKに近いプロフィールを持つ企業は日立ソフトウェアである。同社の同時期の増収率は13.03％と4.26％であり，8.8％減少していた。このことから，CSKの増収率の減速は，指数採用に絡むものではなく，業種や企業規模，簿価時価比率に起因するものだと推測できるのである。このような方法で採用されたサンプル企業61社について増収率の差を計算したところ，5.83％から8.06％へと増収率にプラスの変化があったことがわかった。[14] しかし，このプラスの変化は61社のコントロールファームにおいても観察され，この2つのグループに有意な差は検出されなかった。即ち，増収率については採用銘柄において変化はなかったといえる。同様に除外銘柄についても同じ分析を試みた結果，同じ結論となった。増益率，株主資本成長率という項目でみても，採用，除外というイベントが何らかの財務的変化を生み出しているという証拠は見当たらない。全てのt値は有意ではなく，サンプル企業とコントロールファームの財務的変化の平均値に差がないという帰無仮説を棄却するには至らなかったのである。

図表4-11 銘柄入れ替え発表前の1年と発表後の1年の財務的変化

		平均	n	発表前	発表後	t-value
採用銘柄	増収率（前年比%）	Sample	61	5.83	8.06	-0.4565
		CF		2.66	3.48	
	増益率（前年比%）	Sample	54	12.79	3.36	1.5217
		CF		29.92	44.51	
	株主資本成長率(%)	Sample	61	6.79	6.25	0.0093
		CF		9.71	9.22	
除外銘柄	増収率（前年比%）	Sample	55	-3.16	0.43	-0.5666
		CF		1.12	3.21	
	増益率（前年比%）	Sample	40	29.81	40.59	-1.4426
		CF		20.95	-8.63	
	株主資本成長率(%)	Sample	55	7.94	4.44	0.3352
		CF		3.46	2.82	

（注）　CFはサンプル企業の業種，規模，簿価時価比率の3つの基準で最も近い1社を選択したControl Firmを指す。サンプル企業の中から，以下の4つのいずれかに該当する企業は除外した。①有価証券報告書の様式が異なる銀行業，証券業，保険業などの金融業に属する企業。②増益率の値が異常値を示す企業。③銘柄入れ替え実施後上場廃止となった企業。④日経NEEDSでデータの欠損がある企業。7列目のt値は発表前1年間の各項目の変化率と発表後1年間の変化率の差にサンプル企業とControl Firmに差があるかどうかの検定統計量である。

このことから，銘柄入れ替えが何らかの情報を含むイベントであるという情報仮説は，日本の市場では支持されなかった。

4-6　投資家の認知度と超過リターン

　これまでの実証結果から，既存の仮説設定では説明が困難な株価動向が銘柄入れ替え時に発生していることがわかった。このような現象は日本市場特有のものではなく，米国においても報告されている。Chen, Noronha and Singal（2004）は米国における1962年から2000年までのS&P500種指数への採用銘柄と除外銘柄を網羅的に調査し，本章と同様の非対称な株価形成を報告している。この現象の説明のために彼らは投資家の認知度を調査してみることにした。彼らは，指数に採用されることで採用銘柄の投資家の認知度は上昇するが，従来の採用銘柄が除外されることで認知度が急速に低くはな

らない点に着目したのである。たとえ銘柄入れ替え自体に何の情報コンテンツもなく、採用銘柄の将来キャッシュフローに影響を与えないとしても、認知度の上昇は投資家の割引率を低下させ、株価の上昇をもたらす。従って、採用銘柄は上昇する。一方、除外銘柄は一時的な供給ショックで株価が下落するものの、除外の事実がなんら将来キャッシュフローに影響を与えるものではなく、また認知度も低下しないため投資家の割引率も不変である。従って、しばらく時間が経過すると元の水準にもどるのである。本章では Chen, Noronha and Singal（2004）に倣い、彼ら援用した認知度という新たな視点を導入することで、採用及び除外銘柄の非対称な株価動向を説明できるかを検証する。

認知度については、Merton（1987）の提唱した影のコストの概念を応用した Kadlec and McConnell（1994）の手法に沿って、代理変数を算出し分析を進めていくことにする。

4-6-1 株主数

指数への採用は、何らかのファンダメンタル価値を伝えるものではないかもしれないが、投資家の認知度が向上することによって、一般投資家が株式を保有するなど、株主の裾野が広がる可能性は高い。そこで、本章では採用銘柄と除外銘柄双方の株主構成を調べることにする。

図表4-12で示しているのは、採用・除外銘柄の発表前と発表後の株主数の変化である。発表前のデータは発表日時点の株主数であり、発表後はその翌年の有価証券報告書から明らかになった株主数である。たとえば、2002年9月5日に採用銘柄となった CSK の場合、総株主数は発表日時点では74,490 であった。これは2001年度（2002年3月末時点）の決算で発表された総株主数である。発表後の総株主数は63,967 であり、2002年度（2003年3月末時点）の決算で発表された総株主数である。即ち、CSK の株主数は指数に採用されてから減少したのである。金融機関株主数も同様のプロセスで調査した。t 値は入れ替え前と後という対応のあるサンプル企業がイベント前後で差があるかどうかを検定する統計量である。またサンプル数は157銘柄の中から以下の4つのいずれかに該当するものは除外した。①銘柄入れ替

図表4-12 銘柄入れ替え前後の株主数の変化

			入れ替え前1年	入れ替え後1年	% Chg	t 値
採用銘柄 (n=45)	総株主数	平均	54,699	52,793	-3.48%	0.9177
		メジアン	29,578	32,711	10.59%	
	金融機関株主数	平均	166	165	-0.88%	0.4523
		メジアン	147	153	4.08%	
除外銘柄 (n=46)	総株主数	平均	15,519	17,319	11.60%	-6.0438***
		メジアン	13,119	15,597	18.89%	
	金融機関株主数	平均	62	57	-8.43%	5.9089***
		メジアン	60	56	-6.72%	

(注) 銘柄入れ替え実施後に上場廃止となっていないサンプルの中から、それぞれの項目のデータが入手可能なものだけを対象とした。また合併や公募増資、株式分割など銘柄入れ替え以外の理由で株主数が変動しているサンプルについても除外した。t 値は入れ替え前と入れ替え後のサンプルが同じ母集団に属するかを検定する統計量である。***は1%水準で有意であることを示す。

え後に上場廃止となっている企業、②データの欠損があるもの、③合併、公募増資、株式分割など銘柄入れ替えとは無関係に、株主数が変化したと考えられる企業、④金融業に属する企業。

（図表4-12）から明らかになる日本市場の特徴がいくつかある。Chen, Noronha and Singhal（2004）の調査によれば、米国のS&P500種への採用銘柄は、1989年から2000年までの期間で銘柄入れ替えの前後1年間で約16％株主数が増加しているが、日本では逆に3.48％減少している。除外銘柄については、5.2％株主数の減少が見られたが、日本では逆に11.6％増加している。金融機関株主数（institutional holdings）で比較しても、米国では採用銘柄において22％の上昇、除外銘柄において34％下落という結果になっているが、日本の場合は採用銘柄においてほぼ横ばい、除外銘柄においては8.43％減少している。このように日本市場では、米国のように銘柄入れ替えが採用銘柄の株主ベースを拡大し、金融機関の投資対象となるという説明は困難である。除外銘柄に関しても、株主数と金融機関株主数の変化率の符号が逆になっており、銘柄入れ替えが与えた影響を読み取ることは困難である。

4-6-2 影のコスト (Shadow Cost)

1987年の米国ファイナンス学会のスピーチでR. Mertonは次のように述べた。「他の条件を一定とすれば、投資家の裾野が広がることで企業の資本コストは低下し、時価総額は増加する」。彼のこのモデルはMerton (1987) に発表され、その基本的な考え方は以下のようなものである。即ち、投資家は自らが認識しているリストの中から株式の銘柄選択を行う為、その存在が認知されているか否かによって、同一のファンダメンタル価値を持つ証券であっても値段が異なるというものである。投資家に広く認知されていない株式は、認知度の高い株式よりも高い期待リターンを要求されるというのだ。[15] 換言すれば、認知度が低い企業は高い影のコスト (Shadow Cost) を支払っており、認知度の高い企業は影のコストが低いのである。

Sharpe, Lintner and MossinのCAPMとMeton (1987) のモデルの違いは、CAPMがすべての資産に分散可能な完全情報 (complete information) の世界を前提とするのに対して、投資家は全ての選択肢の存在を知らない (incomplete information) 世界で、自らの知る範囲でしか分散投資ができないことを考慮している点にある。Merton (1987) によれば、仮に投資家がその株式の存在を知っていたとしても、一部の年金基金のように投資可能対象を限定している場合には、結果として影のコストは発生するとしているという。このような影のコストはマーケットリスクとともに期待リターンに影響を与える。Merton (1987) によれば、k 証券の影のコストは

$$\lambda_k = \frac{\delta \sigma_k^2 x_k (1 - q_k)}{q_k} \quad (4-12)$$

で表される。但し、δ はリスク回避度、σ_k^2 は k 証券固有リスク (分散)、x_k は市場全体の時価総額に占める k 証券の比率、q_k は全投資家に占める k 証券への投資家層の比率である。

Kadlec and Mcconnel (1994) はこのMerton (1987) のモデルの影のコストの代理変数を次の方法で算出している。

$$\lambda_j = \frac{\text{Re } s \text{ var}_j \times Mktval_j}{Shareholders_j} \quad (4-13)$$

但し，$Res\,var_j$ はマーケットモデルから算出される j 証券の残差項の分散，$Mktval_j$ は S&P500 種指数の時価総額に対する j 証券の規模の比率，$Shareholders_j$ は j 証券の株主数である。彼らは店頭市場からニューヨーク証券取引所（NYSE）へ上場変更した銘柄が，短期的に上昇する事実を発見し，その現象を上場変更に伴う影のコストの減少で説明している。[16] 日本市場のデータで検証したものは筆者の知る限り，Amihud, Mendelson and Uno (1999) まで待たねばならない。彼らは，最低取引単位（MTU）が引き下げられた銘柄について実証分析を行っている。最低取引単位が引き下げられることによって，株式保有の投資家層の裾野が広がり，それが超過リターンの発生に結びついていると結論づけている。

本章では Kadlec and Mcconnel (1994) 及び，Chen Noronha and Singal (2004) に依拠して，対象銘柄の銘柄入れ替え前の影のコストを以下の式で求めることにする。

$$ShadowCost = \frac{R.S.D \times Mktval}{Shareholders} \quad (4-14)$$

但し，$R.S.D$ はマーケットモデルの残差項の標準偏差である。$Mktval$ は銘柄入れ替え発表時点の 225 構成銘柄の時価総額に対するサンプル企業の規模の比率であり，$Shareholders$ は株主数である。銘柄入れ替えイベントの影のコストへの影響を調査するために，銘柄入れ替え発表前と実施後の影のコストを比較する必要がある。そこで，(4-14) 式に従って，発表前と実施後の影のコストを算出する。発表前と実施後の期間はそれぞれ次の 3 つの期間を選択する。まず Chen, Noronha and Singal (2004) と同じ前後 1 年，次いで前後半年，最後に前後 2 カ月である。$R.S.D$ と $Mktval$ についてもこの期間に応じて適当な数値を用いる。たとえば，前後半年の影のコストは，AD－120－AD－1 の期間の平均時価総額をサンプル企業と日経平均について求め，$Mktval$ を計算する。$R.S.D$ についても同期間のマーケットモデルで推定する。こうして得られる値が発表前の影のコスト（$ShadowCost_{pre}$）である。実施後は CD＋1 から CD＋120 の期間で実施後の影のコスト（$ShadowCost_{post}$）を求める。この 2 つの値の差（実施後－発表前）が影のコストの変化（$dShadow$）である。

（図表 4-13）は（4-14）式で求めた影のコストを 10^9 倍した値を比較したものである。採用銘柄で見れば，1年，半年，2カ月の期間でも一様に影のコストは低下しているが，その程度は除外銘柄の低下には及ばない。これは Chen, Noronha and Singal（2004）の実証結果とは反対の結果である。1989 年から 2000 年までの S&P500 種の銘柄入れ替えでは，採用銘柄の影のコストが 31.2% 減少し，除外銘柄のそれが 25.1% 上昇している。株主数や金融機関株主数でもそうであったが，超過リターンの発生パターンは似ているものの，影のコストの変化のパターンは異なるようである。

4-6-3　影のコストと超過リターン

もし影のコストが日経 225 の指数銘柄入れ替え時の超過リターンに影響を与えているとすれば，超過リターンと影のコストの変化がなんらかの相関を持つはずである。影のコストが超過リターンにどのような影響を与えているかを考察するため，本章では発表前の影のコストと発表後の影のコストの差をサンプル企業の超過リターンに回帰させて分析を進める。回帰モデルは

$$CAR = \alpha + \beta(dshadow) + \varepsilon \qquad (4\text{-}15)$$

図表 4-13　銘柄入れ替えによる影のコストの変化

			銘柄入れ替え前	銘柄入れ替え後	%Chg	t 値
採用銘柄 ($n=45$)	前後1年	平均	3.04	2.65	-12.9%	1.7407*
		メジアン	1.85	1.40	-24.6%	
	前後半年	平均	3.12	2.79	-10.3%	1.3334
		メジアン	1.82	1.44	-21.0%	
	前後2カ月	平均	2.98	2.92	-2.0%	0.2830
		メジアン	1.67	1.50	-10.2%	
除外銘柄 ($n=46$)	前後1年	平均	0.85	0.44	-47.9%	3.8094***
		メジアン	0.29	0.18	-38.1%	
	前後半年	平均	0.64	0.42	-34.2%	4.9697***
		メジアン	0.31	0.14	-53.4%	
	前後2カ月	平均	0.65	0.43	-33.8%	5.0074***
		メジアン	0.27	0.15	-43.6%	

（注）影のコストは（4-14）式で求めた値を 10 の 9 乗倍したもの。t 値は入れ替え前後の影のコストが同じ母集団に属するかを検定する統計量である。

である。但し CAR は累積超過リターン，$dShadow$ は発表後の影のコストから発表前の影のコストを引いたものである。これも影のコストと同様 $dShadow \times 10^9$ の値を用いて説明変数として用いる。前節で述べたように，影のコストの変化については，3つの期間に分類してその影響を観察する。前後1年の影のコストの変化（$dShadow1Y$），前後半年（$dShadow6M$），及び前後2カ月（$dShadow2M$）である。また，被説明変数には次の3期間の累積超過リターンを用いる。AD−CD−1の期間，発表日効果を除いた AD+1−CD−1までの期間。最後に AD−60 から CD+60（CAR120）である。

図表4-14はそれぞれの説明変数の係数と t 値をまとめたものである。採用と除外をプールしたパネルAと採用及び除外に分類したパネルB, Cである。全体として影のコストが一貫した影響を与えているとは考え難い結果である。影のコストの推定期間によって，結果が変わる状況が存在するからである。どの期間をみても同じ方向に有意に効いてはいない。Chen, Noronha and Singal（2004）においては，$dShadow1Y$ だけを調査し，採用銘柄にも除外銘柄にも有意に負の係数が得られていたが，日本の市場では $dShadow1Y$ に限れば採用・除外ともに有意に正の係数となっている。これは影のコストの上昇が，超過リターンと正の相関を持つということであるが，期間の取り方によって変動するため，因果関係については疑わしい。

4-7 結論

本章では銘柄入れ替えを題材として，イベントスタディのフレームワークで株価の超過リターンを計測した。その結果，米国の先行研究と比較して，日本の日経225指数における新規採用銘柄は米国のそれと比べて倍以上の非常に高い超過リターンを示すことがわかった。これは日経225指数の特徴に起因するものと考えられる。なぜなら，主要国の代表的株価指数としては珍しく，価格ウェイトで算出される日経225は指数裁定取引残高の水準が高いからである。これを裏付けるように，指数裁定業者の必要売買株数と超過リターンの間に正の関係が存在した。しかし将来のキャッシュフロー流列の現

図表4-14　影のコストと超過リターン

パネル A: MCAR の回帰結果（AD-CD-1）						
	採用銘柄（n=53）			除外銘柄（n=46）		
	係数	t-value		係数	t-value	
定数項	0.153	9.261	***	-0.305	-14.068	***
dshadow	-0.002	-2.462	***	-0.028	-0.685	
R-square		0.11			0.01	

パネル B: MCAR の回帰結果（AD+1-CD-1）						
定数項	0.098	6.595	***	-0.137	-8.486	***
dshadow	-0.002	-2.181	**	0.012	0.404	
R-square		0.09			0.00	

パネル C: MCAR の回帰結果（CD-CD+13）/（CD-CD+8）						
定数項	-0.061	-5.154	***	0.111	8.357	***
dshadow	0.002	4.079	***	0.105	4.188	***
R-square		0.25			0.28	

パネル D: MCAR の回帰結果（AD-60-CD+60）						
定数項	0.167	6.016	***	-0.022	-0.489	
dshadow	0.003	2.266	**	-0.340	-4.031	***
R-square		0.09			0.27	

（注）パネルA,B,C,Dはそれぞれ発表日ショックを含む入れ替えまでの期間、発表日ショックを除く入れ替えまでの期間、実施後の期間、銘柄入れ替え全体の期間の累積超過リターンを被説明変数とし、銘柄入れ替えによる影のコストの変化を説明変数として回帰した結果である。**、***はそれぞれ5%、1%の水準で有意であることを示す。

在価値として決定されるべき株価が、なぜ需要ショックに対して超過リターンを生み出すのだろうか。一つの可能性は需要ショックに対して、株価を正常な価格へと導く裁定取引に何らかの制約があるのではないか、ということである。超過リターンの源泉はPontiff（1996）がクローズドエンドファンドで発見したように、裁定コストに依存しているかもしれない。それを調査するために、マーケットモデルの残差項の標準偏差を裁定リスクの代理変数として扱い、超過リターンとの関係を探った。その結果、需要ショックと裁定リスクが共に有意な関係にあり、株価の長期的下降需要曲線の存在や、銘柄入れ替え時の株価形成は不完全代替仮説と整合的証拠が発見されたのである。

ところが、除外銘柄の分析からは同じような結果は得られなかった。除外

銘柄については，発表から実施までの期間では採用銘柄と逆の負の超過リターンを示すのであるが，実施後しばらく経過してから，徐々に株価が回復する。銘柄入れ替え実施後1カ月程度経過すれば，それまでの負の累積超過リターンをほぼ消してしまうのである。即ち，供給ショックによる株価の下落は一時的であり，短期的下降需要曲線の存在と整合的な株価動向が観察されたのである。

　このように，採用銘柄と除外銘柄が非対称な株価動向を示す限り，株式の需要曲線の形状について結論は出ない。Chen, Noronha and Singal（2004）は米国のS&P500種銘柄入れ替えを分析し，同様の非対称な超過リターンの発生パターンを報告している。彼らはその非対称性の原因として投資家の認知度の変化を考え，認知度の変化と超過リターンの相関関係を指摘しながら，採用銘柄の持つ正の超過リターンは認知度向上の結果であると結論づけている。日本市場でも同じ説明が可能であるかを試すために，彼らの手法を踏襲しながら認知度の変化について調査してみた。しかしながら，日本市場では同じ手法では非対称性を説明できなかった。認知度の代理変数を算出する前段階の株主数の動向でも，米国とは反対の結果となった。従って，Chen, Noronha and Singal（2004）らの株価の需要曲線は長期的にはフラットという立場を擁護する米国市場での結論は，日本市場では支持されず，非対称な超過リターンが観察される理由については，更なる研究が必要であることを示唆するに留まった。

【注】

1) Scholes（1972）は大口売買に関して，売り手の種類と株価の関係を分析した。その結果，売り手が信託基金やエステートの場合は，大口売り注文でも株価はそれほど下落しないことを発見し，売り注文の目的がポートフォリオの入れ替えであると市場が認識している場合は，株価は下落しないとしている。
2) 2002年12月時点でドイツ銀証券の裁定取引担当者に確認したところ，80％は日経型ではないかという推定であった。
3) 取引コストの安さに加えて，SGXではスプレッド市場と呼ばれる限月間先物の取引市場が5円刻みで存在し，大阪証券取引所の10円刻みのスプレッド市場よりも裁

定業者に好まれている。
4) JRやJT, NTTドコモなどは50円額面に換算して合計されている。
5) Lynch and Mendenhall（1997）は市場モデルのベータ推定に（AD－872, －673）の100日間のデータを用いている。銘柄入れ替え前に採用銘柄が正の定数項を持つ事を避ける為の措置であるが，本章では定数項はクロスセクションでほぼゼロであったため，問題ないと判断し（AD－209, －10）の推定期間を用いた。
6) 発表日から実施日の期間は2日から27日までイベントによってまちまちである。従って，MARの算出は該当日に対象となる銘柄数で平均する必要がある。
7) Lynch and Mendenhall（1997）はこの問題を回避するために，次のプロセスを踏んで出来高を計算した。まずサンプル企業の売買代金の対数値を時価総額の対数値で除する。同様に市場の売買代金の対数値を時価総額の対数値で除する。前者の値を被説明変数，後者の値を説明変数として，AD－258からAD－109の推定期間で回帰を行い，係数を求める。係数を代入して得た値をイベント期間の出来高の期待値として扱い，観察された出来高と期待出来高の差がゼロであるという帰無仮説を検証する。このプロセスを経て求められた値は正規分布するためt－検定が適用できるのである。
8) 証券会社の予想が全て的中するとは限らないが，現実に入れ替えられる銘柄1つに対して，入れ替え銘柄候補として複数の銘柄群を報告しているため，それら全ての銘柄の出来高が膨張している可能性がある。
9) 次の2つの場合に，このインデックスファンドは日経平均に対しアンダーパフォームする。（a）除外銘柄の売却値＜実施日前日の引け値（b）採用銘柄の組み入れ価格＞実施日前日の引け値
10) 多くの裁定取引業者は採用銘柄（除外銘柄）がCD－1まで上昇（下落）し続ける傾向にあるのを知っているため，必要な売買をADに行っている可能性は高い。
11) Wurgler and Zhuravskaya（2002）の裁定コストの推定方法は本章のそれとは異なる。彼らは1つのサンプル企業に対して，業種，規模，簿価時価比率の3つの基準で3つの代替証券を選び出す。そして，その3証券からなるポートフォリオを代替ポートフォリオと仮定し，このポートフォリオで説明できないリターンの誤差項の分散を裁定コストとして扱っている。
12) ここで言うところの裁定取引とは，ある証券が合理的な値段から乖離した場合に，市場に参加するであろうというScholes（1972）がいう意味での裁定取引である。現実に存在するかどうかはわからない。一方，指数裁定取引業者は現実に存在し，割安な現物指数を購入し，割高な先物を売るという取引を繰り返している。彼らの行動は市場統計にも報告されている。
13) コントロールファーム（Control Firm）の選択基準は以下の通りである。まず，サンプル企業の業種と同じ業種に属する企業群を特定する。その企業群の中から，規模と簿価時価比率の対数値を合計した値が最もサンプル企業のそれに近い1社を選択する。

14) サンプル企業の75社の中から金融業に属する企業,銘柄入れ替え後上場廃止企業及び異常値(データ欠損を含む)を示す企業はサンプルから除外した。除外銘柄についても同様である。
15) 高い期待リターンが要求されるということは,同じファンダメンタル価値であっても低い価格で取引されるということである。
16) 上場変更については第2章でも詳しく見るが,Dharan and Ikenberry (1995) によって,長期的には下落するという報告がなされている。

【参考文献】

岡田克彦(2004),「日経225構成銘柄入れ替えにおける株価動向とトレーディングシミュレーション── 1991年以降の全銘柄入れ替えの分析」『証券アナリストジャーナル』Vol. 42 (2), 87-103.

斎藤誠,大西雅彦(2001),「日経平均株価の銘柄入れ替えが個別銘柄の流動性に与えた影響について」『現代ファイナンス』No. 9, 67-82.

榊原茂樹,青山護,浅野幸弘(1998),『証券投資論』,日本経済新聞社.

芹田敏夫(1996),「インデックス取引と株価形成──イベントスタディに基づく実証研究」『青山経済論集』第48巻第1号, 61-80.

Amihud, Y. H. Mendelson and J. Uno (1999), "Number of Shareholders and Stock Prices: Evidence from Japan," *Journal of Finance*, 54 (3), 1169-1184.

Beneish, D. and C. Gardner (1995), "Information Costs and Liquidity Effects from Changes in the Dow Jones Industrial Average List," *Journal of Financial and Quantitative Analysis*, 30 (1), 135-157.

Chen, H., G. Noronha and V.Singal (2004), "The Price Response to S&P500 Index Additions and Deletions: Evidence of Assymetry and a New Explanation," *Journal of Finance*, 59 (4), 1901-1929.

De Long, J.,A. Shleifer, H.L.Summers and J.Waldman (1990), "Positive Feedback Investment Strategies and Destabilizing Rational Speculation," *Journal of Finance*, 45 (3), 379-395.

Denis,D, J.McConnell, A.Ovtchinnikov and Y.Yu (2003), "S&P 500 Index Additions and Earnings Expectations," *Journal of Finance*, 58 (5), 1821-1840.

Dhillon, U. and H. Johnson (1991), "Changes in the Standard and Poor's 500 List," *Journal of Business*, 64 (1), 75-85.

Elliot, W.B.,and R.S.Warr (2003), "Price Pressure on the NYSE and NASDAQ: Evidence from S&P500 Index Changes," *Financial Management*, 32, 85-99.

Fama, E. F., L.Jensen, and M.Roll (1969), "The Adjustment of stock prices to new information," *International Economic Review* 10, 1-21.

Hanaeda,H. and T. Serita (2002), "Price and Volume Effects Associated with a Change in the Nikkei 225 List: New Evidence from the Big Change on April 2000," *International Finance Review*, 4, 199-225.

Harris,L.and Gurel, E. (1986), "Price and Volume Effects Associated with Changes in the S&P500 List: New Evidence for the Existence of Price Pressure," *Journal of Finance*, 41, 815-829.

Jain, P., (1987), "The Effect on Stock Price from Inclusion in or Exclusion from the S&P500," *Financial Analysts Journal*, 43, 58-65.

Kaul, A., V. Mehrotra, and R. Morck (2000), "Demand Curves for Stocks Do Slope Down: New Evidence from an Index Weights Adjustment," *Journal of Finance*, 55, 893-912.

Keim, D. B. (1983), "Size-Related Anomalies and Stock Return Seasonality: Further Empirical Evidence," *Journal of Financial Economics*, 12, 13-32.

Kothari, S. and J. Warner (1997), "Measuring Long-Horizon Security Price Performance," *Journal of Financial Economics*, 43 (3), 301-339.

Liu S. (2000), "Changes in the Nikkei 500: New Evidence for Downward Sloping Demand Curves for Stocks," *International Review of Finance*, 1 (4), 245-267.

Lynch, W.A. and R.R Mendenhall (1997), "New Evidence on Stock Price Effects Associated with Changes in the S&P500 Index," *Journal of Business*, 70 (3), 351-383.

Scholes, S. M. (1972), "Market for Securities: Substitution versus Price Pressure and the Effects of Information on Share Prices," *Journal of Business*, 45, 179-211.

Shleifer, A. (1986), "Do Demand Curves for Stocks Slope Down?," *Journal of Finance*, 41 (3), 579-590.

Shleifer, A. (2000), *"Inefficient Markets,"* Oxford University Press.

Wurgler, J. and E. Zhuravskaya (2002), "Does Arbitrage Flatten Demand Curves for Stocks?," *Journal of Business*, 75 (4), 583-608.

第5章 上場変更と株価の長期パフォーマンスについて

　第4章では，短期のイベントスタディを行い，株式の需要曲線の形状について考察したが，短期的な株式需要曲線が下降しているからといって，株式にも商品と同じような価格決定メカニズムが働くという議論は乱暴であろう。株式は，短期的にはマーケットの需給に左右される局面があるかもしれないが，長期的には株価はそのファンダメンタル価値を表した均衡価格に落ち着くと考えられるからである。そこで第5章では，長期的な株価の超過リターンを測定し，均衡価格そのものがファンダメンタル価値以外の要因で決まっているかどうかを考察する。

　本章で扱うイベントは上場変更である。上場変更は単なる市場の指定替えであるので，対象となる企業のファンダメンタル価値を左右するものではない。無論，上位への市場の指定替えを受けるということは，その市場の構成企業としてふさわしい，と証券取引所に認めた結果であると言えるが，それまでの成長は当然株価に反映されているわけであるから，指定替えを受けたとしても，それ以上の変化は起こらないと考えられる。本章の目的は，指定替えを受けた企業の長期パフォーマンスを測定することによって，企業のファンダメンタル価値に影響を与えるとは考えられない上場変更が，長期的均衡価格に影響を与えているのかどうかを検証することである。

　長期の株価パフォーマンスの測定には，注意をもって臨まなければならない。なぜなら，当該期間には多くのニュースが到着しており，当該期間に超過リターンが発生したからといって，そのイベントの効果かどうか特定し難いからである。また，超過リターンの測定に関しても，通常のイベントスタディで仮定している正規分布の仮定を用いることは，所謂，特定化の誤り（misspecification）をもたらすからである。そこで本章では，ノンパラメトリックな統計手法であるブートストラップ法を用いて超過リターンの検定を行った。

　本章は現代ファイナンス No.18 に掲載された研究論文，「上場変更と株価の長期パフォーマンス」を加筆訂正したものである。

第5章　上場変更と株価の長期パフォーマンスについて | 143

5-1　はじめに

　上場変更とは上場企業が取引市場を移動することである。米国では店頭株市場（NASDAQ）からニューヨーク証券取引所（NYSE）やアメリカン証券取引所（ASE）への上場変更が頻繁に行われ，日本では店頭株市場（店頭市場）から東京証券取引所市場第二部（東証2部）及び市場第一部（東証1部）へ毎年10社以上が移行している。近年では上場変更企業の数は増加し，多い年には100社を超える場合も見られる。株式市場が効率的であれば，同じファンダメンタルズを持つ企業は上場場所に関係なく，ファンダメンタル価値が変わらない限り一定の価値を持つはずであるが，現実にはそうなってはいない。上場変更に関わる株価動向は，市場の効率性検証も含め米国においては60年以上も前から取り組まれているテーマなのである。様々な分析期間や分析手法が用いられているものの，米国における大多数の発見の共通点は，上場変更のアナウンスメントがあってから株価が上昇し，上場日以降は株価が下落するというものである。最近の研究は比較的短期間の株価動向に着目し，超過収益率の発生原因を個別株式の特性を分析することにより探ろうとする研究と，上場後の長期の株価リターンに注目する研究の2つに大別できる。　本章は後者に属し，日本における上場変更銘柄の長期株価リターンを明らかにしようとするものである。Dharan and Ikenberry (1995) は上場後36カ月に互って上場変更した企業の株価を調査した。そして，上場場所を変更した企業の株価は3年もの長期間にわたって負の超過リターンを示し続けるという事実を発見したのである。この長期間の株価の低迷はPost-Listing Puzzleと呼ばれ，多くの研究者が様々な仮説をたてて説明しようと試みている。

　本章の目的は，日本市場で上場変更企業の株価パフォーマンスを，12カ月，24カ月，36カ月の長期間で分析することである。日本市場でこの実証

分析を行う意義には大きく3つある。一つは日本と米国の市場構造の違いが，日米で株価にどのように影響するかを見ることができると言う点である。マイクロソフトやインテルといった巨大企業がNASDAQに上場している米国と異なり，日本の市場はヒエラルキー構造がはっきりしている。ソフトバンクの例を挙げるまでもなく，店頭市場にあって急成長を遂げた企業はいち早く東証に上場変更するのが一般的である。このようにヒエラルキー構造がはっきりしている日本の株式市場は，企業経営者の上場変更へのインセンティブがより強い環境と言え，企業経営者側の動機付けがはっきりしているという分析上のメリットがある。第二に，米国の先行研究の蓄積に比較して，日本市場のデータを扱った研究が稀少であるという点である。Hwang and Jayaraman (1993) と宇野他 (2004) が僅かに日本の上場変更を取り扱っているだけである。更に，この2つとも株価の短期的動向を分析したものであり，長期の株価パフォーマンスを扱ったものは筆者の知る限り皆無である。最後に，東京証券取引所が1999年に大幅な上場要件の緩和を実施するというイベントに恵まれていることである。これにより，上場要件の緩和がどのような影響を株価に与えたのか，あるいは与えなかったのかを検証することができる。

　Dharan and Ikenberry (1995) は上場変更企業の長期パフォーマンスの低下をManagers Opportunism 仮説で説明している。上場変更を企画する企業経営者は，業績が一番良い時期を見計らって上場変更の申請をするのではないか，という仮説である。つまり，上場変更が業績の一番良い時期に行われているのであれば，変更後に当該企業の株価が低迷するのは至極当然のことだと考えたのである。彼らは小型株や機関投資家の持ち株比率が少ない株式の方が上場後のパフォーマンスが悪いという事実を指摘しながら，この仮説を提唱している。Papaioannou, Travlos and Viswanathan (2003) は，上場変更企業の業績を調査し，確かに上場変更企業は新市場への移行後に業績が悪化することを発見し，この仮説を支持している。もしも日本市場で同様のManagers' Opportunism が発生しているのであれば，米国よりも強い市場ヒエラルキー構造を持つ日本の企業経営者達は，より積極的な上場へのインセンティブを有すると考えられ，Post-Listing Negative Drift はより大

きな負の値を伴って発生するだろうと想像できる。

　株価の長期パフォーマンスを計測する場合，方法論には十分な注意を払わなければならない。Fama and French（1992, 1993）や Lakonishok, Shleifer and Vishny（1994）らは，株式収益率は株式の規模や簿価時価比率（book-to-market ratio）と深い関係がある事を示しており，日本市場でもこの2つのファクターが有効であることが多くの研究で立証されている。従って，ベンチマークの選択はこれらの点を考慮すべきである。また Barber and Lyon（1997）や Kothari and Warner（1997）は，長期の超過リターンに t 検定を用いると，検定量の特定化の誤り（特定化の誤り）が生じる可能性があることを示した。そのため，本研究では Ikenberry, Lakonishok and Vermaelen（1995）などで用いられているブートストラップ法によって，上場変更後における長期超過リターンの有意性検定を試みた。

　日本市場での実証結果には2つの大変興味深い発見があった。第一に，米国で数多く報告された Post-Listing Negative Drift は発生していなかったのである。当初予想したヒエラルキー構造による，より強い Post-Listing Negative Drift は全く観察されず，むしろ統計的に有意な正の超過リターンが検出されたのである。正の超過リターンは店頭市場から東証2部への移行では全ての期間で観察された。また，東証2部から東証1部への移行については12カ月と24カ月の期間で，店頭市場から東証1部への移行については12カ月を除く全ての期間で正の超過リターンが観察されたのである。日本ではその市場構造上，企業経営者により強い上場変更へのインセンティブが与えられているにもかかわらず，上場変更企業は変更後も正の超過リターンを示すのである。第二に，上場要件の緩和が与えた影響が大きいということである。上場要件緩和以前の株価パフォーマンスは非常に強い正の超過リターンを示したが，上場要件緩和後は一転負の超過リターンを示すようになるのである。これらの事実から，日本市場では企業経営者側の Opportunism は発生していないこと，上場変更後の株価パフォーマンスについては，取引所側の上場審査，上場要件が深く関係しているということができる。

　以下2節で，先行研究の要約と検証仮説について述べ，3節でデータと方法論について紹介する。4節で実証結果を示し，5節では結論を述べる。

5-2 先行研究

5-2-1 短期的株価動向の分析と仮説

　米国においては，上場変更時の株価動向分析の歴史は長い。古くは Ule (1937) が 1934-37 年の間に店頭市場から NYSE へ上場変更した企業のパフォーマンス分析を行っている。ここで発見された，市場変更前に株価が上昇し，市場変更後に下落するというパターンはその後の発見でも繰り返されている。Sanger and McConnell (1986) は 1966 年から 1977 年の期間に店頭市場から NYSE に上場変更となった企業の株価について分析しているが，彼らのイベント期間の途中に NASDAQ[1] 市場が導入された。導入後も上場変更のアナウンスメント時の株価上昇は見られたが，導入後はその程度が軽減された。このことから，NASDAQ 導入以前は市場の流動性が低く，投資家が流動性プレミアムを要求していたが，導入後は NASDAQ とその他市場の流動性の差が小さいために，それほど大きく株価が反応しないのではないかと主張している。確かに，このような流動性仮説で NASDAQ 導入前後の変化は説明できるが，導入後も変更アナウンスメントがある度に株価が上昇することについては説明できていない。そこで彼らはこれを説明するため，シグナリング仮説を持ち出した。即ち，上場変更は当該企業の将来キャッシュフローに対する企業経営者の自信を市場にシグナルしているというのである。Grammatikos and Papaioannou (1986) は 1975 年から 1981 年までのサンプル企業を四半期毎の成長率に分類し，上場変更アナウンスメント時の株価反応を比較してみた。その結果，成長率の低い企業の方が上場アナウンスメントに対してより強い正の超過リターンを示すことがわかったと報告している。業績が今一歩伸び悩んでいる企業は株価も低迷しているが，上場変更という企業経営者のポジティブなシグナルによって市場が再評価すると彼らは解釈し，シグナリング仮説を支持している。しかしこの仮説では，アナウンスメント時の株価反応については説明できても，上場変更後の株価の下落については説明できていない。McConnell and Sanger (1987)

は上場後1年に及ぶ株価の下落についてその発生メカニズムについては明らかにできていないものの，かなり詳細にその性格を特徴づけている。しかしながら，上場変更後の下落がなぜそれほどまでに長期に渡るのかという点に関しては，パズルであると結んでいる。

5-2-2 長期的株価動向の分析と本章の検証仮説

Dharan and Ikenberry (1995) は McConnell and Sanger (1987) の分析を拡張し，1962年から1990年までの期間に上場変更した2889企業の上場後3年に渡る長期株価分析を行った。彼らは，上場変更企業サンプルの多くが小型株であることや，簿価時価比率が低い企業が多い点に留意し，超過リターンを計測する際に，規模と簿価時価比率で調整したポートフォリオを用いて累積超過リターンを算出している。その結果，上場変更企業は総じて長期間に渡りベンチマークを下回る低い収益率しか示さないことがわかった。彼らはこうした長期間の下落傾向（The Long-Run Post-Listing Negative Drift）について，一つの仮説を提示している。企業経営者は自らの企業の業績が最も良い時期を見計らって上場申請を行っているという，Managers' Opportunism 仮説である。この仮説を裏付ける証拠として，彼らは機関投資家の持ち株比率の小さい企業や，規模の小さい企業ほど The Long-Run Post-Listing Negative Drift が大きいと報告している。即ち，規模の小さい会社や機関投資家の保有比率の小さい企業は，上場要件の達成に背伸びをし，上場後は実態を反映する株式評価が定まるから下落するというのである。

もしもこのような Managers' Opportunism が株価の長期的下落の原因であるとすれば，日本市場における上場変更企業は，より強い Post-Listing Negative Drift を発生させているに違いないというのが，当初の筆者の予想である。なぜなら，米国との比較では，日本の株式市場構造の方が，はるかに階層制（ヒエラルキー）がきついからである。米国においては必ずしも NASDAQ から NYSE に企業の成長と共に上場変更することが一般的ではない。マイクロソフトやインテルといった巨大企業でさえ NASDAQ に留まっているのは周知の事実である。一方，日本では店頭市場において成長した企業はかならず東証2部或いは，東証1部へ移行していく。東証1部を頂点と

するヒエラルキーを持つ日本の市場においては，多くの企業が東証1部へ上場することを目指しているといえるだろう。従って企業経営者側ではできるだけ早急により高いランクの市場に上場しようというインセンティブが強くなる。このため，Managers Opportunism が介在する余地は大きいのである。筆者の予想どおり，より強い Post-Listing Negative Drift が生じるのか否か，以下で見ていくこととする。

5-3 データと方法論

5-3-1 日本の市場と上場審査

　日本には各大都市に証券取引所が存在するが，今回サンプルの対象とするのは東京証券取引所と店頭市場とする。東京証券取引所にはマザーズ，東証2部，東証1部の3市場があるが，マザーズは1999年に創設された市場であり，筆者の設定するサンプル期間内には上場変更を行った企業は無かったため，分析対象外とする。従って，店頭市場から東証2部に上場変更した企業，東証2部から東証1部に変更した企業，店頭市場から東証1部に変更した企業の3パターンについて分析することとした。期間については1989年から2002年までをサンプル期間とし，その間に移動した全691社をサンプルとする。サンプルの抽出は東京証券取引所が発行する東証要覧から抜粋した。サンプル企業の株価，時価総額，簿価等のデータは野村総合研究所の AURORA データベースを使用した。これら691社のサンプルにおいて，店頭市場から東証2部に上場変更した企業の中に，短い期間で東証1部へと移行した企業も多く存在する。本章のイベント期間中に更に上場場所の変更があった企業については分析対象から除外した。従って，12カ月では616社，24カ月では515社，36カ月では430社が分析対象となっている。[3]

　上場審査に関しては，店頭市場やマザーズが緩く，東証2部，東証1部と階層があがるにつれて厳格になる。図表5-1は各市場の上場基準をまとめたものである。上場審査基準が緩い店頭市場やマザーズで取引されるベン

表 5-1　市場別の上場要件

	JASDAQ	マザーズ	東証 2 部	東証 1 部
上場株式数	−	上場時に 1,000 単位以上の公募又は公募及び売り出し	上場時に 4,000 単位以上	上場時に 100,000 単位以上（但しマザーズ或いは二部から上場する場合は 20,000 単位以上）
株主数	300	300	800	2200
少数特定者持株数	−	−	75%以下	70%以下
上場時価総額	10 億円以上	10 億円以上	20 億円以上	500 億円以上
設立後経過年数	−	−	3 年	3 年
利益	上場前年利益が 5 億円以上	−	a. 最近 2 年間において，最初の 1 年間は 1 億円以上，最近の 1 年間は 4 億円以上　　b. 最近 3 年間において，最初の 1 年間は 1 億円以上，最近の 1 年間は 4 億円以上かつ，最近 3 年間の利益の合計が 6 億円以上	同左

（注）　市場別の上場要件を 2003 年 4 月現在でまとめたものである。上場に際しては上記以外に満たさなければならない条件があるが，ここでは代表的な要件のみを比較した。

チャー企業は，取引所が定める 7 項目の形式基準を満たし且つ定性的審査に合格すれば東証 2 部市場に上場が認められる。その後しかるべき期間を経て更に東証 1 部への審査を受ける資格を得るという手順である。1998 年以降は店頭市場から直接東証 1 部への移行が認められた。

　図表 5-2 のパネル A は 1989 年から 2002 年までの各年毎の上場変更件数とそのブレークダウンである。バブル経済の崩壊後上場変更件数は減少傾向にあるが，1995 年から徐々に回復している。その後 1999 年 8 月に東京証券取引所は上場要件の大幅な緩和に踏み切った。より多くの企業に資金調達の場を提供しようという取引所側の思惑があり，表 5-2 に示されている様に，

表5-2 上場変更件数の推移とその業種

	合計	JASDAQから東証2部	東証2部から東証1部	JASDAQから東証1部
パネルA	691	277	380	34
年				
1989	26	1	25	0
1990	34	6	28	0
1991	39	6	33	0
1992	13	6	7	0
1993	12	5	7	0
1994	16	12	4	0
1995	28	11	17	0
1996	55	12	43	0
1997	59	35	24	0
1998	48	26	21	1
1999	75	44	23	8
2000	126	49	62	15
2001	95	38	50	7
2002	65	26	36	3
パネルB				
業種	691	277	380	34
小売業	110	52	50	8
卸売り業	90	42	43	5
サービス	89	47	36	6
電気機器	71	25	43	3
機械	42	15	26	1
建設	35	10	24	1
その他製品	29	13	15	1
通信	29	6	23	-
不動産	26	11	13	2
その他金融	25	11	14	-
化学	24	8	14	2
食料品	21	8	12	1
その他	100	29	67	4

規制緩和前3年間の平均上場企業数の約3倍が2000年に上場変更している。東京証券取引所は上場に際し，形式的に次の項目について基準を設けている。上場時の株式数，少数特定者持株数[4]，株主数，設立後経過年数，時価総額，株主資本，利益の7項目である。これらの形式的審査に定性的審査を加えて上場の可否を判断していたが，1999年8月以降は大幅に緩和された。特に旧基準で最もハードルが高いと考えられていた株主数や，一株当たりの利益等の項目が緩和ないしは廃止された事は上場数を増加させる上で効果的

であった。

　表2-2のパネルBは東証33業種の分類基準に基づいて作成した業種のばらつきである。小売業，卸売業，サービス業の上場変更が多いのがわかる。

5-3-2　方法論

　長期的な株価の分析には，方法論の選択は重要である。短期的な株価の分析では一般的には株価指数をベンチマークとして用い，マーケットモデルで超過リターンを測定し，t 検定でその有意性を検定するという手順が一般的に用いられる。しかし長期的な株価の分析では，まずどのベンチマークを用いるかを慎重に考えなければならない。Dharan and Ikenberry（1995）が指摘したように，上場変更企業はその多くが規模の小さい小型株であり，簿価時価比率の低い銘柄である場合が多い。このような場合，株価指数をベンチマークとすればサンプルバイアスが生じてしまう。Fama and French（1992, 1993）で指摘されているように，株式のリターンとその規模，簿価時価比率には深い関係がある。そこで筆者は規模と簿価時価比率を反映させたレファレンスポートフォリオ（RP）を構築し，これをベンチマークとすることでこの問題の解決を試みる。Dharan and Ikenberry（1995）ではベンチマークとしてRPを使用しているものの，超過リターンについては累積超過リターン（CAR）を測定し，t 統計量で検定した。しかしながら，長期間の超過リターンの検証に t 検定を用いると，特定化の誤りが生じる可能性がある事が Barber and Lyon（1997）や Kothari and Warner（1997）らの研究で明らかにされてきた。Kothari and Warner（1997）は，長期超過リターンに t 検定を用いると特定化の誤りを引き起こす危険性があるため，ブートストラップ法による検証を推奨している。一方，Barber and Lyon（1997）では，コントロールファームを用いた場合に限り t 検定を用いても特定化の誤りを引き起こさないと主張した。しかし，この場合でも検定力（power）が低下する事実は認めており，コントロールファームを用いた t 検定について積極的に推奨しているわけではない。彼らのその後の研究である Lyon, Barber and Tsai（1999）では，RPを用いて算出した超過リターンを，ブートストラップ法で有意性をチェックすることを推奨している。この方法を用

いる事で，特定化の誤りの問題を回避でき，更に検定力においてもコントロールファームの t 検定のそれよりも上回るため，長期の株価パフォーマンス計測には有効であるとして推奨している[5]。

以上の点を踏まえ，筆者は主に次の方法で超過リターンの計測をする。超過リターンについてはベンチマークとしてRPを使いCARとBHARの両方を測定する。Lyon, Barber and Tsai（1999）では投資家の得る真のリターンに近いことからBHARが推奨されているが，本章の目的の一つがDharan and Ikenberry（1995）のManagers' Opportunism仮説の検証であるから，超過リターンとしては日米市場の比較を容易にするため，彼らの用いたCARも併せて計測する。但し，検定についてはBHARのみを対象としたブートストラップ法を用いる。具体的には，ランダムに作成する擬似ポートフォリオ1000個のBHARを計算し，その分布の中でサンプル企業のBHARが何処に位置するかを観察し有意性を測る。

5-3-2-1　CARとBHAR

分析期間は12カ月，24カ月と36カ月の3つの期間で超過リターンを観察する。超過リターンはCARとBHARの両方を計算する。i 企業の τ カ月のCARは

$$CAR_{i\tau} = \sum_{t=1}^{\tau} AR_{it} \qquad (5\text{-}1)$$

である。但し

$$AR_{it} = R_{it} - E(R_{it}) \qquad (5\text{-}2)$$

である。R_{it} は i 企業の t 時点のリターンであり $E(R_{it})$ は i 企業の t 時点の期待リターンである。また，i 企業の τ カ月のBHARは

$$BHAR_{i\tau} = \prod_{t=1}^{\tau}[1 + R_{it}] - \prod_{t=1}^{\tau}[1 + E(R_{it})] \qquad (5\text{-}3)$$

と表すことができる。

5-3-2-2　RP（レファレンスポートフォリオ）の構築

本章の研究対象は，店頭市場から東証2部，東証2部から東証1部，店頭市場から東証1部への上場変更銘柄である。従って，マーケットユニバース

として，この3つの株式市場を合計したものを用いる。この3つの市場を合計した3000余銘柄を，以下の手順に従って分割し，合計25のポートフォリオを作成する[6]。

1. 東証1部，東証2部，店頭市場の全銘柄について，毎年8月末時点[7]での時価総額及び簿価時価比率を計算する。
2. 東証1部銘柄を大きい順に5分割[8]し，各グループの境界にある分位点の時価総額を計算する。
3. 規模で5分割された各ポートフォリオを更に簿価時価比率で5分割し，各グループの境界にある分位点の簿価時価比率を計算する。従って，市場全体を5×5の25分割することになる。
4. 東証2部，店頭市場銘柄を，各分位点を基準にそれぞれ該当する規模と簿価時価比率で区分された25個のポートフォリオに割り振る[9]。
5. 各年の9月から翌年の8月まで，25個のRPのそれぞれに対して等加重平均による月次リターンが計算され，翌年9月に再構築される。

このように構築されたRPは，規模や簿価時価比率を考慮したベンチマークとして用いられる。25のRP中に含まれる銘柄数は44から453銘柄と幅広い。これは小型株の数が大型株と比べて圧倒的に多く，規模の大きいRPに店頭市場や東証2部の銘柄はほとんど選ばれないからである。

5-3-2-3 コントロールファーム（Control Firm）の選択

Barber and Lyon（1997）では，レファレンスポートフォリオ（RP），CRSP等加重インデックス，コントロールファーム等のベンチマークについて，その検定量の有効性について検証している。彼らはランダムに200企業抽出し，それを1サンプルとして，1000サンプル観察し，超過リターンは0であるという帰無仮説がt検定によって何サンプル棄却されるかをテストした。その結果，コントロールファームを除いた全てのベンチマークについて，理論的有意水準を大幅に越える数のランダム・サンプルが棄却されたのである。山崎（2005）では，同じ手法を用いて，1970年から2003年までの日本市場のデータに基づきTOPIX，RP，コントロールファームで検証を行っている。その結果コントロールファームが米国と同様歪みの最も少ない

ベンチマークであると報告している。これをベースに本章では以下の4つのコントロールファームを選択して，超過リターンを測定することにした。

1つは，コントロールファームの選択に，規模と簿価時価比率だけを判断基準とする方法である。これは Barber and Lyon（1997）でも用いられている選択方法である。

2つ目に，業種，規模，簿価時価比率を基準としてコントロールファームを選択する方法である。まずサンプル企業が属する業種を特定する。業種分類には東証33業種分類を使用した。市場ユニバースの3000余社からサンプル企業と同業種に属する企業群を特定し，その時価総額がサンプル企業のそれの70％から130％までの企業群を選び出す。そしてその中で簿価時価比率がサンプル企業に最も近い1社を選択し，コントロールファームとする。こうして全サンプルについてコントロールファームを選択し，株価リターンの差を超過リターンとして集計するのである。

3つ目の方法として，規模，簿価時価比率に加え1株当たりの収益（EPS），の3つの基準を用いてコントロールファームの選択を行う[10]。1999年に東証が実施した上場基準の緩和は複数の項目にわたるが，その中でも株価パフォーマンスと関係の深い項目と考えられるものに，1株当りの収益基準の撤廃がある。規制緩和以前は，東証への上場要件として，ある一定の利益を定められた期間内に出しており，且つEPSの値が基準値を満たした企業のみが上場を許可されていた。規制緩和後は，前者だけ満たしていれば上場できるように変更されたのである。1999年の規制緩和以降，上場変更企業数は急増するが，これは宇野他（2004）が指摘するように，最大のハードルであった1株当りの収益基準が撤廃されたことで，多くの企業が東証に上場しうるようになった結果と見ることができよう。1999年の規制緩和ではEPS基準の撤廃以外にも変更点はあるが，本章では東証への上場基準（eligibility）という観点から影響が大きかったと考えられるEPSを以って，上場基準の厳格さの代理変数とし，その影響をコントロールすることにした。従って筆者は，EPSと規模，簿価時価比率の3つの基準を指数化し，最も近い企業を抽出するという方法でコントロールファームを選ぶことにした。

最後に，3つめの方法に業種を反映させ，業種，規模，簿価時価比率，1株当たりの収益，の4つの基準でコントロールファームを選択した。[11]

5-3-2-4　超過リターンの測定法
サンプル企業のCARの測定は，以下の手順で行う。

1. サンプル企業の上場月の翌月から36カ月間にわたり，(5-2) 式を用いて各サンプルの月次異常リターンを求める。その際，各月の期待リターンは，その月に当該サンプル企業が属するRP（あるいはコントロールファーム）の平均月次リターンを適用する。
2. 各月にわたり，全サンプル間のクロスセクショナルな平均月次異常リターンを計算する。
3. ステップ2で求めた各月の平均月次異常リターンを，(5-1) 式を用いて36カ月にわたって累計していくことでCARを測定する。

サンプル企業のBHARの測定は，以下の手順で行う。

1. サンプル企業の上場月の翌月から1年目，2年目，3年目までの一年間の買い持ち投資収益率（Annual Buy and Hold Return, ABHR）をそれぞれ計算し，サンプル全体で平均する。各年度の計算に用いられるサンプルはその年度における測定開始時点でサンプルに残っている企業である（従って，全ての上場変更のパターンをサンプルとした場合，3-1で示したように1年目では616社，2年目では515社，3年目では430社が分析対象となっている）。さらに，測定期間中に買収されるなど企業の連続したデータが取れない場合，その欠損期間は直前まで当該企業が属していたRPの平均月次リターンで代替する。

$$ABHR_1 = \frac{1}{n_1} \sum_{i=1}^{n_1} \left(\prod_{t=1}^{12} (1 + R_{it}) - 1 \right) \quad (5\text{-}4)$$

$$ABHR_2 = \frac{1}{n_2} \sum_{i=1}^{n_2} \left(\prod_{t=13}^{24} (1 + R_{it}) - 1 \right) \quad (5\text{-}5)$$

$$ABHR_3 = \frac{1}{n_3} \sum_{i=1}^{n_3} \left(\prod_{t=25}^{36} (1 + R_{it}) - 1 \right) \quad (5\text{-}6)$$

但し，n_1 は上場変更後1年目までに分析対象となる企業数，n_2 は2年目ま

でに分析対象となる企業数，n_3は3年目までに分析対象となる企業数である。
2. ベンチマークは各月にサンプル企業が属するRPの平均月次リターンを使用し，ステップ1と同じ要領で計算する。

$$E(ABHR_1) = \frac{1}{n_1}\sum_{i=1}^{n_1}\left[\prod_{t=1}^{12}(1-R_{RP_i,t})-1\right] \quad (5-7)$$

$$E(ABHR_2) = \frac{1}{n_2}\sum_{i=1}^{n_2}\left[\prod_{t=13}^{24}(1-R_{RP_i,t})-1\right] \quad (5-8)$$

$$E(ABHR_3) = \frac{1}{n_3}\sum_{i=1}^{n_3}\left[\prod_{t=25}^{36}(1-R_{RP_i,t})-1\right] \quad (5-9)$$

但し，$R_{RP_i,t}$はt月時点でi企業を含むRPのt月の単純平均リターンである。
3. 各年度のABHARを複利計算することで，12カ月，24カ月，36カ月BHARを計算する。たとえば36カ月BHARの場合，以下の式となる。

$$36\text{カ月}BHAR = \prod_{y=1}^{3}[1+ABHR_y] - \prod_{y=1}^{3}[1+E(ABHR_y)] \quad (5-10)$$

5-3-3　統計的有意性検定

先に触れたようにt検定を用いた有意性の検証は，長期的な株価超過リターンの場合，特定化の誤りを引き起こす可能性がある。そのため，本研究ではIkenberry, Lakonishok andVermaelen（1995）などで用いられているブートストラップ法によって，上場変更後における長期超過リターンの有意性を検証する。

まず測定開始時点におけるサンプル企業の規模と簿価時価比率から，サンプル企業の属するRPを特定し，そのRPの中からランダムに1企業を選出する。サンプル企業の全てについて，それぞれの属するRPからランダムに1企業選出することによって，上場変更を行ったサンプル企業のポートフォリオと対になるような擬似ポートフォリオを作成する。こうしたランダムな選択作業を1000回繰り返し，1000個の擬似ポートフォリオを作成する。そして，1000個の擬似ポートフォリオそれぞれについて，5-3-2-2で挙げた方法でBHARを測定する[12]。こうして計算された1000個の擬似ポートフォリオのBHARから分布を作成し，その分布の中でどこに平均サンプルBHAR

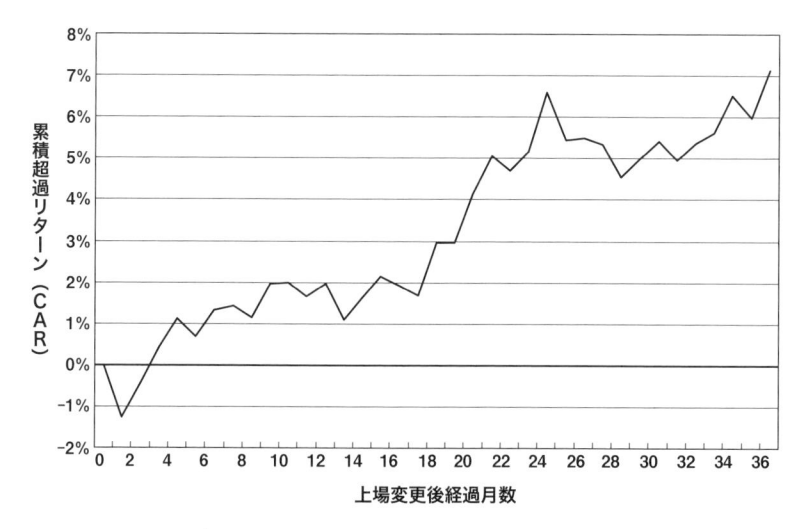

第5章 上場変更と株価の長期パフォーマンスについて | 157

図表 5-3 上場変更後 36 カ月までの CAR の推移

(注) 1989 年から 2002 年までの期間に上場変更した企業の，上場変更後 36 カ月間の累積超過リターンの推移を表したもの。超過リターンは規模と簿価時価比率で分類された 25 の RP をベンチマークとして算出している。

が位置するかを見ることで，統計的有意性を検証する。

5-4 実証結果

5-4-1 日本市場における CAR で測定した Post-Listing Return

　図表 5-3 は 1989 年 3 月から 2002 年 12 月までの期間に，上場変更した企業の CAR を示したものである。Dharan and Ikenberry (1995) も同様な 36 カ月の CAR 推移グラフを掲載しているが，彼らの場合規模を 10 分割した RP を用いて超過リターンを計測しているのに対して，筆者は規模と簿価時価比率で 25 分割した RP を用いて超過リターンを算出している。この図で明示されているように，日本の上場変更銘柄は Post-Listing Negative Drift は一切示さないのである。米国での発見とは対称的に，日本市場における上場変更は長期に亙って正の超過リターンを示すのである。これは米国では支

配的な Managers' Opportunism 仮説が日本企業においては当てはまらない事を示しており，上場変更の Post-Listing Puzzle に対して日本市場での発見は Managers' Opportunism 以外の別なメカニズムの存在を示唆するものである。

5-4-2　BHAR で測定した Post-Listing Return

　図表 5-4 は 1 年目，2 年目，3 年目の年間 BHAR と 12 カ月，24 カ月，36 カ月の BHAR，及びその経験的 p 値を記したものである。パネル A は 1 年目から 3 年目までの各一年間のサンプル企業の BHR と，該当する RP の BHR との差として計算された各年別 BHAR を掲載している。パネル B では 12 カ月から 36 カ月までの期間の BHAR を一年複利で求めて表している。即ち，サンプル企業の各年の BHR を複利計算で算出し，同様に計算した RP の BHR を差し引いて 12 カ月，24 カ月，36 カ月の BHAR としたものである。具体的に 12 カ月の BHAR を見てみよう。12 カ月の分析期間では，全サンプル 691 企業の内，2004 年 6 月時点で証券取引コードを維持している企業で且つ，上場変更後 12 カ月以内に更に別の市場へ移動していない銘柄 616 社が分析対象である。この 616 社の上場変更後 12 カ月の BHR は −1.59% であり，616 社にそれぞれ該当する RP の BHR は −6.99% である。従って 12 カ月 BHAR は +5.40% となる。この数値が統計的に有意であるか否かをブートストラップ法で検定した。これは 1000 個の擬似ポートフォリオから算出される BHAR 観測値分布の中で，+5.40% が何処に位置するかを確認するという作業である。その結果 +5.40% は最も高い観測値から 9 番目の値であった。従って経験的 p 値は 0.009 となり，これは両側検定で 5% の有意水準でゼロとは異なると判断できる。同様のプロセスで 24 カ月 BHAR の 9.94% は 1% の有意水準でゼロとは異なり，36 カ月 BHAR の 11.19% は 5% の有意水準でゼロとは異なることがわかった。

　全サンプルでは全ての期間で，正で且つ有意な BHAR が観察されたが，市場間ではどのような特徴があるのだろうか。店頭市場から東証 1 部への移動についてはサンプル数が 30 前後と少ないので，大幅な上昇を示した銘柄に強い影響を受けている可能性がある。この事から，12 カ月では有意な正

表5-4 日本の上場変更企業のPost-Listing Return

パネルA		サンプル数	サンプル企業の各年のABHR	RPの各年のABHR	BHAR	経験的p値
全体	1年目	616	-1.59%	-6.99%	5.40%	0.009**
	2年目	515	7.60%	3.16%	4.44%	0.051
	3年目	430	10.55%	10.34%	0.20%	0.443
東証2部から東証1部	1年目	345	-6.52%	-9.90%	3.38%	0.042**
	2年目	329	3.74%	0.92%	2.82%	0.108
	3年目	290	7.09%	7.55%	-0.46%	0.494
店頭から東証2部	1年目	239	7.95%	-0.85%	8.80%	0.017**
	2年目	157	14.11%	11.81%	2.29%	0.286
	3年目	112	20.89%	17.11%	3.78%	0.203
店頭から東証1部	1年目	32	-19.66%	-21.50%	1.84%	0.354
	2年目	29	16.19%	-18.30%	34.50%	0.0001***
	3年目	28	5.00%	12.24%	-7.24%	0.222

パネルB		サンプル数	サンプル企業の複利で計算したBHR	RPの複利で計算したBHR	BHAR	経験的p値
全体	12カ月	616	-1.59%	-6.99%	5.40%	0.009**
	24カ月	515	5.89%	-4.05%	9.94%	0.003***
	36カ月	430	17.06%	5.87%	11.19%	0.02**
東証2部から東証1部	12カ月	345	-6.52%	-9.90%	3.38%	0.042*
	24カ月	329	-3.03%	-9.07%	6.04%	0.027*
	36カ月	290	3.84%	-2.21%	6.05%	0.082
店頭から東証2部	12カ月	239	7.95%	-0.85%	8.80%	0.017**
	24カ月	157	23.18%	10.86%	12.32%	0.048*
	36カ月	112	48.91%	29.83%	19.08%	0.04*
店頭から東証1部	12カ月	32	-19.66%	-21.50%	1.84%	0.354
	24カ月	29	-6.65%	-35.86%	29.22%	0.005***
	36カ月	28	-1.98%	-28.01%	26.04%	0.041*

(注) 上場変更後1年目,2年目,3年目の各年毎のBHAR(パネルA)と,1年目のABHRに2年目のABHRを掛けて算出した複利の2年間BHR,更に3年目のABHRを掛けて算出した複利の3年間BHRを基準に計算したBHARを示す(パネルB)。*,**,***は各々両側10%,5%,1%の有意水準でBHAR≠0である事を示す。

のBHARは観察されず，24カ月で大きな正のBHARが発生している。店頭市場から東証2部へ上場変更したものや，東証2部から東証1部へ上場変更したものは総じて正のBHARを示しており，そのほとんどが有意な結果となっている。

5-4-3　業種別で測定したPost-Listing Return

ある特定の業種が突出して上昇し，概ねそれ以外の業種についてはPost-Listing Negative Driftが発生している可能性もある。従って業種別のBHARを確認しておく必要がある。筆者は東証33業種分類に従ってサンプル企業を分類し，上位10業種とその他業種のBHARを観察した。小売業が銘柄数では最も多く，12カ月，24カ月で有意な正の超過リターンが観測されている。またその他金融業についても12カ月で有意な正の超過リターンが観察されている。一方，建設セクターについては，36カ月で有意に負の超過リターンが発生している。全業種を概観してみると，半分以上の業種で正の超過リターンが発生しており，突出した業種が多くの業種のPost-Listing Negative Driftを覆い隠しているわけではないということが確認できた。

5-4-4　東京証券取引所の規制緩和以前と以後のPost-Listing Returnの比較

1998年8月の上場要件の緩和が，上場変更企業の株価にどのような影響があるのかを調査するために，上場要件緩和前の10年間で上場変更したサンプル企業と，緩和後3年間のサンプル企業の長期パフォーマンスを比較した。(図表5-5)は上場変更した企業のサンプルを1989年3月から1999年7月までのサンプルと，1999年8月から2002年12月までのサンプルに分割し，それぞれ1年目，2年目，3年目の年間BHAR及び，12カ月，24カ月，36カ月のBHARを求めたものである。緩和以前のサンプルでは，12カ月，24カ月，36カ月のBHARはそのどれもが二桁の大きな値を示し，1%の水準で統計的に有意であった。また2年目や3年目だけの年間BHARを見ても7.23%，3.9%といずれもプラスであった。2年目の年間BHARや3年目の年間BHARは統計的に有意ではないものの，上場後2年経過後の3年目の

1年間でさえベンチマークを大幅に上回るということは，当該企業群が高い成長を継続していると考えられる。これらの数値から，厳しい審査をパスして上場変更した企業群は上場変更後も非常に高いパフォーマンスを示すことが理解できよう。

一方，上場要件緩和後のサンプルでは対称的な結果となった。12カ月，24カ月，36カ月のいずれのBHARも負となったのである。統計的に0と有意には異ならないが，規制緩和以前の大幅にプラスの超過リターンが，一切観察されないのは興味深い結果である。年別のパフォーマンスを比較しても，1年目と3年目にベンチマークを下回っている。上場審査が緩くなった結果，上場後の企業のパフォーマンスが悪化したのかもしれない。

表5-5　上場要件の緩和以前と以後のパフォーマンス比較

緩和以前		サンプル数	サンプル企業のBHR	RPのBHR	BHAR	経験的p値
各年毎のABHR	1年目	304	11.93%	-2.82%	14.75%	0.003***
	2年目	262	9.91%	2.68%	7.23%	0.06
	3年目	246	7.69%	3.79%	3.90%	0.149
複利計算したBHR	1年	304	11.93%	-2.82%	14.75%	0.003***
	2年	262	23.02%	-0.21%	23.23%	0.001***
	3年	246	32.48%	3.57%	28.91%	0.002***

緩和以後		サンプル数	サンプル企業のBHR	RPのBHR	BHAR	経験的p値
各年毎のABHR	1年	312	-14.76%	-11.06%	-3.70%	0.124
	2年	253	5.21%	3.65%	1.55%	0.235
	3年	184	14.37%	19.10%	-4.73%	0.159
複利計算したBHR	1年	312	-14.76%	-11.06%	-3.70%	0.124
	2年	253	-10.32%	-7.81%	-2.51%	0.445
	3年	184	2.56%	9.80%	-7.24%	0.223

(注)　上場変更後1年目，2年目，3年目の各年毎のBHARと，1年目のABHRに2年目のABHRを掛けて算出した複利の2年間BHR，更に3年目のABHRを掛けて算出した複利の3年間BHRを基準に計算したBHARを，1999年8月の上場要件緩和以前と以後で比較したものである。*，**，***は各々両側10%，5%，1%の有意水準でBHAR≠0である事を示す。

5-4-5　コントロールファームをベンチマークとして測定したPost-Listing Return

　図表5-6は，業種，規模，簿価時価比率の3つを基準としてコントロールファームを選択した場合の超過リターンの動向である。全サンプルの動向は太い実線で示しており，点線は1999年8月の規制緩和以前に上場変更したサンプルの超過リターンを表している。また細い実線は規制緩和以後のサンプルである。この図から明らかなように，日本市場では業種をコントロールしても，未だにプラスの超過リターンが観察されるのである。特にこの傾向は規制緩和以前のサンプルについて顕著である。規制緩和前のサンプルでそれぞれ15％前後の超過リターンが発生しているのに対して，規制緩和後のサンプルでは－5％を超える負の超過リターンが発生しているのである。

　図表5-7は，業種を考慮せず，規模と簿価時価比率の2つを基準としてコントロールファームを選択した場合の超過リターンの動向である。図表5-6と同様に太い実線は全サンプル，点線は規制緩和以前のサンプル，細い実線は規制緩和以後のサンプルである。業種をコントロールした場合よりも，規制緩和後のサンプルで下落率が多少小さくなる等の変化は認められるが，基本的には図表5-6とほぼ同様な結果になっている。

　次に，規制緩和によって撤廃された1株当りの収益（EPS）をコントロールしてみる。図表5-8は規模，簿価時価比率，EPSの3つをコントロールしたものである。この場合もやはり規制緩和前のサンプルでは36カ月で13％程度の正の超過リターンが観察され，それに対して規制緩和後のサンプルでは2％程度の超過リターンが見られるだけであった。図表5-9は業種，規模，簿価時価比率，EPSの4つをコントロールしたが，結果は図4よりも顕著に正の超過リターンが観察された。規制緩和前のサンプルで21％超の超過リターンが見られ，規制緩和後のサンプルでは2％程度の超過リターンが見られたのである。このようにEPSをコントロールしても，米国で報告されたPost-Listing Negative Driftとは様相を異にしている。日本市場の実証結果からは，米国で報告されたような長期間に互って下落し続けるという現象は，コントロールファームをベンチマークとしても確認できなかったのである。

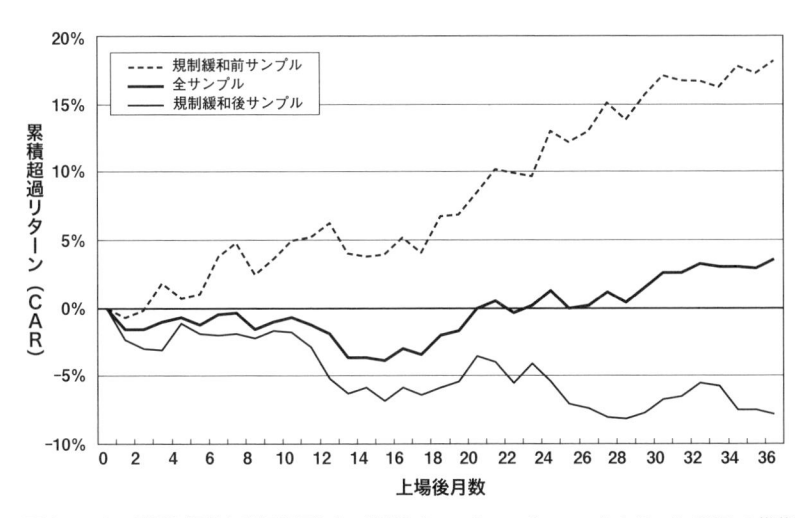

第5章 上場変更と株価の長期パフォーマンスについて | 163

図表 5-6 業種と規模と時価簿価比率で選択したコントロールファームを用いた CAR の推移

(注) 業種, 規模, 簿価時価比率の3段階で市場ユニバースから1社を選択し, その差を超過リターンとしてプロットしたもの。太い実線は全サンプル, 点線は規制緩和以前のサンプル, 細い実線は規制緩和以後のサンプルについて算出したものである。

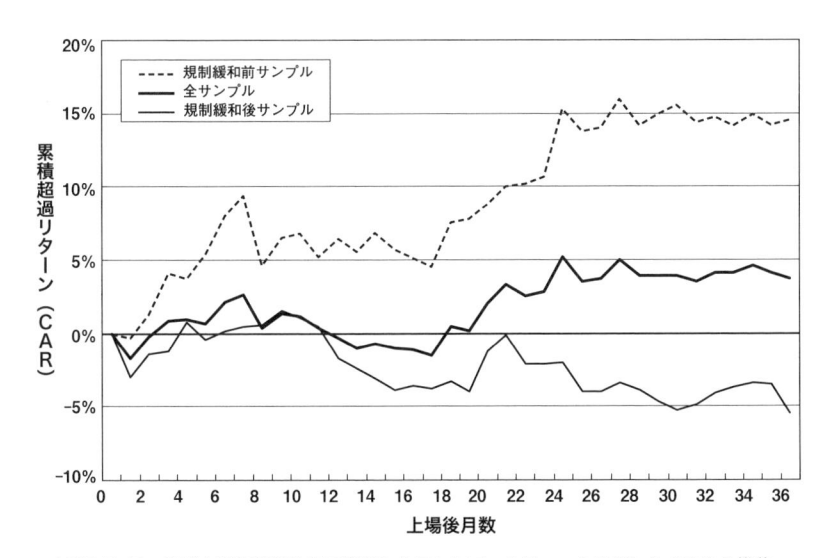

図表 5-7 規模と時価簿価比率で選択したコントロールファームを用いた CAR の推移

(注) 規模, 簿価時価比率の2段階で市場ユニバースから1社を選択し, その差を超過収益率としてプロットしたもの。太い実線は全サンプル, 点線は規制緩和以前のサンプル, 細い実線は規制緩和以後のサンプルについて算出したものである。

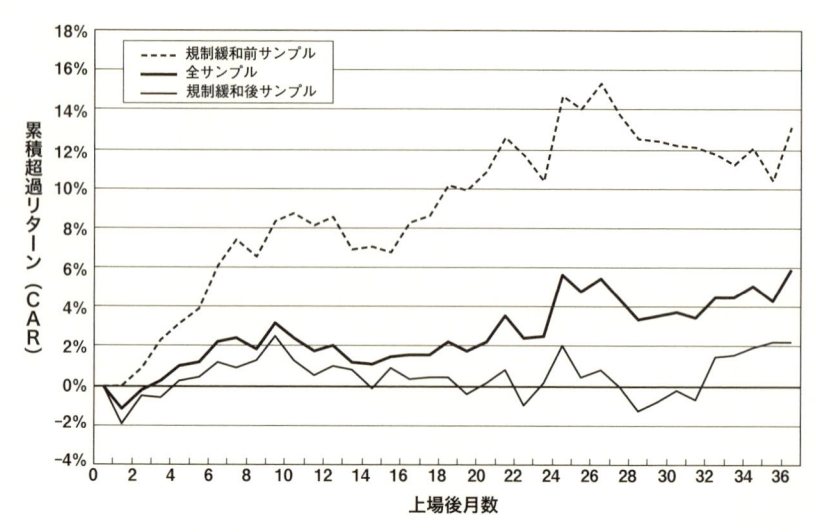

図表 5-8　規模，時価簿価比率，EPS で選択したコントロールファームを用いた CAR の推移

（注）規模，簿価時価比率，EPS の 3 つの基準で市場ユニバースから 1 社を選択し，その差を超過収益率としてプロットしたもの。太い実線は全サンプル，点線は規制緩和以前のサンプル，細い実線は規制緩和以後のサンプルについて算出したものである。

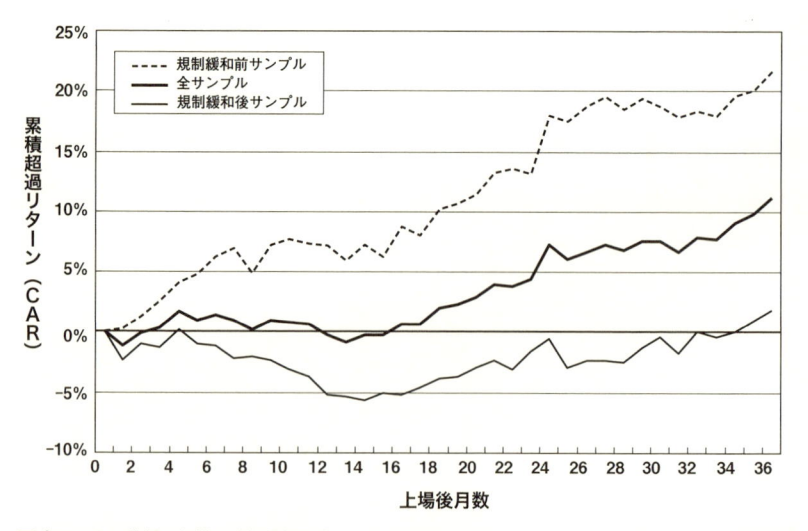

図表 5-9　業種，規模，時価簿価比率，EPS で選択したコントロールファームを用いた CAR の推移

（注）業種，規模，簿価時価比率，EPS の 4 つの基準で市場ユニバースから 1 社を選択し，その差を超過収益率としてプロットしたもの。太い実線は全サンプル，点線は規制緩和以前のサンプル，細い実線は規制緩和以後のサンプルについて算出したものである。

5-5　結論

　本章の主たる目的は，Dharan and Ikenberry（1995）の提唱しているPost-Listing Puzzleに対する彼らの解答であるところの，Managers' Opportunism仮説を日本市場で検証することにある。米国に比べて顕著なヒエラルキー構造を持つ日本市場では，経営者がより高いレベルの市場へ上場変更する強いインセンティブを持つ。即ち，日本ではManagers Opportunismの介在する余地が大きいと考えることができる。筆者の当初の予想では，このような環境下にある日本企業の上場変更サンプルで同様の分析をすれば，米国よりも強いPost-Listing Negative Driftが観察されるだろうというものであった。長期の株価リターンを分析する場合，累積超過収益率（CAR）よりもBuy and Hold Abnormal Return（BHAR）を用いるべきであるという，Lyon and Barber and Tsai（1999）らの研究に触れながらも，CARでも超過リターンを算出したのは，Dharan and Ikenberry（1995）との差異を小さくし，できるだけ同じ土俵で比較検討するためである。こうして，米国の実証研究と同様の手法で分析した結果，当初の予想と全く反対の株価動向を示すことが明らかになった。日本市場ではManagers' Opportunismは見られず，むしろ上場変更企業は新市場への上場後に更に上昇し，正の超過リターンをあげることが明らかとなったのである。投資家への真の利回りに近いBuy and Hold Return（BHR）を測定し，規模と簿価時価比率を考慮したレファレンスポートフォリオ（RP）をベンチマークとして計算したBHARでも結果は同様であった。12カ月，24カ月，36カ月のいずれの期間で測っても，BHARは統計的に有意にプラスなのである。日本の企業経営者たちは，より強い高位の市場への上場インセンティブを持ちながらも，その目的達成のために企業パフォーマンスが一番良いタイミングを見計らって，何とか上場させようという行動には出ていないと考えられる。日本の上場変更企業のパフォーマンスが米国とは対称的に，有意に正の超過リターンを示すのであるから，少なくとも上場変更前に良いニュースばかりを企業経営者が機会主義的に発信していたとは考えられないのである。

東京証券取引所が実施した1999年8月の規制緩和は，上場要件とその後の株価のパフォーマンスを見る上で，非常に興味深いイベントである。上場変更企業のサンプルを規制緩和以前と以後で分割して，それぞれ12カ月，24カ月，36カ月で長期超過リターンを調査したところ，規制緩和以前では非常に大きな正の超過リターンが観察され，緩和以後は全く対称的に，統計的に有意ではないものの負の超過リターンを示すようになった。この対称的な株価動向は，上場審査の厳格さが，将来の上場後のパフォーマンスを決定づけている可能性を示唆している。この点を明らかにする為に，筆者は上場審査の厳格さをコントロールした後でも超過リターンが観察されるかどうかを検証した。上場審査は定量的な基準審査と定性的な審査を併せて行われるため，その厳格さを完全にコントロールすることは困難である。しかしながら，最もハードルが高いと考えられていた1株当りの収益（EPS）基準の撤廃が，上場企業数の増加に結びついたという背景に鑑み，EPSを上場基準の厳格さの代理変数と捉え，コントロールすることにした。結果は業種，規模，簿価時価比率，EPSの全てをコントロールしてもなお，全体では緩やかな正の超過リターンが発生していることがわかった。

【注】

1)　1968年12月にNASDAQ株式市場（コンピューターセンター）の建設がコネチカット州で始まり，1971年2月8日に全米500強のマーケットメーカーの端末が市場に接続され，約2500の株式について取引が始まった。
2)　株価はサンプル企業，市場ユニバースとも配当修正後株価を使用している。
3)　サンプル企業の中には，上場変更後12カ月に満たずに買収されてしまった企業や，別の市場に移ってしまった企業が存在する。12カ月のCARとBHARを計算するために，それらの企業のリターンはRPで代替して計算している。ただし，24カ月BHARの算出サンプルとしては扱われない。たとえば，あるサンプル企業A社が東証2部に変更後11カ月で東証1部に移行してしまった場合，A社の12カ月目のリターンはA社の該当するRPのリターンを以って代替している。A社は24カ月のBHAR算出のサンプルとしては用いられない。24カ月，36カ月についても同様である。
4)　少数特定者持株数とは，持株数が上位10番目までの株主の持株，および役員の

第 5 章　上場変更と株価の長期パフォーマンスについて　｜　167

5)　Lyon, Barber and Tsai（1999）では，コントロールファームをベンチマークとして t 検定した場合と，RP をベンチマークとしてブートストラップ法の経験的 p 値を求めた場合の検定力（power）を比較している。彼らは，後者の検定力が前者と比較して常に高く，超過リターンが大きくなればなるほど検定力の差は歴然となる事を報告している。山崎（2005）は日本市場で彼らの方法論を踏襲し同様の分析を行った。その結果，日本においても米国と同じように，RP をベンチマークとしてブートストラップを行う方法の検定力の方が，コントロールファームを用いた t 検定より高いことを報告している。

6)　RP を構築する際にはまず東証 1 部で規模と簿価時価比率の各分位点を特定する。そして各々の規模及び簿価時価比率の分位点を基準に JASDAQ 銘柄と東証 2 部銘柄を割り当てる。この手法を取ることにより，規模の小さい RP がほとんど JASDAQ 銘柄や東証 2 部銘柄で埋め尽くされるという事態を回避している。

7)　Fama/French（1992,1993）では毎年 6 月末の時価総額で規模ポートフォリオを構築している。これは 12 月決算の米国企業の場合，6 月であれば規模の情報が十分に投資家に浸透していると判断されるからである。日本は 3 月決算であるため，8 月末時点で時価総額を計算することとした。

8)　Fama/French（1992,1993）では規模で 10 分割しているが，上場企業数が日本の場合は米国よりも少ないため，10 分割すると十分に RP の分散効果が確保されないという懸念がある。従って 5 分割することにした。

9)　東証 2 部や JASDAQ 銘柄は時価総額が小さいものが多いため，小規模ポートフォリオに分類される銘柄が多くなる。従って，銘柄数で見れば大規模企業ポートフォリオよりも小規模企業ポートフォリオの方が多くなる。

10)　本章では規模を表す時価総額，簿価時価比率，EPS の 3 つの項目について対数を取り，その対数値とサンプル企業の対数値を比較した。そしてそれぞれの対数値の差の合計が最も小さくなるような 1 社を選出するという方法でコントロールファームを決定している。

11)　まず業種を特定し，その業種の中から時価総額，簿価時価比率，EPS の 3 つの項目について対数を取り，その対数値とサンプル企業の対数値を比較した。そしてそれぞれの対数値の差の合計が最も小さくなるような 1 社を選出するという方法でコントロールファームを決定している。

12)　従って，擬似ポートフォリオ構築のためのランダム・サンプリングは年度開始時点ごとに行う。

【参考文献】

宇野淳・柴田舞・嶋谷毅・清水季子 (2004),「上場変更と株価：株主分散と流動性変化のインパクト」『日本銀行ワーキングペーパー』No. 04-J-03.

山崎尚志 (2005),「わが国株式市場における価格形成の効率性の検証」『神戸大学大学院経営学研究科博士論文』.

Barber, B. M, and J. D. Lyon (1997), "Detecting Long-Run Abnormal Stock Returns: The Empirical Power and Specification of Test Statistics," *Journal of Financial Economics*, 43 (3), 341–372.

Dharan, B. G., and D. L. Ikenberry (1995), "The Long-Run Negative Drift of Post-Listing Stock Returns," *Journal of Finance*, 50 (5), 1547–1674.

Fama, E. F., and K. French (1992), "The Cross-Section of Expected Stock Returns," *Journal of Finance*, 47 (2), 427–466.

Fama, E. F., and K. French (1993), "Common Risk Factors in Returns on Stocks and Bonds," *Journal of Financial Economics*, 33 (1), 3–56.

Grammatikos, T., and G. J. Papaioannou (1986), "The Informational Value of Listing on the New York Stock Exchange," *Financial Review*, 21 (4), 485–499.

Hwang, C. Y., and N. Jayaraman (1993), "The Post-Listing Puzzle: Evidence from Tokyo Stock Exchange Listings," *Pacific-Basin Finance Journal*, 1 (2), 111–126.

Ikenberry, D., J. Lakonishok, and T. Vermaelen (1995), "Market Underreaction to Open Market Share Repurchases," *Journal of Financial Economics*, 39 (2-3), 181–208.

Kadlec, G. B., and John J. McConnell (1994), "The Effect of Market Segmentation and Illiquidity on Asset Prices: Evidence from Exchange Listings," *Journal of Finance*, 49 (2), 611–636.

Kothari, S. P., and J. B. Warner (1997), "Measuring Long-Horizon Security Price Performance," *Journal of Financial Economics*, 43 (3), 301–339.

Lakonishok, J., A. Shleifer, and R. W. Vishny (1994), "Contrarian Investment, extrapolation, and risk," *Journal of Finance*, 49 (5), 1541–1578.

Lyon, J. D., and B. M. Barber, and C. L. Tsai (1999), "Improved Methods for Tests of Long-Run Abnormal Stock Returns," *Journal of Finance*, 54 (1), 165–201.

McConnell, J. J., and G. C. Sanger (1987), "The Puzzle in Post-Listing Common Stock Returns," *Journal of Finance*, 42 (1), 119–140.

McConnell, J. J., H. J. Dybevik, D. Haushalter and E. Lie (1996) "A Survey of Evidence on Domestic and International Stock Exchange Listings with Implications for Markets and Managers," *Pacific-Basin Finance Journal*, 4 (4), 347–376.

Papaioannou, G. J., N. G. Travlos, and K. G. Viswanathan (2003), "The Operating

Performance of Firms That Switch Their Stock Listings," *The Journal of Financial Research*, 26 (4), 469-486.

Sanger, G. C., and J. J. McConnell (1986), "Stock Exchange Listings, Firm Value, and Security Market Efficiency: The Impact of NASDAQ," *Journal of Financial and Quantitative Analysis*, 21 (1), 1-25.

Tse, Y. and E. Devos (2004), "Trading Costs, Investor Recognition and Market Response: An Analysis of Firms that Move from the Amex (NASDAQ) to NASDAQ (Amex)," *Journal of Banking & Finance*, 28 (1), 63-83.

Ule, M. G. (1937), "Price Movements of Newly Listed Common Stock," *Journal of Business*, 10 (4), 346-369.

Webb, G. P. (1999), "Evidence of Managerial Timing: The Case of Exchange Listings," *Journal of Financial Research*, 22 (3), 247-263.

第6章

日本株式の季節性について

　第4章では短期の株価動向から株式の需要曲線の形状が下降曲線である可能性を指摘した。需給によって株価が変動するという一般的な認識と整合的な結果である。ただし，短期的な需要曲線が一時的に下降していたとしても，長期的には株価はファンダメンタル価値に基づいて形成されているという見方を否定するものではない。これに対して第五章では，株価の長期動向から，ファンダメンタルな情報のみが株価の長期的均衡価格を規定していない可能性を指摘した。伝統的ファイナンス陣営の研究者からは，このようなアノマリーについては，モデルの不備が指摘されている。いかに多くのデータを用いて実証研究を試みたとしても，超過リターンの算出は，マーケットモデルやスリーファクターモデル，コントロールファームなどの不完全なベンチマークに依拠しており，それらのモデルに欠陥があれば，そもそもアノマリーは存在しないのに，あたかも存在するかのように検出されるという指摘である。Fama（1998）は，アノマリーの存在を安易に伝統的ファイナンスのパラダイム転換に結びつけようとする流れに対し批判的である。現実に観察されているアノマリーはベンチマークを上回るか，下回るかのどちらかであり，概ね50%・50%であるという。即ち，アノマリー全体を概観してみると，あたかも未知なる真のモデルのノイズのように見えるというのだ。アノマリーの存在を，マーケットがリスクに対するリターンという評価に失敗した事例と見るのか，あるいは，真のリスクとリターンを記述するモデルが出来上がるまでに発生するノイズだと見るのかについては，読者の判断に任せるとしよう。

　第5章では，日本株式市場の季節性について紹介する。季節性の存在については各国で広く研究されている。欧米で有名な相場の格言に，"Sell in May and go away"というものがある。株式は5月にすべて売却し，あとは債券で運用しておけばよいというこの格言は，欧米の実務家の間にも広く知られている。日本においても「株式は夏の高校野球が始まったら売れ」「3月末は高い」など実務界の一部の人間に語られる格言はあるものの，日本の季節性については欧米のそれほど一般的ではない。

　株式の季節性には二通りの解釈が可能である。伝統的ファイナンスの視点で考えるのであれば，時系列に変化するリスクプレミアムが存在するということになるだろう。たとえば，6月に決算発表が多い国であれば，決算発表までは将来に対する楽観的な業績予想から株式を高めに評価するが，その後の発表により期待はずれに終わるということが繰り返されれば，結果としてある期間季節性が生まれることは可能だ。しかし，ファンダメンタルズに基づかない季節性があるとすれば，投資家心理に起因するものかもしれない。行動ファイナンスの視点では，気候や季節によって投資家の気分も変わり，株式への評価も異なるという解釈が可能である。

　本章は神戸大学ワーキングペーパーシリーズ No. 2009-31 "The Calendar Structure in the Japanese Stock Market" をベースに加筆訂正したものである。

6-1 はじめに

株式市場の efficiency には 3 つのレベルが存在することは既に述べた通りである。その中で最も弱いレベルの efficiency（weak form efficiency）は，過去の情報をどう取り扱ったとしても未来は知ることができないというものである。株式市場が weak form で efficient であれば，過去の価格分析は意味をなさない。ところが，多くの研究によって，株価の変動には季節性（Seasonality）や暦年構造（Calendar Structure）が存在することが報告されている。たとえば，Rozeff and Kinney（1976）は 1904 年から 1974 年までの NYSE の単純平均株価指数を調べ，1 月のリターンが他の月より突出して大きいことを発見した。この発見は 1 月効果（January Effect）と呼ばれ，Keim（1983）は，小型株にこの 1 月効果が顕著に表れていることから，小型株効果（Small Firm Effect）がこの 1 月効果の影響によるものであると主張している。

一方，一週間の曜日においてもある種のパターンが存在することが明らかになっている。Cross（1973）および French（1980）は S&P500 の株価指数を用いて，曜日ごとのリターンを調査した結果，金曜日の平均リターンは高く，月曜日の平均リターンはマイナスとなることを発見した。Rogalski（1984）はこうした月曜日のマイナスのリターンが金曜日の引け値と月曜日の寄り付き値との間で生じていることを発見した。こうした影響は，一般に週末効果（Weekend Effect）と呼ばれている。[1] 週末効果に加えて，休日の前日における株式のリターンが高いことも報告されている。Ariel（1990）は，1963 年から 1982 年の期間について，休日の前日のリターンがそれ以外の日のリターンよりも有意に高いことを発見した。これを休日効果（Holiday Effect）という。更に興味深いことに，1 カ月の間にもリターンの高い週とそうでない週のパターンが存在するようだ。Ariel（1987）は，1963 年か

ら1981年までの19年間で，月の（前月の最終取引日を含む）前半9日間のbuy-and-holdリターンが，（最終取引日を除く）月後半9日間のbuy-and-holdリターンを有意に上回る月内効果（Monthly Effect）を発見し，しかも月後半9日間のリターンを19年間にわたって累積したリターンがマイナスであると驚くべき事実を報告している。

本章では日本の株式市場を対象に，1971年から2008年12月の38年間において，一年の1月から6月までの暦年上半期間のリターンが7月から12月までの暦年下半期間のリターンと比べて有意に高い現象が，長期にわたって存在することを明らかにする（この現象を「半年効果」（The Half-Year Effect）と呼ぶ）。本章の構成は以下の通りである。第2節で，TOPIXおよび東証1部単純平均などのマーケット・インデックスを用いて，日本の株式市場に長期にわたって半年効果が存在することを明らかにする。第3節では，RUSSELL/NOMURA日本株インデックスを用いて，いわゆる投資スタイルごとの半年効果の影響を調べる。ただ，第3節以降のスタイルインデックスの分析については，データの制約があるため，検証期間が1980年から2002年までとなっている。第4節は，これまで株式市場のアノマリーとして報告されている1月効果と，本章における半年効果が独立して存在する事を確認する。第5節では，1971年から2008年の長期データを用いて，日経225とTOPIXに於ける上半期効果が1月効果と独立して存在する事を検証する。第6節は，半年効果を引き起こす要因として投資家心理を取り上げ，信用取引買残高と半年効果の関係を分析する。第7節では，本章の実証結果がもつ投資戦略へのインプリケーションを論じる。

6-2　日本の株式リターンの半年効果

以下の分析では月次リターンと半年リターンの2つのリターンで検証を行う。株式を上半期に保有して，下半期には売却してしまうという戦略が有効に機能するのかどうかを，暦年上半期と下半期におけるリターンの平均の差を検定することによって検証する。また，上半期に株式市場のパフォーマン

スが良いということがどの程度偶然によるものなのかを，半年間のリターンを χ^2 検定することによって検証する。

6-2-1　月次リターンでの検証

　本章では，TOPIX および日経 225 という 2 つのマーケット・インデックスから算出した月次リターンを用いて検証を行うことにする。検証期間は，2 つのインデックス・データが共に利用可能な 1971 年 1 月から 2008 年 12 月までの 444 カ月である。[2]

　図表 6-1 および図表 6-2 は，TOPIX および日経 225 の 1-6 月の暦年上半期と 7-12 月の下半期における月次リターンの平均値である。1 月から 6 月までの暦年上半期における平均月次リターンは，検証期間全体について TOPIX および日経 225 でそれぞれ 1.03％，1.15％とプラスの値を示し，7 月から 12 月までの暦年下半期の平均月次リターンは，－0.1％，－0.1％とマイナスの値を示している。

　2 つの月次リターンについて平均の差の有意性を検定した結果，t 値はそれぞれ，2.129，2.601 であり，2 つのグループの平均値に差がないという帰無仮説を，日経 225 については 5％有意水準で棄却し，TOPIX については 1％の有意水準で棄却する。さらに全体期間を 3 つの部分期間に分割して，半年効果の存在とその有意性を検証した結果をも示している。全ての部分期間で上半期の平均リターンは下半期の平均リターンを上回っている。t 値は，6 つの部分期間の内 1 つが 1％水準，2 つが 5％水準，3 つが 10％水準で有意となった。特に注目すべき点は，バブルが崩壊し，プロのファンドマネージャー達が大きな運用損失を抱えた 1990 年以後の期間においても，TOPIX と日経 225 のどちらで見ても，上半期の月次リターンの平均はプラスとなっていることである。1990 年 1 月から 2002 年 12 月までの 156 カ月の月次リターンの平均は，2 つのインデックスについてそれぞれ，－0.598％，－0.925％とマイナスとなったが，1-6 月だけに限ればプラスであったことは驚きである。

図表 6-1　暦年上半期および下半期における平均月次リターンの比較

— TOPIX と Nikkei 225 —

	期間	上半期 (1-6) 月次リターン	標準偏差	下半期 (7-12) 月次リターン	標準偏差	差	t値	p値
Nikkei 225	1971/1〜2008/12	0.0103	0.050	-0.001	0.059	0.0110	2.129	0.017
TOPIX	1971/1〜2008/12	0.0115	0.048	-0.001	0.055	0.0126	2.601	0.005
Nikkei 225	1971/1〜1989/12	0.0207	0.038	0.007	0.046	0.0133	2.391	0.009
TOPIX	1971/1〜1989/12	0.0208	0.040	0.007	0.045	0.0136	2.402	0.009
Nikkei 225	1990/1〜2008/12	0.0000	0.059	-0.009	0.070	0.0087	1.017	0.155
TOPIX	1990/1〜2008/12	0.0022	0.054	-0.009	0.062	0.0116	1.506	0.067

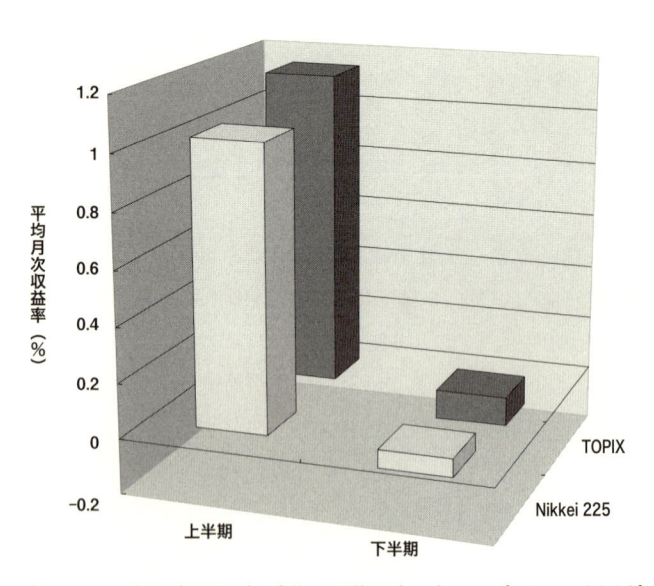

図表 6-2　暦年上半期及び下半期の平均月次リターン（1971-2008）

6-2-2　半年リターンでの検証

さらに半年効果を精査するため，上下半期のそれぞれ6カ月にわたって株式を保有し続けた場合の半年累積リターンを各年にわたって計算し，1-6月の半年リターンと7-12月の半年リターンとの間で，38年間の平均に有意な差があるかどうかの検定を行った[3]。半年間のリターンは，月次リターンに1を加えた値の，それぞれの半年間にわたる積として計算される。その結果を示したものが図表6-3である。2つの母集団について，暦年上半期と暦年下半期における平均半年リターンの差に関するt値はそれぞれ1.803および1.984であり，どのインデックスのケースでも，暦年上半期の方が下半期を有意に上回っている[4]。

6-2-3　半年効果の χ^2 検定

6-2-2で行った平均の差の検定は，半年もしくは月次の株式リターンが正規分布に従うことを前提としている。そこで半年効果の存在主張をより強固なものとするために，χ^2検定を行うことにする。仮に1年間を暦年上半期と下半期に分割すると，もし半年効果が存在していなければ，上半期の半年リターンが下半期の半年リターンを上回る確率は2分の1である。この

図表6-3　暦年上半期および下半期における平均半年リターンの比較

―日経225とTOPIX―

	period	上半期 (1-6) 6カ月累積リターン	上半期 (1-6) 標準偏差	下半期 (7-12) 6カ月累積リターン	下半期 (7-12) 標準偏差
Nikkei 225	1971/1～2008/12	0.067	0.155	−0.001	0.171
TOPIX	1971/1～2008/12	0.075	0.154	−0.001	0.177

差	t値	p値	上半期が高かった年数	χ^2
0.068	1.803	0.038	25	3.789
0.076	1.984	0.026	26	5.158

期待値と実際に観測された結果との比較によって計算される χ^2 検定の統計量は，図表6-3の最下段で示している[5]。Nikkei 225の場合，この38年間で上半期の半年リターンが下半期の半年リターンをうわまった年数は25回あり，TOPIXの場合26回である。両者の半年リターンが同一の分布から検出されるという帰無仮説は5%の有意水準で棄却される。

図表6-4は検証期間全体の月次リターンを上半期と下半期に分類して，ヒストグラムとして表したものである。この図から，上半期と下半期における平均リターンの差の存在が何らかの異常値によるものではないことは明らかである。上半期と下半期の観測値の数は同数であるため，月次リターンに対する2つの分布の形状を直接比較することが可能である。この分布を比較すると，2つの分布の両裾は同じように思われる。したがって，平均が異なっているのは，2つの母集団における分布の中央部での形状の差異に起因すると結論付けることができる[6]。

6-3 株式市場のアノマリーと半年効果

6-2によって存在が確認された半年効果は，TOPIXよりも東証1部単純平均株価で計測したリターンについてより顕著に見られる。Banz (1981) およびReinganum (1981) は，ベータリスクを調整した後でも企業規模間で株式リターンに大きな差が出たことを報告しており，榊原 (1983) はいち早く日本の株式市場にも同様の効果が見られることを報告している。時価加重平均値としてのTOPIXよりも単純平均値としての東証1部単純平均株価の方により顕著に半年効果が発現していることは，半年効果は大型株よりも小型株において顕著に見られるのではないかという推測が成り立つ。

さらに小型株効果以外のCAPMアノマリーとして，ヴァリュー株効果がよく知られている。平均リターンがB/Mと正の相関関係にあることは，Stattman (1980) やRosenberg, Reid, and Lanstein (1985) などで報告されており，Chan, Hamao, and Lakonishok (1991) は，日本株式市場においても簿価時価比率がクロス・セクションでの平均リターンの有意な説明変

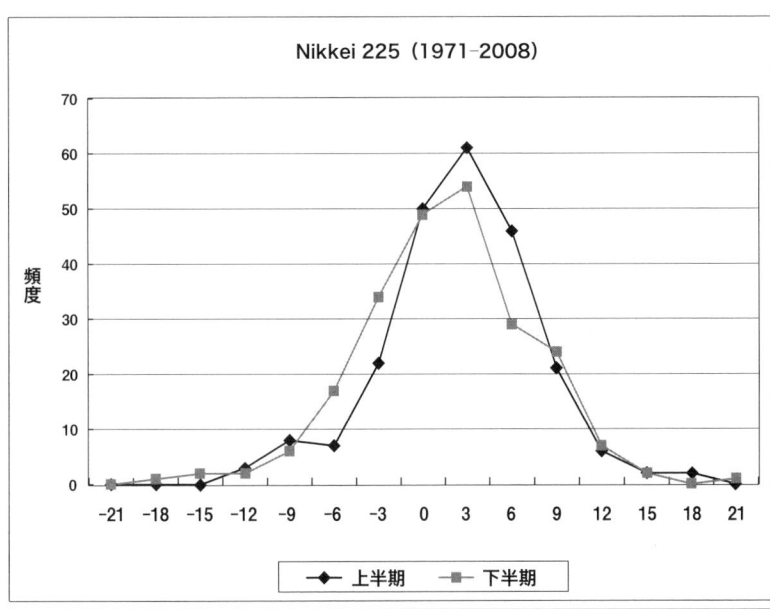

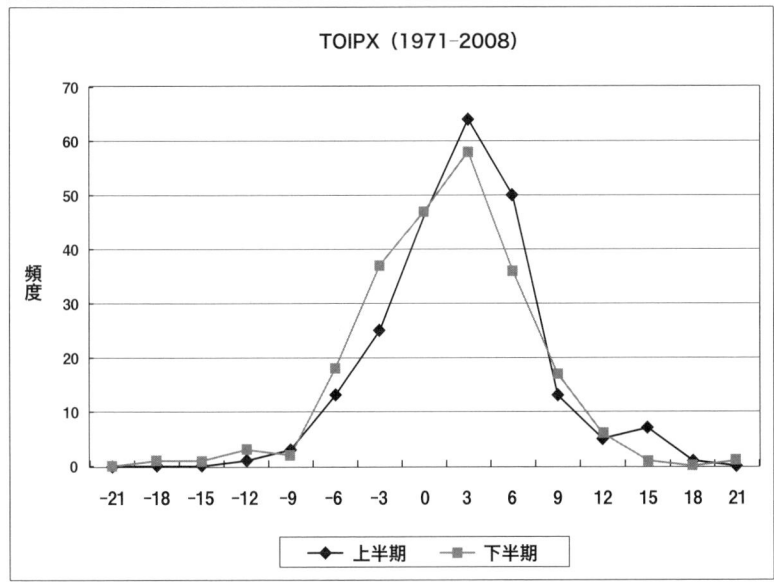

図表6-4 暦年上半期および下半期における月次リターンのヒストグラム

数であることを立証している。

本節では，RUSSELL/NOMURA 日本株インデックスの大型，中型，小型の３つの規模別指数およびヴァリュー株指数とグロース株指数のデータを用いて，半年効果との関連を検証した[7]。検証期間は，データ入手可能期間の 1980 年 1 月から 2002 年 12 月までである。

6-3-1　企業規模と半年効果

図表 6-5 は，B/M 別，規模別，および規模と B/M で分類された 6 個のカテゴリー別の上半期と下半期の月次リターンを比較したものである。図表 6-6，図表 6-7 及び図表 6-8 はそれらを図示したものである。全ての規模別ポートフォリオにおいて，上半期の月次リターンは下半期の月次リターンを上回っている（規模別に「総計」欄を参照）。ただし有意性の検定では，3 つの規模グループ間で顕著な差が見られる。すなわち最も時価総額の高い大型株グループでは，検証期間全体および部分期間のいずれにおいても有意差は無かった。ただし，上半期の平均月次リターンが下半期のそれよりも高いというリターンの大小関係は依然として存在している。他方，中型株グループと小型株グループに関しては共に，全体期間で，1％の有意水準で半年効果は存在しないという帰無仮説が棄却される。部分期間Ⅰについては，中小型株の 2 つの規模グループ共に，5％有意水準で帰無仮説は棄却される。さらに部分期間Ⅱについては，中型株グループが 5％，小型株グループが 1％の有意水準で棄却された。

以上より，どの企業規模のグループでも，上半期の平均月次リターンが下半期の平均月次リターンを上回っており，しかも企業規模が小さいほど半年効果の影響は顕著に見られることが分かる[8]。

6-3-2　簿価／時価比率と半年効果

これまで見てきたように，ヴァリュー株，グロース株共に上半期のリターンが下半期のリターンを上回っている。しかし，半年効果は特にヴァリュー株において顕著であるということができる。図表 6-5（総計欄のヴァリューおよびグロースの列を参照）が示すように，ヴァリュー株は，全体期間で

図表6-5 RUSSELL/NOMURA日本株インデックスを用いた企業規模・B/M別による暦年上半期および下半期の平均リターンの比較

	総計 バリュー	総計 グロース	大型株 総計	大型株 バリュー	大型株 グロース	中型株 総計	中型株 バリュー	中型株 グロース	小型株 総計	小型株 バリュー	小型株 グロース
全体期間：1980-2002											
上半期平均月次リターン	1.565%	0.719%	0.821%	1.266%	0.444%	1.401%	1.696%	0.997%	1.916%	2.191%	1.512%
下半期平均月次リターン	-0.234%	-0.275%	0.078%	0.097%	0.054%	-0.364%	-0.351%	-0.392%	-0.984%	-0.913%	-1.034%
t値	2.790	1.476	1.060	1.644	0.530	2.817	3.080	2.106	4.207	4.463	3.510
(p値)	(0.003)	(0.071)	(0.145)	(0.051)	(0.298)	(0.003)	(0.001)	(0.018)	(0.000)	(0.000)	(0.000)
部分期間I：1980-1989											
上半期平均月次リターン	2.699%	1.585%	1.883%	2.419%	1.369%	2.435%	2.927%	1.850%	2.476%	2.924%	1.984%
下半期平均月次リターン	1.381%	0.955%	1.312%	1.548%	1.108%	1.088%	1.279%	0.842%	1.013%	1.213%	0.807%
t値	1.698	0.854	0.599	0.852	0.271	2.025	2.121	1.474	2.313	2.585	1.710
(p値)	(0.046)	(0.197)	(0.275)	(0.198)	(0.394)	(0.023)	(0.018)	(0.072)	(0.011)	(0.005)	(0.045)
部分期間II：1990-2002											
上半期平均月次リターン	0.692%	0.052%	0.004%	0.379%	-0.267%	0.606%	0.749%	0.342%	1.485%	1.628%	1.149%
下半期平均月次リターン	-1.476%	-1.221%	-0.871%	-1.020%	-0.756%	-1.481%	-1.606%	-1.341%	-2.520%	-2.549%	-2.450%
t値	2.307	1.234	0.892	1.462	0.462	2.177	2.401	1.638	3.681	3.852	3.141
(p値)	(0.011)	(0.110)	(0.187)	(0.073)	(0.322)	(0.016)	(0.009)	(0.052)	(0.000)	(0.000)	(0.001)

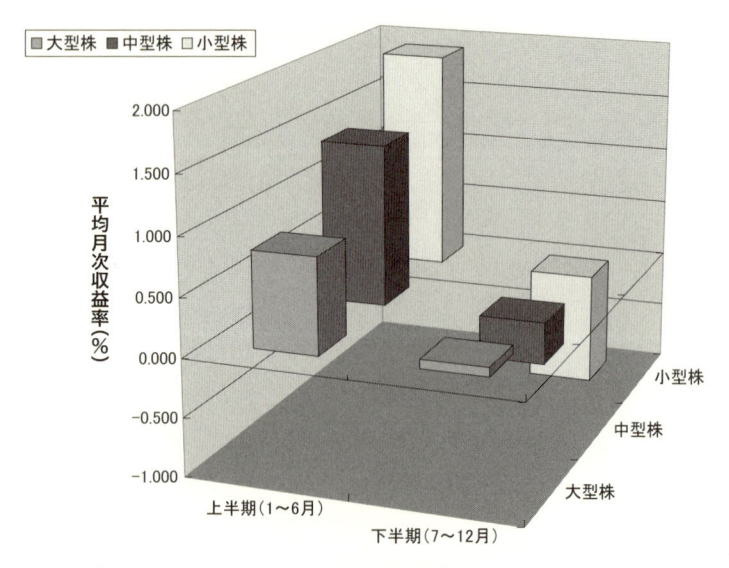

図表 6-6　RUSSELL/NOMURA 日本株インデックスを用いた
企業規模別による暦年上半期及び下半期の平均月次リターン（1980-2002）

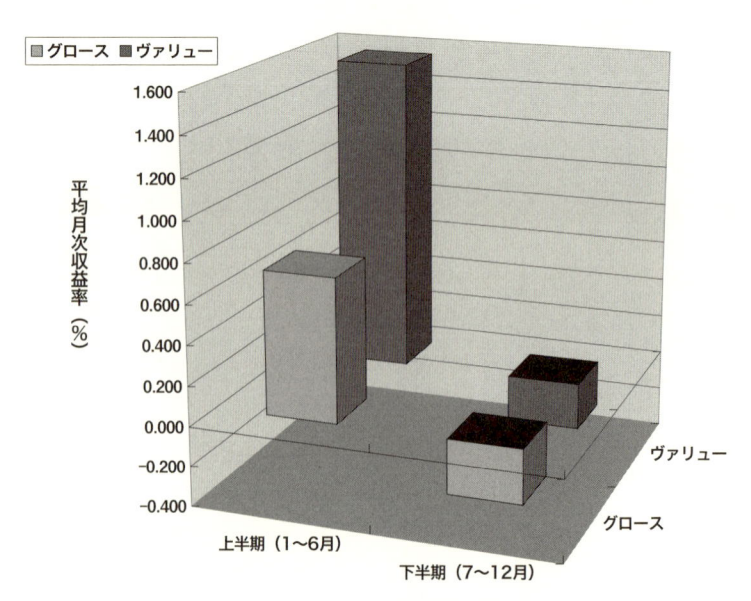

図表 6-7　RUSSELL/NOMURA 日本株インデックスを用いた
B/M 別による暦年上半期及び下半期の平均月次収益率（1980-2002）

図表6-8 RUSSELL/NOMURA 日本株インデックスを用いた
企業規模・B/M別による暦年上半期及び下半期の平均月次収益率（1980-2002）

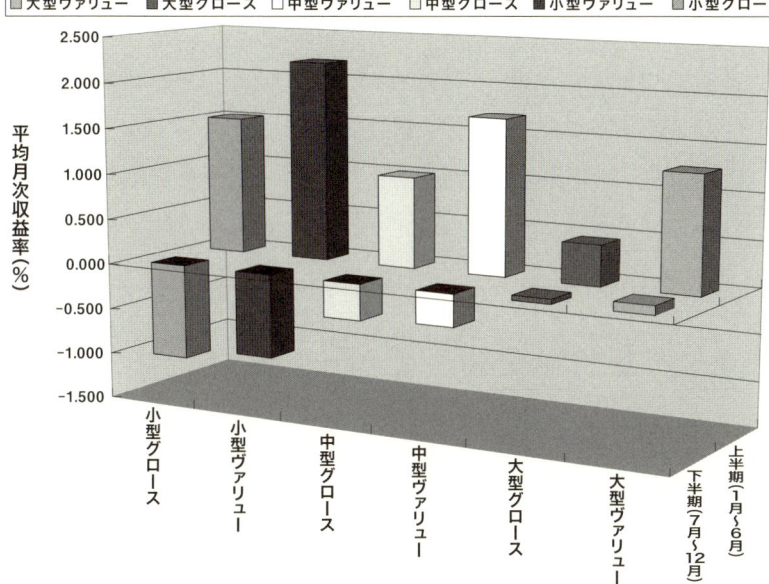

1%の有意水準，2つの部分期間で5%の有意水準で，上半期と下半期の平均月次リターンが等しいという帰無仮説が棄却される。しかし，グロース株は，全体期間では10%の有意水準で帰無仮説が棄却されたが，2つの部分期間に関しては棄却すらできなかった。ただ，2つの部分期間において，上半期の平均リターンが下半期の平均リターンよりも大きいという関係は存在していた。これらの事実から，中小型株を中心にヴァリュー株効果とは独立に半年効果が存在すると推測される。

6-3-3　企業規模および簿価／時価比率と半年効果

図表6-8が示すように，企業規模（大型株，中型株，小型株）とB/M（ヴァリュー，グロース）で株式を分類した6つのカテゴリーの全てにおいて，上半期の平均リターンは下半期の平均リターンを上回っていることが分かる。

有意性の検定結果は図表6-5（大型株，中型株，小型株の欄のヴァリューおよびグロースの列を参照）に示されている。大型株より小型株の方が，さ

らにはグロース株よりヴァリュー株の方が，半年効果の影響が強かったというこれまでの発見を受けて，小型ヴァリューに分類される株式グループにおいて上半期と下半期のリターンの差は最も大きい（1%水準で有意）。以下，小型グロース（1%水準で有意），中型ヴァリュー（1%水準で有意），中型グロース（5%水準で有意），大型ヴァリュー（10%水準で有意），大型グロースの順にリターンの差が小さくなっていった。

6-4　半年効果は1月効果と独立して存在するか

　前節によると，半年効果は大型株よりも小型株の方に強く見られた。Keim（1983）が小型株と大型株のリターンの差は1月においてのみ顕著だと主張したことにより，1月効果（January Effect）ないし年度替り効果（Turn-of-the-Year Effect）と呼ばれるようになった。Kato and Schallheim（1985）は，日本株式市場においても1月効果が見られることを報告している。したがって，半年効果も単に1月効果の代理変数に過ぎず，1月効果の影響を取り除けばこの半年効果は消滅してしまうかもしれない。そこで本節では，1月を除く2-6月期の平均月次リターンと下半期の平均月次リターンとの間の有意差の存在を調査することで，1月効果と半年効果が独立して存在するかどうかを検証する。データは，これまで用いたRUSSELL/NOMURA日本株インデックスである。

　図表6-9は1月を除く2-6月期の平均月次リターンと，下半期の平均月次リターンに有意差があるかどうかを検定した結果のt値とp値（括弧内）を要約したものである。全体期間（1980-2002）については，大型株全体と大型グロースの2つのカテゴリーを除く全てにおいて，有意水準に違いはあるものの一様に帰無仮説は棄却されている。他方，2つの部分期間をみると，部分期間Ⅰでは中型ヴァリューと小型ヴァリューで，部分期間Ⅱでは大型グロースを除く全てのカテゴリーで，半年効果が存在し続けている。

　したがって，1月を除いた場合の半年効果は，1月を含めた場合の半年効果と比べるとその程度は若干小さくなっているが，半年効果は依然として1

図表6-9 企業規模・ヴァリュー/グロース別による2-6月期および下半期の平均リターンの比較

	総計 ヴァリュー	総計 グロース	大型株 総計	大型株 ヴァリュー	大型株 グロース	中型株 総計	中型株 ヴァリュー	中型株 グロース	小型株 総計	小型株 ヴァリュー	小型株 グロース
\multicolumn{12}{c}{全体期間：1980-2002}											
2-6月平均月次リターン	1.441%	0.666%	0.808%	1.233%	0.437%	1.249%	1.510%	0.897%	1.667%	1.922%	1.295%
下半期平均月次リターン	-0.234%	-0.275%	0.078%	0.097%	0.054%	-0.364%	-0.351%	-0.392%	-0.984%	-0.913%	-1.034%
t値	2.488	1.322	0.987	1.509	0.493	2.459	2.705	1.833	3.711	3.958	3.049
(p値)	(0.007)	(0.094)	(0.162)	(0.066)	(0.311)	(0.007)	(0.004)	(0.034)	(0.000)	(0.000)	(0.001)
\multicolumn{12}{c}{部分期間I：1980-1989}											
2-6月平均月次リターン	2.429%	1.202%	1.643%	2.285%	1.035%	2.080%	2.569%	1.511%	1.989%	2.417%	1.524%
下半期平均月次リターン	1.381%	0.955%	1.312%	1.548%	1.108%	1.088%	1.279%	0.842%	1.013%	1.213%	0.807%
t値	1.284	0.318	0.328	0.675	-0.071	1.418	1.598	0.914	1.486	1.755	0.997
(p値)	(0.101)	(0.375)	(0.372)	(0.250)	(0.472)	(0.080)	(0.056)	(0.181)	(0.070)	(0.041)	(0.160)
\multicolumn{12}{c}{部分期間II：1990-2002}											
2-6月平均月次リターン	0.680%	0.255%	0.165%	0.423%	-0.024%	0.610%	0.695%	0.425%	1.420%	1.541%	1.118%
下半期平均月次リターン	-1.476%	-1.221%	-0.871%	-1.020%	-0.756%	-1.481%	-1.606%	-1.341%	-2.520%	-2.549%	-2.450%
t値	2.199	1.344	1.000	1.430	0.654	2.080	2.266	1.610	3.500	3.675	2.953
(p値)	(0.015)	(0.091)	(0.159)	(0.078)	(0.257)	(0.020)	(0.012)	(0.055)	(0.000)	(0.000)	(0.002)

月効果とは独立に存在する。

6-5 2008年までの半年効果の確認

データの制約からスタイルインデックスでの検証は1980年から2002年までに限定された。半年効果が1月効果とは独立に存在していることを日経225とTOPIXを用いて，38年間のデータで確認しておくことにする。図表6-10に示すのは1月を除く1971年から2008年までのデータを用いて上半期と下半期を比較したものである。したがって，上半期には2月から6月までの5カ月間が含まれ，下半期は7月から12月までの6カ月間が含まれる。

全体期間では，日経225が5カ月間の上半期に平均月次0.9％のリターンを獲得し，下半期には平均で-0.1％の負のリターンとなっている。平均値の差の検定においては，5％の有意水準で上半期と下半期の平均リターンが等しいという帰無仮説を棄却する。TOPIXは上半期に1％，下半期に-0.1％となっており，同様に5％の有意水準で上半期と下半期の平均リターンが等しいという帰無仮説を棄却する。バブル崩壊までの1989年までと崩壊以降の比較においては，日経225とTOPIX双方の指数について上半期効果は薄れている傾向が読み取れる。しかしTOPIXにおいては，バブル崩壊後においてさえ，10％の有意水準で上半期効果が存在しないという帰無仮説を棄却する。バブル崩壊期であるから，指数の大幅下落が続いている状況である。そのなかでも，日経225についてはほぼフラット，TOPIXにおいては上半期にプラスの平均リターンを示しているのは驚きである。バブル崩壊期は標準偏差が高くなっていることから，有意差が検出されにくいという事情があることを考え併せると，1月効果とは独立に半年効果が確認できたといえるだろう。

図表 6-10　1月を除く上半期平均月次リターンとの比較

—日経 225 と TOPIX —

	1月を除く期間	1月を除く上半期 (2-6) 月次リターン	標準偏差	下半期 (7-12) 月次リターン	標準偏差	差	t 値	p 値
Nikkei 225	1971/2～2008/12	0.009	0.050	-0.001	0.059	0.009	1.692	0.046
TOPIX	1971/2～2008/12	0.010	0.048	-0.001	0.055	0.011	2.243	0.013
Nikkei 225	1971/2～1989/12	0.017	0.039	0.007	0.046	0.010	1.686	0.047
TOPIX	1971/2～1989/12	0.017	0.040	0.007	0.045	0.010	1.663	0.049
Nikkei 225	1990/2～2008/12	0.000	0.059	-0.009	0.070	0.008	0.936	0.175
TOPIX	1990/2～2008/12	0.004	0.054	-0.009	0.062	0.013	1.588	0.057

6-6　投資家心理と半年効果

6-6-1　なぜ半年効果が発生するのか

　半年効果を引き起こしている要因は何であろうか。まず，株価を押し上げる要因となるニュースが上半期に集中して発生することが考えられる。たとえばそのような要因の1つとして企業業績があるが，1年を通して上半期に企業は利益を獲得し，下半期には利益を獲得しないということが長期間にわたって繰り返し起こりうるのだろうか。グッド・ニュースが上半期にもっぱら発生するということは常識的にみて考えにくい。また，上半期にはほとんどの企業の年次決算発表が，下半期には中間決算発表があるが，年次決算発表はグッド・ニュース，中間決算発表はバッド・ニュースというパターンがいつも成り立つとも考えにくい。バブルがはじけて芳しくない年次決算発表が相次いだ 1990-2002 年についても半年効果は存在している。

　本研究では，この半年効果という現象が起こる原因を投資家の心理に求めてみた。新年度に入ると，人々はフレッシュな気持ちで前向きにスタートするものである。新年度入りは投資家の心理に良い影響を与えると考えた方が良いかもしれない。我々は2つの新年度入りを経験する。一つは1月1日のハッピー・ニュー・イヤーである。この影響を仮に新暦年効果（New

Calendar Year Effect）と呼ぶ。

さらに，日本はほとんどの企業が3月に決算を行っており，国も企業も4月に会計年度の新年度入りを迎える。したがって，新暦年効果と類似した現象が，4月に投資家の心理に作用していることが考えられる。これを仮に新会計年度効果（New Fiscal Year Effect）と呼ぶ。

図表6-11は，TOPIXおよび東証1部単純平均の1970年から2002年までの期間における月次リターンの月別平均である。月別リターンは上半期に高く，その中でも特に2つのインデックスに共通してリターンが高いのは，1月と4月である。したがって，1月から3月に新暦年効果の影響を受け，4月から6月に新会計年度効果の影響を受けた結果，日本の株式市場は上半期のリターンが高くなったと考えられる。

日本では，1月効果の他にも6月効果といった季節効果が報告されている。しかし図8を見る限りでは，6月はもはや1年を通して特に高いリターンを示す月ではなくなっている。どの月が高いリターンを示すかは，調査期間が異なれば異なる結果を示す。しかし，半年効果はリターンの高い月が変化しようとも頑健に存在する効果であることが分かる。

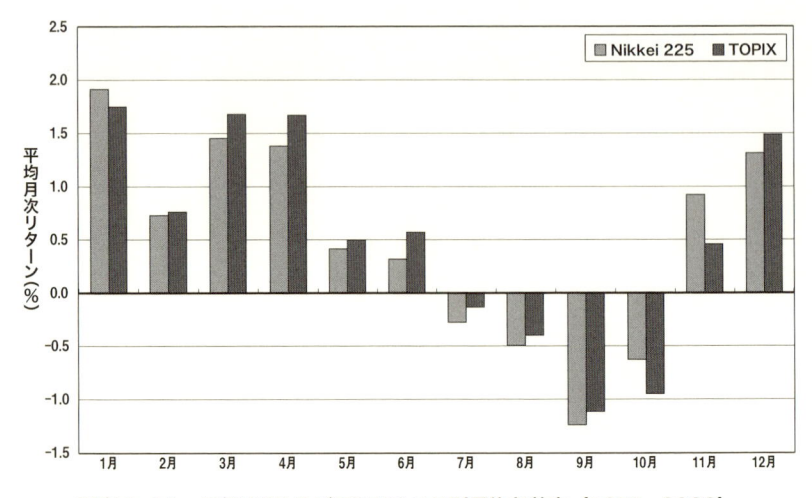

図表6-11　日経225及びTOPIXの月別平均収益率（1971-2008）

6-6-2 信用取引残高による検証

半年効果は2つの新年度入りに伴う投資家心理の反映であるという主張も定性的ステートメントに過ぎない。本節では，投資家心理，特に個人投資家のそれを反映した株式取引といわれる信用取引残高（買残高）に注目し，半年効果の定量的裏付けを行った。信用取引の買残高が増大すれば当面の相場は強気となる。そのため，毎週発表される買残高の週次変化率をとって月別に累積することで，投資家心理の強弱を読み取ることができる。信用取引買残高は個人投資家の心理的な影響に左右されやすいと言われている。そのため，この数値が1-6月に高い値を示し7-12月に低くなるならば，個人投資家の心理が半年効果の説明要因の1つとなる可能性がある。

図表6-12は，1973年1月から2002年12月[9]までの各月の平均信用取引買残高の変化率を示している。この図を見ると，1月から6月までの全ての月で変化率はプラスの値を示しているが，下半期では7月は若干プラスとなっているものの，8月から12月まではマイナスの変化率となっている。図表6-11と比較すると，信用取引買残高は半年効果が示すリターンの動きと同調した変動をしていることが分かる。こうした結果は，半年効果が投資家，特に個人投資家の心理的影響によるものであるという本研究の仮説を裏付けている。

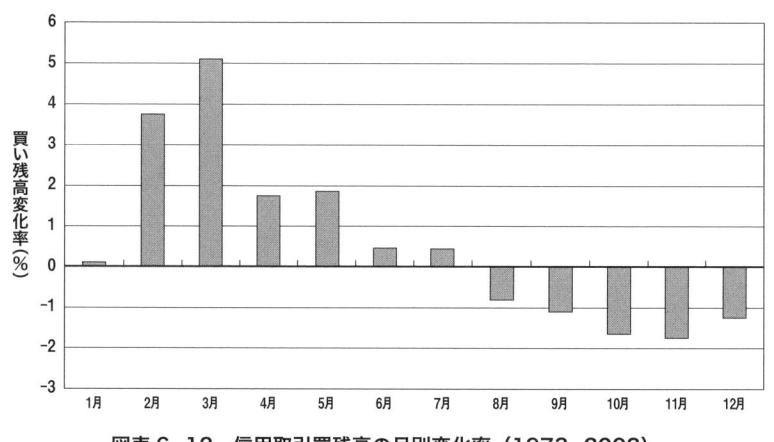

図表6-12 信用取引買残高の月別変化率（1973-2002）

6-7　半年効果の投資戦略へのインプリケーション

　兵庫県の丹波篠山地方には，半年間働いて残りの半年は寝て暮らすと謡う「デカンショ節」という民謡がある。1月から6月までの半年間に株式投資を行い，7月から12月までの半年間は現金で保有するという，まさにデカンショ節で謡われているような投資戦略を用いると高い投資成果が得られそうである。実際にシミュレーションを行うと，株価が大幅に下落したバブル崩壊後の90年代以降で大きな成果を上げていることが分かった。1990年1月から2002年12月までの半年リターンは，TOPIXおよび東証1部単純平均でそれぞれ，−64.74％，−82.94％と大幅なマイナスとなっていたのに対して，同期間の「デカンショ節投資戦略」はTOPIXで−3.47％とマイナス幅が大きく縮小し，単純平均では逆に30.55％とプラスに転じていた。

　実際に「デカンショ節投資戦略」を実行しようとすると，下半期に全ての株式を売却し現金で保有することになるが，そうした戦略は非現実的であるから，下半期には先物による売り建てを行っていかなければならないであろう。こうした際のコストを考慮して，バブル崩壊後の90年代以降でプラスの利潤を獲得できたならば，「デカンショ節投資戦略」のメリットは極めて大きい。

【注】

1) 榊原（1994）は，日経平均株価コールオプションについて週末効果が存在することを発見している。
2) 本検証で使用されるデータは，野村総合研究所が提供しているAURORA DataLineから入手している。ここでは1969年6月以前に関する東証1部単純平均のデータを入手できなかったため，検証期間を1971年1月からとした。
3) この方法では検証期間全体のサンプル数が37と少なくなるために，部分期間での検証は行わない。
4) 33年間（1970-2002）にわたって暦年上半期のみ投資し続けたときの半年リターンは，719.97％（TOPIX）と840.23％（東証1部単純平均）であり，暦年下半期の

それは−42.64％（TOPIX）と−83.69％（東証1部単純平均）であった。
5) 2-1の自由度を持つχ^2_{2-1}統計量は，2(観測数−期待値)^2/期待値として計算される。ここで上半期の半年リターンが下半期の半年リターンを上回る回数の期待値は，検証期間における年数の半分である。
6) これまでの検証では，東証1部単純平均株価データの入手可能性の理由により，70年代までしか遡ることができなかった。しかしTOPIXおよび日経平均株価という2つのポピュラーなインデックスを用いることで，より長い期間を対象に半年効果の検証を行うことができる。この2つのインデックスを用いて1955年から2002年までの48年間を対象に同様の検証を行った。TOPIXでも日経平均でも，また平均月次リターンでも平均半年リターンでも，上半期のリターンは有意に下半期のリターンを上回っており，半年効果は日本の株式市場に長期間にわたって存在しつづけていることを確認している。さらに1955年から1969年までの部分期間についてもテストしたが，2つのインデックス共に上半期のリターンが下半期のリターンを10％の水準で有意に上回った。
7) RUSSELL/NOMURA日本株インデックスの規模別指数は，全取引所，JASDAQ市場（店頭市場）から投資可能なすべての銘柄を対象に，時価総額上位50％を大型株，中位35％を中型株，下位15％を小型株へとグループ分けしたものである。
8) さらに，東証2部株価指数および東証2部単純平均から算出された月次リターンを用いて，1975-2002年の28年間について検証を行ったが，同様の半年効果を発見した。
9) データの制約上2002年までの残高で傾向を把握している。

【参考文献】

榊原茂樹（1994），「わが国におけるオプション評価モデルの有効性と曜日効果」『インベストメント』47（1），4-20．

榊原茂樹・山﨑尚志（2003），「我が国株式市場における上半期効果」，ディスカッション・ペーパー 2003・24，662，神戸大学大学院経営学研究科．

榊原茂樹・山﨑尚志（2004），「わが国株式市場における『半年効果』と投資家心理」『国民経済雑誌』190（1）．

Ariel, R. A. (1987), "A Monthly Effect in Stock Returns," *Journal of Financial Economics*, 18, 161-174.

Ariel, R. A. (1990), "High Stock Returns Before Holidays: Existence and Evidence on Possible Causes," *Journal of Finance*, 45, 1611-1626.

Banz, R.W. (1981), "The Relationship between Return and Market Value of Common Stocks," *Journal of Financial Economics*, 9, 3-18.

Bagozzi, R., M. Gopinath, and P. Nyer (1999), "The role of emotions in marketing," *Journal of the Academy of Marketing Science*, 27, 184-206.
Cross, F. (1973), "The Behavior of Stock Prices on Fridays and Mondays," *Financial Analysts Journal*, 29 (6), 67-69.
Fama, E. (1998), "Market Efficiency, Long-term Returns, and Behavioral Finance," *Journal of Finance*, 49, 283-306.
French, K. (1980), "Stock Returns and Weekend Effect," *Journal of Financial Economics*, 8, 55-69.
Hirshleipher, D. and T. Shumway (2003), "Good Day Sunshine: Stock Returns and the Weather," *Journal of Finance*, 58, 2, 1009-1032.
Kato, K. and J. S. Schallheim (1985), "Seasonal and Size Anomalies in Japanese Stock Market," *Journal of Financial and Quantitative Analysis*, 20, 107-118.
Keim, Donald R. (1983), "Size related anomalies and stock return seasonality: Further empirical evidence," *Journal of Financial Economics*, 12, 13-32.
Ogden, J. P. (2003), "The Calendar Structure of Risk and Expected Returns on Stocks and Bonds," *Journal of Financial Economics*, 70, 29-67.
Reinganum, Marc R. (1983), "The anomalous stock market behavior of small firms in January: Empirical tests for tax-loss effects," *Journal of Financial Economics*, 12, 89-104.
Rogalski, R. (1984), "New Findings Regarding Day-of-the-Week Returns Over Trading and Non-Trading Periods," *Journal of Finance*, 39, 1603-1614.
Wright, W.F. and G.H. Bower (1992), "Mood effects on subjective probability assessment," *Organizational Behavior and Human Decision Processes*, 52, 276-291.

第7章

新しい枠組みの模索

　経済学では，合理的個人（ホモ・エコノミカス）が，自らの期待効用を最大化するように意思決定し，その結果の行動がマーケットにおいて成立（クリア）すると考える。マーケットにおける他の参加者も，当然自らの期待効用最大化ルールに基づいて振舞うので，マーケットで観察される経済活動の結果決まる資産価格は，ホモ・エコノミカスたちが与えられた条件下で自らの期待効用を最大化した結果だと考えられる。この期待効用最大化の際に用いられる「効用」とは，意思決定のための効用（decision utility）である。元来効用には，「意思決定のための効用」よりも早く，「経験的効用（experienced utility）」というものが考えられていた。これは，結果から得られる快楽を効用と捉えるものである。たとえば Edgeworth（1881）においては，幸せとは瞬間瞬間に感じられる経験的効用の総和であると定義している。ところが20世紀に入り，経済学者の間で経験的効用はすたれ，経済学で用いられる効用はもっぱら意思決定のための効用のみになっていったのである。

　意思決定のための効用を用いて，将来の各状態が生じた場合の効用とその発生確率をかけた期待効用を最大化させるという行為は，最終的な富の額という意味では，最も個人に便益をもたらすであろう。しかし，人間は意思決定のための効用を常に最大化することはできない。なぜなら人間は自分が満足するように行動しがちだからである。意思決定のための効用を満足させることができても，経験的効用が満足させられなければ，一見非合理的な行動をとるかもしれない。あるいは，置かれた環境によって選択行動は変わってくるかもしれない。Tibor Scitovsky（1976）はその著書「楽しみのない経済学（Joyless Ecnomy）」でこう記している。「米国の消費者は大量の快適さ（comforts）を購入しているが，それは誤りである。本当は，自らの心地よさ（pleasure）を購入すべきなのだ」と。確かに，米国人にとって，ヨーロッパ人のように少ない収入でも多くの休日を楽しむ方がより幸せかもしれないのだが，米国人の置かれた環境ではそのような選択ができないのである。

　本章では，心理学の知見から明らかにされているいくつかのバイアスを紹介し，期待効用理論に対する概念として提唱されたプロスペクト理論を紹介する。プロスペクト理論は，確実性効果，独立効果，損失回避という人間に共通した認識方法・選択行動の非合理性から導き出された画期的理論である。学界にもたらしたその影響は当該理論を掲載した論文が，引用回数で最も多い社会科学系学術論文である事からもわかるだろう。しかしながら，プロスペクト理論と言えどもその他の心理学的知見から明らかにされているバイアスすべてを取り入れた理論ではない。伝統的経済学が，人間の合理性を前提にすべての正しい価格決定メカニズムを明らかにしているのに対して，行動経済学（行動ファイナンス）に関する理論体系は，まだ発展途上である。その意味で，行動ファイナンス分野の研究は緒についたばかりだと言えよう。

7-1 期待効用理論

次の二つのゲームのうち、あなたならどちらを選択するだろうか？

問題1 細工のないコイン（Fair Coin）を投げて、表なら5万円　裏なら2万円払う

問題2 細工が施してあるコインを投げる。表の出る確率が80％のコイン投げゲームで、表が出るなら2万円、裏が20％で裏なら1万円支払う

仮に2番目のゲームを好む人が多いとすれば、その意思決定を説明する効用関数の形を記述して、なぜなのかを考えてみよう。まず、ゲームの期待値を計算してみる。ゲーム1は期待値が1万5000円で、ゲーム2の期待値は1万4000円である。単純に「期待値」を効用関数のパラメーターとして使うのであれば、ゲーム1の方が好まれるべきだと考えるかもしれない。しかし、投資家はリスク回避的である。リスク回避的な投資家であれば、8割の確率で勝つゲームを、その期待ペイオフが少なくても選択するというのは、ある意味自然である。それをグラフで表わすために、図表7-1を見てみよう。リスク回避的な投資家は図表7-1のような形をした効用関数(U)を持っていると考えられる。5万円富が増えた場合の効用が$U(5万円)=1.0$、2万円富の減少が起こった場合の効用が$U(-2万円)$を0という値になるような関数である。また、2万円富が増えた場合の効用が$U(2万円)=0.8$、1万円富が減少した場合の効用が$U(-1万円)=0.3$である。これは非線形関数である。つまり2万円が5万円に増加する場合の効用の増加と、−1万円が+2万円に増加する場合の効用の増加では、後者のほうが、効用の変化は大きいのである。これも自分の感情と併せて考えると納得がいく。−1万円の損失から、+2万円の利益へと変わる喜び度合いの方が、+2万円から+5万

円へと変わる喜び度合いよりも大きいのである。[1]

このようなリスク回避的効用関数を持っていることを前提に期待効用を最大化するように選択してみよう。ゲーム1の期待効用を計算すると，$0.5 \times U(5万円) + 0.5 \times U(-2万円) = 0.5$ である。一方，ゲーム2の期待効用を計算すると，$0.8 \times U(2万円) + 0.2 \times U(-1万円) = 0.7$ となる。期待効用を最大化するためにはゲーム2を選択することが合理的なのである。

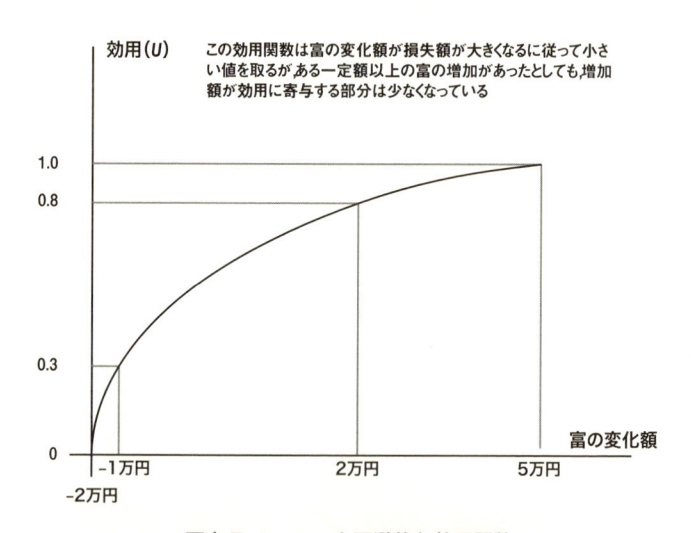

図表7-1 リスク回避的な効用関数

では，先ほどのゲームを少し変形してみよう。

問題3 細工のないコイン（Fair Coin）を投げて，表なら5万円の罰金，裏なら2万円の利益

問題4 細工が施してあるコインを投げる。表の出る確率が80％のコイン投げゲームで，表が出るなら2万円の罰金，裏の出る確率が20％で裏なら1万円の利益

このような状況では，4より3を選択する人が多くなるはずである。もちろん，期待値が損失になるので，不愉快極まりない選択ではあるが，どちらか選択しなければならないというのであれば，3を選択する。これは，人が

強い損失回避の性向を持つからである。ゲーム3もゲーム4も「期待額」は先程と同じである。異なるのは「期待損失」に変わってしまったということである。損失回避傾向が強ければ強いほど，選択肢4の80％の確率で損失となるよりも，選択肢3の50％の確率で損失となる方を選択し，リスクを取ってしまうのである。損失回避の選択の詳細については，7-2で述べるが，これは期待効用理論では説明できない投資家行動である。

「損失を抱えている株式をいつまでも持ち続け，利益を出している株式についてはすぐに利食い売り注文を出してしまう」。株式投資をたしなむ人ならば，だれでもそういう経験をしたことがあるだろう。これは，損失を実現するのが厭で，利益はすぐにでも確定したくなるという投資家心理が働くからである。損失を実現しなくても，評価損という形で損失は認識されるべきなのだが，個人投資家レベルであれば，実現益と実現損だけを損益と考えていよう。このような考えを持つ個人投資家の行動は，損失を実現したくないために，含み損を持つ株式を（早期回復を祈りながら）継続保有し，含み益を持つ株式を（損失にならないうちに）早々と売ってしまうのである。損失を認めたくないという「損失回避」感情が投資行動を規定してしまうのだ。図表7-1の効用関数はある局面における冷静なリスク回避的投資家行動を記述しているが，現実に多くみられる損失回避行動は記述できていない。

7-2 プロスペクト理論の背景

ノーベル経済学賞を受賞したDaniel KhanemanとAmos Tverskyが，1979年に発表した論文，「プロスペクト理論：不確実性下における意思決定の分析」は，社会科学の分野で最も引用された回数が多い論文である。ミクロ経済学の支配的な考え方である期待効用理論を代替する理論として，当初から注目されていたが，執筆者が実験心理学者だったということもあって，経済学者の反発も強かったようだ。行動ファイナンス関係の類書を見てみると，プロスペクト理論の解説は直感的な記述が簡潔にされている例が多いが，本章では期待効用理論との対比で理論の概要を理解してもらいたいと思

う。プロスペクト理論と期待効用理論の違いは主に以下の3つである。

7-2-1　確実性効果（Certainty Effect）

　期待効用理論ではリスク回避的な効用関数を持つ投資家が直面する選択について，ベイズ確率論で計算された確率を割り当て，効用の期待値を最大化するように選択していると考える。これに対して，プロスペクト理論では，投資家は自らのプロスペクトが生み出す価値関数を最大化するように選択すると考える。投資家のプロスペクトが生み出す価値関数は，必ずしもベイズ確率論通りに期待価値が計算されているわけではない。たとえば，次の選択問題では多くの被験者は（82%）Bを選択した。

A：33%の確率で25万円の賞金がもらえ，66%の確率で24万円の賞金がもらえ，1%の確率で賞金無し
B：確実な24万円

次に，CとDの選択問題では圧倒的多数（83%）がCを選択した。

C：33%の確率で25万円の賞金がもらえる（67%の確率で賞金無し）
D：34%の確率で24万円の賞金がもらえる（66%の確率で賞金無し）

　これは明らかに期待効用理論のルールを破っている。即ち，今 $U(0)=0$ とすると，第一問題の結果から

$$U(24万円) > 0.33 \times U(25万円) + 0.66 \times U(24万円)$$

という関係が成立する一方で，第二問題では

$$0.33 \times U(25万円) > 0.34 \times U(24万円)$$

となるため，大小関係に矛盾が生じるからである。こうした矛盾の発生は，期待効用理論が「確実性効果」の存在を捉えきれていないことに起因する。人間は，ほとんど確実という事象を100%確実な事象に比較して過小評価するのである。すなわち，99%から100%の1%と，98%から99%への1%では同じ1%でも，持つ意味に大きな隔たりがあるということである。

7-2-2　独立性効果 (Isolation Effect)

二つめの相違点は，独立効果と呼ばれるものである。実験を通じて説明しよう。被験者に次の選択問題を提示する。

E：20%の確率で40万円の賞金（80%の確率で賞金無し）
F：25%の確率で30万円の賞金（75%の確率で賞金無し）

被験者の多数がEを選択した。ところが，同じ被験者に次の質問をする。

G：まずくじを引いて，25%しかない当たりくじを引けば選択問題を行うことができる。選択肢は80%の確率で40万円の賞金（20%の確率で賞金無し）
H：まずくじを引いて，25%しかない当たりくじを引けば選択問題を行うことができる。選択肢は確実な30万円の賞金

この問題設定では多くの被験者がHを選択する。この選択の意味を考えよう。25%の確率で選択問題まで進むことができれば，Gを選択することで，80%の確率で40万円の賞金を得ることができる。これは即ち，20%の確率（$0.25 \times 0.8 = 0.2$）で40万円を得ることができるというEの選択肢と実質的には同じであることがわかる。同様に，選択問題まで進みHを選択するということは，$0.25 \times 1.00 = 0.25$ であるからFを選択する事と同じである。

このように投資家の意思決定結果は純粋な確率分布の評価から決まるのではなく，意思決定されるまでの過程に依存することがわかる。独立性効果から得られる知見は多岐にわたるが，たとえばベンチャー投資家を募集する例を考えてみよう。ベンチャー投資家は不確実性の高い投資をせざる得ないのだが，単純にベンチャーの投資から生み出される不確実な配当の分布を宣伝するよりも，ベンチャー成功の暁には，確実なペイオフがもたらされることを宣伝した方が良いということになる。

7-2-3 損失回避（Loss Aversion）

先の2つの効果は確率的評価が問題提示のされ方に依存していることを示していた。即ち、ある種の心理的効果が問題認識のされ方に影響を与えていたのである。ここで述べる損失回避は、選択そのものに影響を与える心理的効果である。選択問題を通じて解説しよう。

Khaneman and Tversky（1979）では合計8つの心理学実験を通じて、投資家による損失回避の傾向を論じている。図表7-2はそれをまとめたものである。記述方法は（賞金額、確率）、或いは、（罰金額、確率）となっており、記載された確率で当該金額がもらえる（支払う）という選択である。（賞金額）、（罰金額）というように確率の記載のないものは、確実な賞金（罰金）であることを意味する。

図表7-2 KhanemanとTverskyによる実験結果のまとめ

利得領域（Positive Prospect）			損失領域（Negative Prospect）		
問題1 N=95	(4,000, 0.8) [20]	< (3,000) [80]*	問題1' N=95	(-4,000, 0.8) [92]*	> (-3,000) [8]
問題2 N=95	(4000,0.2) [65]*	> (3,000, 0.25) [35]	問題2' N=95	(-4,000,0.2) [42]	< (-3,000, 0.25) [58]
問題3 N=66	(3,000, 0.9) [86]*	> (6,000, 0.45) [4]	問題3' N=66	(-3,000, 0.9) [8]	< (-6,000, 0.45) [92]*
問題4 N=66	(3,000,0.002) [27]	< (6,000, 0.0001) [73]*	問題4' N=66	(-3,000,0.002) [70]*	> (-6,000, 0.0001) [30]

（注）*は統計的有意性を示し、[ ]内は当該選択肢を選んだ被験者の割合を示す。

これら4つの選択問題に対する反応を見ると、それぞれ利得領域か損失領域かで完全に対照的となっていることを示されていて興味深い。また、期待効用理論に抵触するのは、これまで議論してきた利得領域ばかりでなく、損失領域でも同様である。たとえば、問題1'と問題2'では、問題1と問題2と同様に確実性効果が損失領域でも働いているのがわかる。利得領域では確実性効果はリスク回避的に働くのに対して、損失領域ではリスク愛好的に働くのである。

7-3 プロスペクト理論

7-3-1 参照点 (Reference Point)

利得領域（Positive Prospect）と損失領域（Negative Prospect）を分けるものは何であろうか。それは，富がマイナスであるか，プラスであるかということではない。それを次の設問でみていこう。

問題5 今あなたは現在持っている資産に加えて，10万円与えられるとしよう。次のどちらを選ぶだろうか？
　I：50％の確率の10万円（コインを投げて表であれば，10万円得られる）
　J：確実な5万円

問題6 今あなたは現在持っている資産に加えて，20万円与えられるとしよう。次のどちらを選ぶだろうか？
　K：50％の確率の罰金10万円（コインを投げて表であれば，罰金を免れる）
　L：確実な5万円の罰金

　大多数の選択はJとKであった。実は問題5も問題6も最初に与えられるお金の設定が異なるが，実質的には同じ最終的な富をもたらす2つの選択肢から構成されている。最終的な富に基づいて意思決定されているのであれば，IとKは同じ選択肢である。IとKを選択すればどちらも，（20万円, 0.5; 10万円, 0.5）となる。一方，JとLを選択すれば，（15万円）となる。JとKという大多数の選択は効用理論とは非整合的である。いまあなたが持っている資産を1000万円として考えてみよう。問題5の場合は，10万円が与えられることで1010万円となる。そこから，不確実性を伴う1015万円（50％の確率で1020万円になるが，50％の確率で1010万円のまま）を選ぶか，確実な1015万円を選ぶかという問いに対して，リスク回避的に確実な1015万

円を選んだ。ところが，問題6では，20万円が与えられることで，1020万円となり，不確実性を伴う1015万円（50％の確率で1020万円のままだが，50％の確率で1010万円に減ってしまう）を選ぶか，確実な1015万円を選ぶかという問いに対して，不確実性を伴う1015万円を選好したのである。効用理論では，1015万円の富が与える効用は一定である。リスク回避的という一般的な効用関数を想定するならば，常に確実な1015万円が選択されなければならない。ところが，問題6でKを選択するということは，確実な5万円の罰金を回避するためにリスク愛好的になっているということである。

このように，プロスペクト理論のいう利得のプロスペクトと損失のプロスペクトを分けるポイントは富の水準ではなく，意思決定主体が損失と考える水準ということになる。多くの場合は現在の富の水準であろうが，それは意思決定主体の考えに依存する。たとえば，大多数の運転者は自動車の任意保険に加入しているはずであるが，それはリスク回避的行動である。保険料支払いで自らの富が減価するにもかかわらず保険に加入しているということは，現在の富の水準ばかりが分岐点にはならないということを意味する。意思決定主体によって異なるこの分岐点を参照点（reference point）と呼ぶ。

7-3-2 プロスペクトの編集（Editing）と評価（Evaluation）

プロスペクト理論では意思決定の過程には二つ段階を設定している。一つは情報の編集（editing）段階と，もう一つは評価（evaluation）段階である。編集の段階では意思決定を簡単にするための情報の整理を以下のいくつかの方法で行う。

- ▶ Coding: これまでの実験結果を通じて，人は概して最終的な富の大小ではなく，利得のプロスペクトか損失のプロスペクトかということについての解釈（coding）を行う。
- ▶ Combination: 同一のプロスペクトについては，組み合わされる。たとえば，(200, 0.25 ; 200, 0.25) というプロスペクトは (200, 0.50) というプロスペクトとしてみなされる。
- ▶ Segregation: あるプロスペクトが無リスクの部分を含んでいる場合は，その部分を分けて情報整理される。たとえば，(300, 0.8 ; 200, 0.2)

は無リスクの 200 の利得と，(100, 0.8) というプロスペクトに分解されるのである。

▶ Cancellation: 独立性効果の説明のところでもふれたが，共通の条件を除外して考える。(200, 0.2; 100, 0.5; −50, 0.3) と (200, 0.2; 150, 0.5; −100, 0.3) は (100, 0.5; −50, 0.3) と (150, 0.5; −100, 0.3) という選択として編集される。

次に評価であるが，情報整理されたプロスペクトについて，第一の尺度である確率の評価測度である $\pi(p)$ をかけて価値評価する。ただし $\pi(p)$ は確率過程ではないので，$\pi(p)+\pi(1-p)=1$ となるものではない。第二の尺度は $v(x)$ であり，x という結果に対する主観的評価である。つまり，π と v の組み合わせで，プロスペクトの価値判断をしようというわけである。

プロスペクトの価値判断には 2 種類存在する。p の確率で x を得て，q の確率で y を得るのだが，$x \geq 0 \geq y$ or $x \leq 0 \leq y$ or $p+q<1$ の様な通常のプロスペクトの場合，そのプロスペクトの価値関数は，

$$V(x, p; y, q) = \pi(p)v(x) + \pi(q)v(y) \tag{1}$$

となる。ところが，$x>y>0$ or $x<y<0$ or $p+q=1$ であるようなプロスペクトの価値判断については，

$$V(x, p; y, q) = v(y) + \pi(p)[v(x) - v(y)] \tag{2}$$

となる。たとえば，今 25% の確率で 400 の利得を得，75% の確率で 100 を得るようなどちらも正のプロスペクトの場合，その価値判断は

$$V(400, 0.25; 100, 0.25) = v(100) + \pi(0.25)[v(400) - v(100)]$$

となる。ここで留意してもらいたいのは確率の評価測度 $\pi(p)$ は無リスクの項にはかかっていないことである。ここに独立効果が表現されている。また (2) 式の左辺ををを変形すると $\pi(p)v(x) + (1-\pi(p))v(y)$ となる。もし，$\pi(p)+\pi(1-p)=1$ であればこの式は (1) 式と同じになるが，そうではない。これまで実験を通じて明らかになった二点，即ち，意思決定主体はベイズ的確率計算をしないということと，富の最終的な額ではなく，「富の変化」に対して意思決定の基準をおいているという点を式に取り入れた形になっている。

次の実験結果を価値関数で考えてみよう。(6000, 0.25) か，(4000, 0.25;

2000, 0.25）という実験でKhanemanとTverskyは被験者の82%が後者を選択することを報告している。一方で，(-6000, 0.25）か（-4000, 0.25; -2000, 0.25）という選択については70%が前者を選択する。まさに，利得プロスペクトではリスク回避的になり，損失プロスペクトではリスク愛好的になっているわけであるが，これを（1）式の価値関数で表現すると以下のようになる。

$$\pi(0.25)v(6000) < \pi(0.25)[v(4000)+v(2000)]$$
$$\pi(0.25)v(-6000) > \pi(0.25)[v(-4000)+v(-2000)]$$

したがって，$v(6000)<v(4000)+v(2000)$ であり，$v(-6000)>v(-4000)+v(-2000)$ となるので，利得プロスペクトにおいては凹関数となり，損失領域では凸関数となっているのがわかる。

　意思決定主体が価値評価をしようとするときのもう一つの特徴は，利得と損失では損失の方のインパクトをより強く評価するということである。100の損失が与える価値へのダメージは100の利得が与える喜びよりも大きいのである。コイン投げゲームのようなfair betに対する忌避感は金額が大きくなればなるほど大きい。$x>y>0$ という条件では，$(x, 0.5; -x, 0.5)$ というゲームは $(y, 0.5; -y, 0.5)$ というゲームよりも忌避される。（1）の価値関数で考えてみれば，

$$v(y)+v(-y)>v(x)+v(-x) \text{ であり，また，} v(-y)-v(-x)>v(x)-v(y)$$

$y=0$ としてみると，$v(x)<-v(-x)$ であり，y を x の値にちがづけてやると，$v(x)<v(-x)$ であるので，損失プロスペクトの価値関数の方が，傾きが急であることがわかる。

　価値関数の特徴をまとめると，1）参照点を中心として形状が変化し，2）利得プロスペクトではリスク回避的，損失プロスペクトではリスク愛好的となり，3）損失プロスペクトにおける傾きが利得プロスペクトにおける傾きよりも急であるというものである（図表7-3参照）。

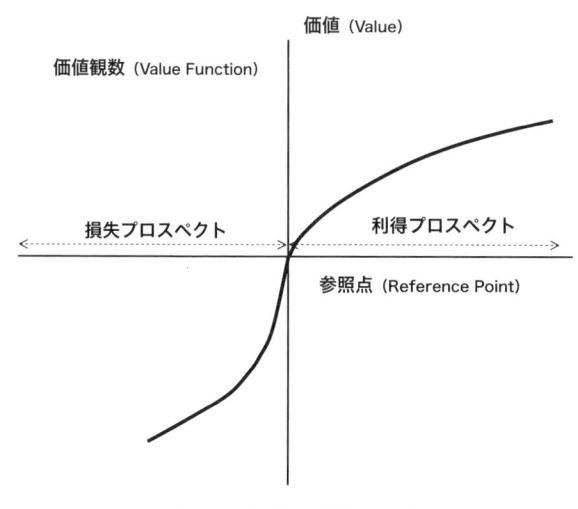

図表7-3 価値関数の形状

7-4 究極のゲーム(Ultimatum game)に見る選好のゆらぎ

経済学部の学生でアダムスミスの国富論（Wealth of Nations 1776）を読む機会があれば，その最初の記述でこう書かれているのに気がつくだろう。

『なにも肉屋やパン屋の慈悲深き行為で我々が毎夕の食事にありつけるのではない。彼らが自らの利益を追求する結果食事にありつけるのだ。我々はいかに夕食を摂ることがことが大切かということを彼らの人間性に訴えるのではなく，彼ら自身の利益のために我々に食材を提供すべきだということを訴えなければならない。』

スミスの描写は基本的には正しいが，人間行動がすべて自己利益のために決定されていると考えるのは現実的ではない。次の話を読んで，読者はどう感じるだろうか。

『太郎と次郎が帰宅途中に，きれいに熟したりんご二つが道端に落ちてい

るのを発見した。太郎がその二つのりんごを拾い上げ，小さい方を次郎に渡した。次郎は不満そうな顔をして，「ずるいぞ太郎，どうして僕に小さい方を渡すんだ！」と訴えた。すると太郎は，「では次郎が先に拾っていたらどうする？」とにやにやしながら尋ねた。「僕なら大きい方を君に上げたね」というと，太郎はしたり顔をして，「なら，希望通りじゃないか。何が不満なんだ？」と切り返した。』

太郎は合理的であるが，次郎は現実的である。現実社会における選択は，次郎の言うように，摩擦が起こらないような平等分配が多くの場合模索される。ところが，相手の出方や，分配金の額など，様々な条件の変化によって，人間の選好は大きく影響される。それらを検証するために究極のゲーム (Ultimatum Game) と呼ばれる実験が用いられている。

7-4-1　ゲームの概要

実験に協力してくれる被験者数十人を，提案者と決定者に無作為に選んで分類する。ゲームは何回も繰り返し行われ，あるゲームでは提案者になったり，また別のゲームでは決定者になったりする。提案者は主催者から提供される賞金を，平等分配するか，或いは，決定者の決定に委ねるかの二者択一をするだけである。決定者は，提案者が平等分配を選択すれば，自動的に等分の賞金が入金される。或いは，提案者から意思決定を求められるかもしれない。その場合は，自分に与えられた選択肢の中から選択することになる。

たとえば，1000円が与えられる究極ゲームを例にとって考えよう。提案者Aは賞金1000円を二人で平等に分けるという選択もできるし，決定者Bに配分を選択させることもできる。提案者Aは平等に分配するか（500円・500円）あるいは，決定者Bに委ねて800円を得ようと考えるかもしれない。但し，決定者Bに委ねると，決定者Bが，ゲームそのものを流してしまう場合もあり得る。ゲームが流れてしまうと，A・B両方とも何も手にすることはできない。決定者Bは，自らの意思で平等分配を達成することはできない。Aから選択を迫られた時点で，Aに800円，Bに200円という配分を選択するか，ゲームそのものを流すことしかできないのである。

人間が合理的だとすると，決定者 B は以下の効用関数に沿って意思決定することになる。

$$\pi_B > \pi_A \text{ の時,} \quad U_B(\pi_A, \pi_B) = \rho\pi_A + (1-t)\pi_B$$
$$\pi_B < \pi_A \text{ の時,} \quad U_B(\pi_A, \pi_B) = \sigma\pi_A + (1-v)\pi_B$$

π_A, π_B は，提案者と決定者の富の額であり，ρ と σ は決定者の効用関数の質を決定する。

$\rho = \delta = 0$ は自己利益重視型

$\rho = \delta = 1/2$ は二人の合計が大きい方を選択する，全体の便益を第一義に考える

$\rho = 1, \delta = 0$ は完全に相手の利得を最大化する平等主義者

$\rho = \delta = -1$ は完全に競争的で相手の損失が喜びだという性質を持つ

$\rho = 1/2, \delta = -1$ は，A との差異を嫌う性質を持つ

　さて，ゲームの結果どのような決定者 B の姿が浮かびあがるのだろうか。図表 7-4 のゲームを繰り返し行ったところ，A に選ばれた被験者は，圧倒的多数が平等分配の 500 円・500 円を選択した。もし，人間が自らの効用関数を最大化するように振舞っていると考えるならば，提案者 A は決定者 B に決断を委ねるべきである。なぜなら，決定者 B はゲームを流してしまえば，自分には 1 銭も入らないわけだから，合理的には，たとえ不平等であったとしても A に 800 円，B に 200 円という選択をすると考えられるからである。

　それでは，実験における A はなぜ平等分配に偏るのだろうか。人間が平等主義な生き物だからだろうか。それとも不平等な分配をする A に対して B が怒ってゲームそのものが流れるのを危惧してのことだろうか。この点について，もう少し深く調べて行こう。

7-4-2　決定者 B の選好

　次の関心は，人間が平等分配を常に志向するのかどうかである。決定者 B の何割が平等分配志向で，平等分配のためにはどれだけの犠牲を払っても良いと考えているのだろうか。

　まず，決定者 B に，A に 200 円，B に 700 円という不平等分配を選択す

提案者は1000円の賞金を500円500円に分けるか，或いは，決定者に分け前の分配を決めるように，促すことができる。決定者Bに促して，分け前を分配させた場合，提案者はより多くもらえるかもしれないが，ゲームそのものを流されてしまうかもしれない。

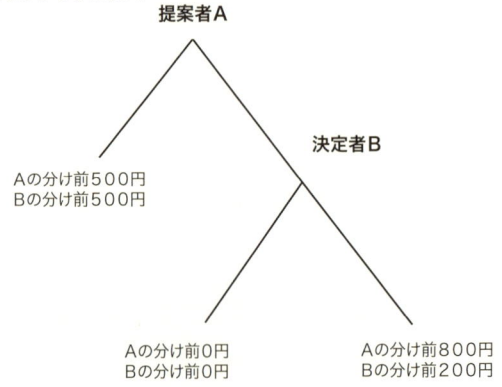

```
           提案者A
          /      \
         /        \
        /          決定者B
       /          /    \
  Aの分け前500円        /      \
  Bの分け前500円       /        \
              Aの分け前0円    Aの分け前800円
              Bの分け前0円    Bの分け前200円
```

図表7-4　平等分配か期待効用最大化か

るか，或いは自分の分け前を100円減らして，600円ずつという分け前を選択するかを尋ねた。（図表7-5参照）すると，75%の決定者Bが平等分配を選択する。100円程度の犠牲ならば，大多数が自らの分け前を減らすことを厭わないようだ。しかし，図表7-5の下段にあるように，平等分配を選択したグループの中でも，自らの分け前が800円から400円に減ってしまうというのであれば，平等分配を志向する被験者は少数派となる。確かに人間は平等志向を持つのだが，自分の腹をそれほど痛めない範囲で，ということだろうか。

7-4-3　Aより分け前が少なくなる場合の決定者Bの選択

では，Bが分け前において，Aより少ないような場合はどうなるのか。図表7-6の①に示す実験では，Bが単純に多い方を選択すればAの分け前も増えるという状況では，ほとんどの被験者（90%）が，Aの分け前の多い方を選択する。しかし，全体の内10%は自らの分け前を減らしてでも，（結果として相手の分け前をかなり減らしてしまう）平等分配を達成しようとする。これはヒトには強い平等分配意識があると解釈することもできるが，自分の選択により相手がより多くもらうのが気に入らないという感情が隠れて

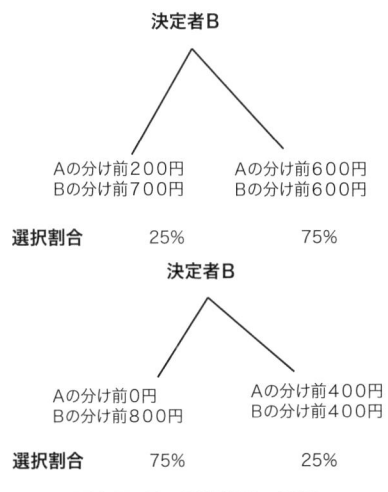

```
              決定者 B
              ／＼
             ／  ＼
            ／    ＼
   Aの分け前200円    Aの分け前600円
   Bの分け前700円    Bの分け前600円
選択割合   25%         75%

              決定者 B
              ／＼
             ／  ＼
            ／    ＼
   Aの分け前0円     Aの分け前400円
   Bの分け前800円    Bの分け前400円
選択割合   75%         25%
```

図表 7-5　平等分配の限界

いるのかもしれない。

　では，自分がほんの少し（25円）我慢するだけで，相手がおおいに助かるという状況ではどういう行動を取るだろうか。②の実験設定では，400円の分け前を375円に我慢するだけで，相手は400円の分け前を750円に増やすことができるとした。その結果，約半数が相手のために我慢し，半数は純粋に自らの利益を追求するという結果となった。

　さらに，③において，自分に不利益がない状況での選択行動を測る実験を設定した。Bはどちらを選択しても400円得る。しかし，30％の被験者はわざわざAの儲けが少なくなるような選択をしている。これは相手が自分より儲けることに対する嫉妬かもしれない。これらの実験は，その時々で結果が変わるので，必ずしも一つの動機づけが一貫しているとはいえないが，自己利益の最大化だけが意思決定の判断基準でないことは明らかである。

7-4-4　決定者Bの翻意（復讐）

　これまでの実験で明らかになったように，通常の状況では多くの決定者Bは相手の利得を考えて行動する。自らのコストが少ない場合は，半分の被験者が相手の利得が増加する状況に協力しようと考える。ところが，相手の出

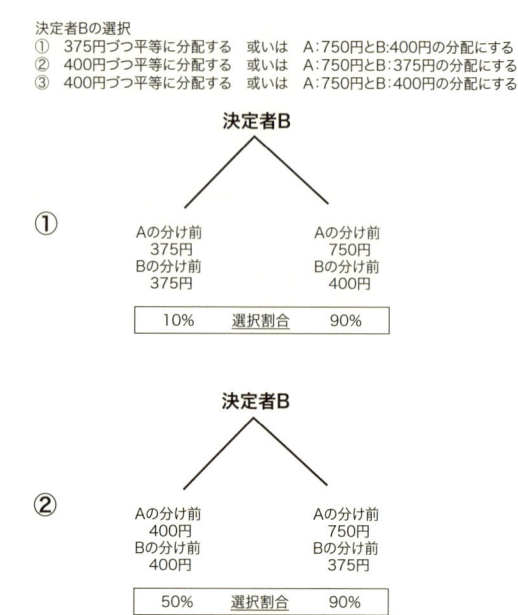

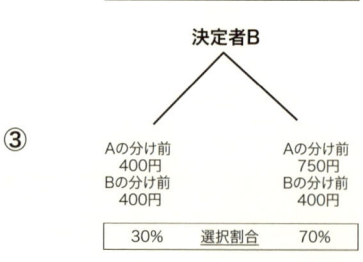

決定者Bの選択
① 375円づつ平等に分配する　或いは　A:750円とB:400円の分配にする
② 400円づつ平等に分配する　或いは　A:750円とB:375円の分配にする
③ 400円づつ平等に分配する　或いは　A:750円とB:400円の分配にする

①
決定者B
Aの分け前 375円　　　Aの分け前 750円
Bの分け前 375円　　　Bの分け前 400円
10%　選択割合　90%

②
決定者B
Aの分け前 400円　　　Aの分け前 750円
Bの分け前 400円　　　Bの分け前 375円
50%　選択割合　90%

③
決定者B
Aの分け前 400円　　　Aの分け前 750円
Bの分け前 400円　　　Bの分け前 400円
30%　選択割合　70%

図表7-6　平等分配志向のテスト

方によっては，行動パターンを大きく変化させる場合がある。

　図表7-7の実験は，1100円の賞金をどう分けるかを尋ねたものであるが，たいていの提案者は（85%）は，平等分配する。ところが，一部の提案者は，決定者に判断を委ねるという選択をする。つまり，決定者Bがお人よし選択（A：750円，B：375円）をしてくれるのを期待して，750円得ようとするのである。勿論決定者Bとしては，平等分配の機会があったのにも関わらずそれを提案しなかった提案者Aに対して，快くは思わない。相手が利己的態度をとるのに，なぜ自分が我慢して相手を喜ばしてやらねばならない

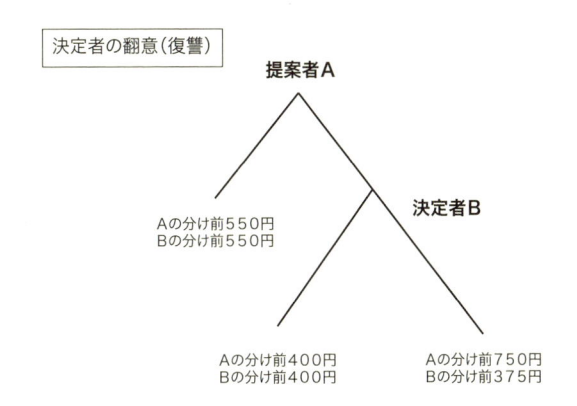

```
                決定者の翻意（復讐）
                              提案者A


                                    決定者B

        Aの分け前550円
        Bの分け前550円



              Aの分け前400円      Aの分け前750円
              Bの分け前400円      Bの分け前375円

        提案者Aの95%は平等分配を選択するが，5%は決定者Bに委ねる。
        この場合，85%の決定者はA 400円　B 400円を選択する。先ほど
        の②の様に，小額（25円）の犠牲を払って，相手（A）を喜ばせよう
        とはしない。
```

図表7-7　究極ゲームにおける復讐行動

のか，と考えた結果，85%の決定者BがA：400円，B：400円という選択をする。図表7-6の②の場合，半数の決定者が25円くらいなら我慢してAの利得を最大化してやろうとしたのに対して，Aが平等分配をしなかったという文脈において同一の選択を迫った場合，15%しかAを助けようとはしないのである。

この多くの決定者Bの選択は，25円多い400円を選択したという合理性からではなく，提案者Aに対する不快感からきていると考えられる。

7-4-5　決定者Bの翻意（恩返し）

提案者Aが逆に相手の利得を考えて行動しているというシグナルが送られた場合はどうであろうか。図表7-8に示すように，提案者Aはまず，750円と0円という不平等分配を選択するか，或いは決定者Bに選択を委ねるかを選ぶ。決定者BがAに都合の良いA：750円，B：375円という分配を選択したとしても，Aにとっては最初に750円と0円という選択をした場合と同じ利得しかないので，合理的に考えれば100%の提案者がA：750円，B：0円というところに落ち着くと思われる。しかし，現実に実験を行ってみると，極端な不平等分配を嫌って，50%の提案者はBに意思決定を委

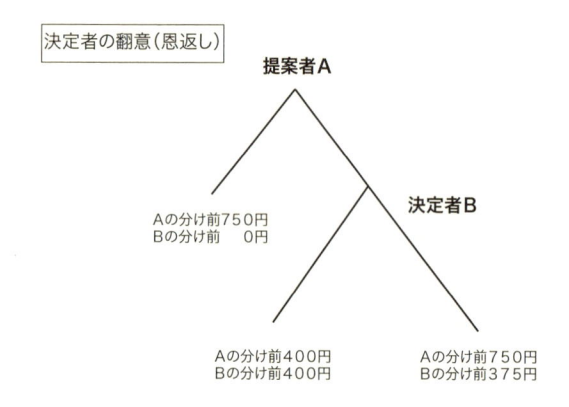

```
           決定者の翻意（恩返し）
                            提案者A
                           /\
                          /  \
                         /    \
                        /      決定者B
                       /       /\
                      /       /  \
   Aの分け前750円              /    \
   Bの分け前   0円            /      \
                           /        \
                  Aの分け前400円   Aの分け前750円
                  Bの分け前400円   Bの分け前375円
```

提案者Aの50％は平等分配を選択するが，50％は人がよく，決定者Bに委ねる。この場合，95％の決定者はA 750円　B 375円を選択する。750円受け取るチャンスを自ら放棄して，意思決定を委ねられたBは，Aが放棄したことによって，損にならないよう気配りする。

図表7-8　究極ゲームにおける恩返し行動

ねる。これを受けた決定者Bは，提案者Aが平等思想に基づいて決定者Bに選択を委ねたと考えるからであろうか，その恩に報いようとする。圧倒的多数の決定者は（95％），自らは375円で我慢して，提案者Aにそもそも得られたであろう750円を得てもらおうという行動に出るのである。

7-4-6　究極のゲームの含意

　従来の合理的選択モデルに対して，確実性効果，独立性効果，損失回避などの人間に共通してみられる意思決定メカニズムをモデル化した試みがプロスペクト理論に結実した。しかしながら，意思決定のメカニズムのすべてがわかったわけではない。人間は社会的動物である。他者との交流のなかで，同じ経済的効果をもたらす選択も，受け入れられたり，拒否されたりする。究極のゲームで明らかになったのは，複雑な人間心理に基づく意思決定のほんの一部である。人間心理が深く影響を与えている現実問題をモデル化している作業はまだ始まったばかりである。次節では，モデル化ができていない心理的バイアスのいくつかについて紹介したい。

7-5　その他のバイアス

本節では行動ファイナンスで扱われる代表的なバイアスについて紹介する。ただ，これらのバイアスが存在することは実験等を通じて知られているが，それが市場価格にどのような影響を与えるのかという点については，明らかにされているわけではない。また，システマティックなバイアスとして，理論モデルが構築されるまでにも至っていない。

7-5-1　代表性バイアス

人間は確率を正確に計算できないが，その中でも決定的な過ちを犯してしまうのは，我々がつい基準率の無視（Base rate neglect）をしてしまうからである。一般的な傾向として，頭の中で想定している仮説を代表的に支持する証拠を突きつけれれると，我々は真の確率を計算することなく，基準率を無視してその仮説を受け入れてしまう。たとえば，「恵子さんは，本好きで，物静かでよく勉強し，社会問題に関心がある。彼女は大学で日本文学を専攻し，成績も悪くはなかったようだ。」という描写をした後に，「さて，恵子さんの職業は何でしょうか？　次の中から選んで下さい。①図書館司書②銀行の窓口係」と尋ねると，多くの人が①を選択する。これは，人間の頭の中にある図書館司書の代表的イメージと，恵子さんの描写が一致することから起こる。しかし，全国に図書館司書は7600人程度しかおらず，銀行の窓口係はその10倍以上の数がいる。恵子さんが図書館司書である確率は低く，②を選択する方が合理的なのだ。

もう一つよく引き合いに出される例を紹介しておこう。「あなたは罹患率0.1％の奇病にかかっているかどうか検査をした。その検査薬は罹患している場合は90％の確率で陽性反応を示すが，かかっていない場合でも5％の確率で陽性反応を示すという。あなたは検査薬を使って検査してみたところ，陽性反応が出てしまった。さて，あなたがその奇病に罹患している確率は何％か？」このような問題に直面した場合，人間はつい90％の確率で罹患しているのではないかと考えてしまう。ところが，基準率が0.1％と低いた

めそれは全く見当違いなのである[2]。

このように代表性バイアスがもたらす効果は，長期においてはかなりの影響を金融市場に与える。新規上場（IPO）前の銘柄に対して証券アナリストは過去に爆発的成長を遂げた企業との共通項を見出して，当該企業の有望さを語るかもしれない。そのような高い期待をもって上場を果たすのであるが，現実に急成長を遂げることのできる企業はほんの一部である。ところが株式市場（新規公開市場）の多くの投資家は，こうした厳しい現実が軽視（基準率の無視）されるように，証券アナリストによって誘導されているのかもしれない。日米の多くの研究者が，IPO 企業の株価は上場時から長期の下落傾向を示すことを報告しているが，このような現象は IPO 投資家の代表性バイアスの存在と整合的である。

7-5-2 ムード，雰囲気，ストーリー

リスク回避，後悔回避，損失回避は将来の不快な思いを避けようとする思いを反映している。ところが，意思決定の時点で感じるムードや感情も，実は意思決定やリスクの取り方に影響を与えることが分かっている。たとえばオハイオ州の宝くじはオハイオ州立大学のアメフトチームが勝ったときには売れ行きがいい。また，機嫌の良い人は悪い人と比べて自らの判断や選択に楽観的である。これは必ずしも良いことばかりではない。機嫌の悪さは情報を評価する際により細かく，批判的になる態度に結びつくことが，Petty, Gleicher, and Baker らの調査でわかっている。為替ディーラーを対象とした研究によると，朝ディーリングルームに来て機嫌の悪いトレーダーほどディーリングのパフォーマンスが良いという研究結果も発表されている。

人間は雨の日よりも天気の良い日のほうが幸福度は高いだろう。しかし天気のことについて多くの質問することによって，被験者の天気による幸福度の評価は変わってしまう。ムードとはそうしたものである。言葉にする段階で天気と投資家行動には何の因果関係も存在しないのである。しかし事実はどうだろうか。日本を含めた多くの地域について，天候と株価の間には有意に正の関係がみられるのである。

7-5-3　口コミの与える影響

　人間は他人の動向に左右されやすいことは多くの心理学実験で確認されている。金融市場においてある取引アイデアの浸透について口コミの与える影響は大きい。Shiller and Pound（1989）による個人投資家に対する調査では，ほとんどすべての投資家が直近の株式の保有に関して，なんらかの口コミにより情報を収集していたことがわかっている。口コミ情報を信頼するという行為は，人間が重要な情報とノイズとを分別認識できるという思い込みが背景にあるのかもしれない。公式のニュースで流れる情報などよりも，インターネットを通じた情報により株価が大きく動くケースが多いのもこれにあたるのかもしれない。

　人間の集中力は限られている。そのため，他人との会話や儀式，シンボルなどによって強化されるアイデアや事実に，より強いフォーカスを当てる傾向がある。人間は情報を口に出して発言することで，その情報をより強く受け取るのである。この意味で，口コミの与える威力は侮れないのである。Kuran and Sunstein（1999）は「信念」は「入手可能性のカスケード（availability cascade）」によって形成されると述べている。つまり，ある投資家が複数の場所やネットワークから同じ口コミ情報を得，しかもその情報が公の情報になる過程において，その真実性に対して自信を深めるというのである。ただ，口コミや会話で伝えられる情報は限定的である。ほとんどの場合，会話とは既に皆が知っている情報のやり取りである。一見多くの情報が飛び交っているように感じるが，実は限られた情報について，非常に柔軟性のない習慣的な反応ばかりが繰り返されているのだ。更に，情報を口コミでやり取りする際に，人間は自らの強調したい部分を強調し，強調したくない部分を過小に伝える傾向がある。ある相場観に則って口コミ情報を伝える場合に，相場観と整合的な情報を過大に伝え，自らの見通しに対して混乱をもたらしそうな情報については無視するといった具合である。この結果，情報の受け手が極端な信念に傾く原因となり，ひいては価格形成に大きな歪みを与えている可能性は否めない。

7-5-4 ストーリーによるバイアス

　人間の心はストーリーで考える癖がついている。ストーリーのない人生なんて，人間にとっては無意味である。人生のストーリーがあるからこそ，その舞台における意思決定や，舞台の飾りつけにやる気が起きるのである。そもそも人間の記憶も，事実を単にとどめているのではなく，あるストーリーの中で生き生きとした役割をもって記憶に留められているのである。広い意味では，人間同士の会話も相互のストーリーテリング（storytelling）だと考えることができる。

　ではマーケットにとってのストーリーとは何であろうか。経済学者やファイナンス学者がマーケットを分析する時に使うのはあくまでも数字である。しかし，マーケット情報を伝える番組を一覧すればすぐにわかることであるが，業績見通しに割かれている時間よりも，当該株式が如何に高い潜在力を持っているかというストーリーが語られている時間の方が圧倒的に長い。Shiller (2000) は，インターネット株式ブームの際に語られた多くの説明は，インターネットが経済のあり方を革命的に変えてしまうというニューエコノミーストーリーであったと指摘している。ファンダメンタルな情報に照らして考えると，明らかに馬鹿げた水準にまで暴騰してしまったネット関連株式群も，ニューエコノミーというストーリーの中では，十分に正当化されるものだったのである。

　伝統的ファイナンスの研究者は，企業業績とその不確実性が企業価値を定めると考える。しかし，企業価値はその企業の中身とは半ば独立に，その企業の持つストーリーそのものが価値を決めてしまっていることがあるのだ。それがファンダメンタル価値とは無縁のところで，何らかのきっかけで発生し，いくつかの事実で強化されるのである。マーケットのコンフィデンスとは単に参加者個人の精神的・感情的状態を指すのではない。マーケット参加者の他の参加者に対する見方，またその他の参加者が更に他の参加者がどう考えているかという見方のコンセンサスがマーケットコンフィデンスなのである。このコンフィデンスが高まるときは，いつも相応のストーリーが存在する。時間の経過とともにそれらのストーリーは忘れ去られ，価格のヒスト

リーだけが残るので，後にはどうしてこんな水準まで買われたのだろうかと不思議に思われたりするが，渦中にいるときは納得のいくストーリーが語られているのだ。オランダのチューリップバブルにおいても，日本のバブル期の株価や地価についても，事後的には過大評価であったと語られるが，渦中では全く異なる世界観がもっともらしいストーリーを伴って支配していたはずである。

【注】

1) リスク中立的投資家は-1万円から+2万円の変化も，+2万円から+5万円の変化も同じと考える。したがって，リスク中立的投資家の効用関数を図示しようとするなら，直線となる。
2) 検査薬で陽性と出た人が，その奇病にかかっている確率を計算してみよう。前提として，その奇病にかかっていない人は健康であれ，他の病気であれ陽性反応が出る割合は同じだと考えることにする。奇病にかかっていて陽性反応が出る確率は90%であるから，$p(陽性|奇病)=0.9$である。次に奇病以外の人が検査薬を通じて陽性反応を得る確率は5%であるから，$p(陽性|奇病以外)=0.05$である。今求めたいのは，陽性反応が出たという条件下で奇病である確率であるから，$p(奇病|陽性)$である。ベイズの定理により

$$p(奇病|陽性) = \frac{p(陽性|奇病) \times p(奇病)}{p(陽性|奇病) \times p(奇病) + p(陽性|奇病以外) \times p(奇病以外)}$$
$$= \frac{0.9 \times 0.001}{0.9 \times 0.001 + 0.05 \times 0.999} = 0.0177 = 1.77\%$$

となる。

【参考文献】

Arkes, H., Herren and A.Isen (1988), "The role of potential in the influence of affect on risk-taking behavior," *Organizational Behavior and Human Decision Processes*, 66, 228-236.

Hershleifer, D. (2001), "Investor psychology and Asset Pricing," *Jourlanl of Finance*,

56, 4, 1533-1597.

Kuran, T., and C. Sunstein (1999), "Availability cascades and risk regulation," *Stanford Law Review* 51, 683-768.

Petty, R, F. Gleicher and S. Baker (1991), "Multiple roles for affect in persuation, in J. Forgas, ed.," *Emotion and Social Judgements* (Pergamon, Oxford).

Scitovsky, T. (1976), "*The joyless economy. An inquiry into human satisfaction and consumer dissatisfaction*," Oxford University Press.

Shiller, R. (2000), "Conversation, information and herd behavior," *American Economic Review*, 85, 181-185.

Shiller, R. and J. Pound (1989), "Survery evidence on the diffusion of interst and information among investors," *Journal of Economic Behavior and Organization*, 12, 46-66.

第8章
行動バイアステスト

　「人間は合理的な存在ではない」。一般論としては，多くの読者が，「おそらくそうだろう」と思われるに違いない。しかし，「自分だけはそれなりに合理的な判断ができる人間だ」と漠然とした自信をお持ちの方もいることであろう。筆者はこれまでビジネススクールを中心に，次に示す行動バイアステストを実施してきた。その結果，非合理性とは，教育水準や専門性の有無にかかわらず人間の判断の中に入り込むということがわかった。まずは，論より証拠，読者には自らも行動バイアスを持つことを，次の選択問題に取り組んでもらうことで実感してもらいたいと思う。
　読者には，まず本章の行動バイアステストに答えを書き込んでいってもらいたい。そして，その後に解説を読み，自らの持つバイアスについて実感してもらいたい。

8-1 行動バイアステスト

以下の質問に答えてください。ただし，一つの問題にあまり時間をかけないでください。全部答えてください。

1. 下の図にあるような抽選箱からくじを引くと考えてください。ここで，抽選箱の中には100枚のくじがはいっています。

Aくじの当たり券は1万円の現金です。Bくじの当たり券は1万5千円の現金です。さてどちらを選択しますか？

2. さて，今度はもっと当たる確率が高いくじですよ。

　　　　　Cくじ　　　　　　　　　　Dくじ

　Cくじの当たり券は1万円の現金です。Dくじの当たり券は1万5千円の現金です。さてどちらを選択しますか？

3. まずあなたのcredit cardの下四桁を書いてください。

　　────　　　────　　　────　　　────

4. 日本国内で個人で開業している弁護士の数ですが，あなたが今書いた数字よりも多いと思いますか？　それとも少ないと思いますか？

5. では，日本国内で個人で開業している弁護士は一体何人いると思いますか？　当ててみてください。

6. さて，下図のような2つのテーブルがあります。この2つのテーブルのうち，どちらが縦長でしょうか？

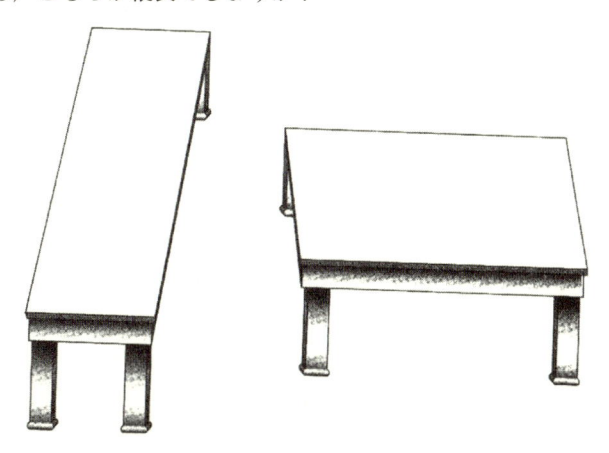

7. バットとボールで11000円します。バットの方がボールよりも10000円高いとしたら，ボールはいくらでしょう？

8. 大阪府があらゆる職業・年齢の10000人に対して健康調査をしました。以下の数字をあててください。

—10000人の内，心臓発作を経験したことがある人の割合は何%だと思いますか？
—10000人の内，55歳以上でかつ心臓発作をしたことがある人の割合は何%だと思いますか？

9. 10人から2人の委員会を作るのと，10人から8人の委員会をつくるのではどちらの組み合わせの方が多いでしょう？

10. あなたの仕事の技量・パフォーマンスは会社で平均以上だと思いますか？ ○つけてください。

   1. かなり上   2. まあ上   3. 平均くらい   4. 平均以下   5. かなり下

11. 次に示す事柄を90％の自信が持てる範囲で記述してください。

事象	90％の自信が持てる範囲	
	下限閾値	上限閾値
キング牧師の亡くなった年		
ナイル川の長さ		
OPECの加盟国数		
旧約聖書の本の数		
月の直径はどの程度?		
Boeing747機の重さ		
モーツアルトの誕生年		
象の妊娠期間		
ロンドン東京間の距離		
最も深い場所での海の深さ		

12. 以下の 4 つのカードがあります。片面にアルファベットが，片面に数字が書かれています。

   「カードに E と書かれていれば，数字は 4 です」

   私が嘘を言っていないかどうかを確かめるには，どの 2 つのカードを裏返せばいいですか？

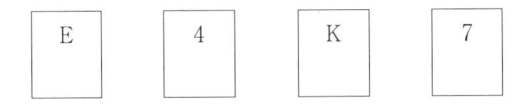

   | E | 4 | K | 7 |

13. あなたには金融会社から 100 万円の借金があります。取り立て屋が家に来て，あなたに 3 つの選択肢を与えます。どの選択肢を選びますか？

   A. 元利とも耳を揃えて 100 万円返す
   B. コインを投げて表なら 50 万円，裏なら 150 万円返す
   C. コインを投げて表なら借金免除となるが，裏なら 200 万円返す

14. 教室などの多人数を対象に行う実験を行うと想像してください。くじの半分を当たりに設定しておきます。当たりの人にはその場で賞品を与え，別室に集まってもらいます。教室に残った落選者に賞品を見せ，その賞品をいくらだったら買うかを尋ねます。その後に，別室に集まった当選者には，その賞品をいくらだったら他人に売るかを尋ねます。さて，それぞれのグループから出てくる価格はどうなるでしょうか？

15. 細工のないコインを3回投げたところ，表が3回出ました。次のコイン投げで10万円賭けなければならないとしたら，どちらに賭けますか？

16. ある部品を5つ作るのに，5台の機械を使って5分かかります。では100個の部品を100台の機械を使ってつくるには何分かかりますか？

17. ある伝染病が発生すると，その都市では600人が死ぬだろうと推定されています。市の保健事務所では2つの対策が検討されています。
　—対策Aを講じるとほぼ確実に200人の命が助かるといわれています
　—対策Bを講じると3分の1の確率で600人の命が助かるといわれています
どちらの対策がいいでしょうか？

18. 私は今あなたの目の前で，Joker抜きのトランプから1枚カードを抜き取ります。そのカードの色（赤か黒か）をあててもらいます。私は不正しないと考えてください。外れれば1万円払わなければなりません。当たったときの賞金がいくらならやってみますか？

19. ある球場の雑草は毎日倍に増えるとしましょう。何の手入れもしなければ，その球場は48日で雑草に覆われてしまうとします。ではその球場が半分雑草で覆われるまでには，何日かかるでしょうか？

20. 先の伝染病の例をもう一度考えます。いま新たに対策Cと対策Dが提案されました。

―対策Cを講じるとほぼ確実に400人の人が死ぬと言います。
―対策Dを講じると3分の1の確率で誰も死にませんが，3分の2の確率で600人が死ぬと言います。どちらの対策を支持しますか？

21. あなたがコインを投げてください。何の細工もないコインです。さあ，表か裏を言ってください。あなたが負ければ1万円支払わなければなりません。勝ったときの賞金がいくらなら納得して，このゲームをしますか？

22. あなたはクイズ番組に出て，最後まで勝ち進みました。あなたはABCの3つの扉の向こうにある景品を持ち帰ることができます。但し，二つはヤギさんで，ひとつだけがポルシェなのです。（もちろんポルシェがほしいですよね。ただ，ドアの向こうは見えません……）あなたはAの扉を選びました。ここで，面白いしかけがあるのです。司会者があなたとジャンケンをして負けた場合は，ヤギさんのドアを一つ開

けてくれるのです。ジャンケンをした結果，運良くあなたはジャンケンに勝ちました。さあ，今度は2者択一です。あなたは自分で選んだ最初の扉Aのままにしておきますか？　それとももう一つの扉に変えますか？　それともどちらでも同じだと考えますか？　選んでください。

ア．Aのままにしておく
イ．もうひとつの扉に変更する
ウ・どちらでも同じだと感じる

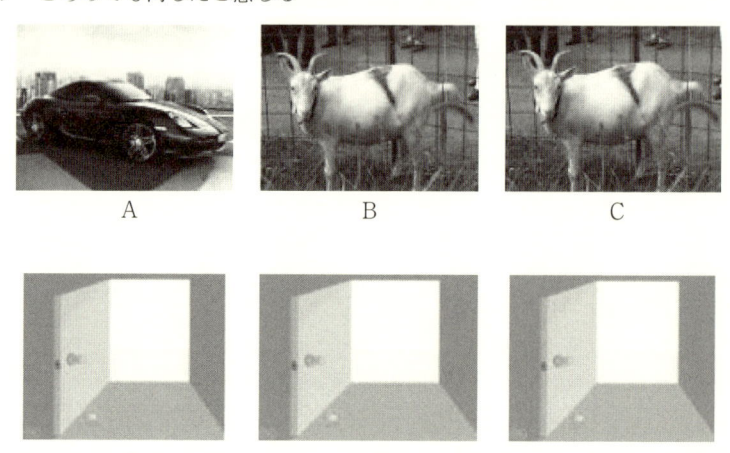

A　　　　　　B　　　　　　C

23. 今クラスの全員で単純なゲームをしていると考えてください。クラスの全員が0～100までの数字をノートに書きます。あなたも0～100のいずれかの数字を書いてください。もし，あなたの書いた数字が，クラス全員の平均値の値の23に最も近ければ，あなたには豪華景品が当たります。さあ，あなたはどの数字を書きますか？

24. あなたはある会社を買収しようと考えています。ただ，その企業の本当の価値は現経営陣のみが知っています。その価値（V）は0〜200億円の範囲にあり，どこにあるかは等確率だということは分かっています。また，その会社を買収すると，1.5倍のシナジー効果（つまり100億の価値のものを買えば150億になるという事です）があることがわかっています。さて，いくらを提示すべきでしょうか？　ただし，売り手経営者はVより低い金額だと応じてきません。

25. あなたはファンドマネージャーです。今日過去の分析を行う投資調査部からおもしろいレポートがあがってきました。それによると毎年4月が株価のパフォーマンスがとてもよく，過去40年のデータでは70%の確率で上昇しています。これは，おそらく年金資産の新規配分か何かの影響があるのかもしれませんね。上昇率は平均して15%に達するそうです。ただ，下落してしまった年は，下落率は結構大きく，概して40%は下がっているそうです。さて，今日は4月1日，あなたは，株式の比重を高めますか（overweight）それとも現金比率を高めますか（underweight）？

26. サイコロを投げて三の目が出た場合には20万円当たる券を1枚持っています。友人がその券を売ってくれといいます。いくらなら売りますか？

27. あなたは今から丁度4週間後に7000円もらえる証書をもっています。いくらかはらって，1週間後にお金がもらえるようになります。いくらなら払いますか？

28. サイコロを投げて三の目以外（一,二,四,五,六）が出た場合には2万円当たる券を1枚持っています。友人がその券を売ってくれといいます。いくらなら売りますか？

29. 日本人男性の平均寿命は79歳です。男性であるあなたは今年60歳で定年を迎えまし。あと，何年生きると期待できますか？ 次の中から選んでください。

　① 19年未満
　② 19年
　③ 19年以上

30. あなたはあるスーパーで使える10000円のクーポンをただでほしいですか？ それとも15000円のクーポンを3000円出して買いますか？

31. あなたに特別なクーポン券をあげましょう。2種類あります。どちらを選択しますか。

　　クーポン券A：6分の5の確率で2万円もらえます
　　クーポン券B：6分の1の確率で20万円もらえます

32. 今あなたは1週間後に1万円もらえる証書を持っています。もらえる金額をいくらに増やしてくれたら，4週間後にもらえる証書と交換してもいいとおもいますか？

33. 12年間の仕事があります。賃金総額は1億円ときまっています。支払は次のどれがよいですか？

　　1. ―12年間同じ賃金
　　2. ―最初の年が一番多く，次第に少なくなるような賃金体系
　　3. ―年々収入が上がるような賃金体系

34. あなたに，夕食を御馳走しましょう。高級フレンチと焼き鳥です。どちらが良いですか？

35. では，高級フレンチをいつ食べに行きましょうか？　今月がいいですか？　それとも来月がいいですか？

36. では，月に1回ずつ合計2回夕食を御馳走しましょう。焼き鳥と高級フレンチです。今月フレンチいきますか？　それともフレンチは来月にしておいて，今月は焼き鳥にいきますか？

37. あなたは不動産屋さんに勤めています。上司から嫌な仕事をたのまれました。新築物件の案内の看板を，国道の目立つところで一日中立って人目を引くという仕事です。朝8時から夜6時まで，休憩なしに立ち続けなければいけません。この仕事は皆が嫌がりますので人事部が特別手当を出してくれます。いくらなら我慢できますか？　その仕事が回ってくる日は異なります。以下の二つのケースを想定して，金額を書いてください。
（サラリーマンですから法外な要求を人事部にだせませんよ）
① 　来月の第一日曜日
② 　6カ月後の第一日曜日

38. 「おめでとうございます！」，ギャンブル会場に入るなりあなたは1000人目の来場者ということで，10万円の現金が当たりました。さて，あなたはくじ引きゲームに参加しなければなりません。くじは三本あり先端が隠れています。ただ，それぞれ先端に「赤」「白」「黒」の色がついています。次の4つの選択肢がある場合，どれを選択しますか？

① 赤：＋30万円，白：0万円，黒：－10万円
② 赤：＋18万円，白：2万円，黒：0万円
③ 赤：＋40万円，白：0万円，黒：－20万円
④ 赤：＋7万円，白：7万円，黒：6万円

39. 目の前にある瓶を見てください。この中にあるお金をオークション形式でセリにかけたいと思います。さあ，始めましょう！

> 瓶の中には多くの100円玉が入っておりそれを瓶の外から見るだけで総額を推定し，自らの購入価格を決定する。
> セリであるから最も高い価格を提示した者が瓶を入手する事ができる。

8-2 行動バイアステスト 解説

問題1・問題2

この調査における最も多い回答はBくじである。またCとDではCを選択する人が大半である。ただ、BくじとCくじを選択する個人は非合理的である。Cくじを選択するということは、U(Cくじ)>U(Dくじ) という効用を持つことになる。したがって、0.1×U(Cくじ)>0.1×U(Dくじ) でなくてはいけない。0.1×U(Cくじ) とは、10%の確率で1万円がもらえるAくじに他ならない。また0.1×U(Dくじ) とは、10%の確率1万5千円がもらえるでCくじに他ならない。期待効用を最大化する個人の合理的な選択では、Aくじを選択した人は、Cくじを選択するべきで、Bくじを選択した人はDくじを選択するべきである。これは問題提起のされ方によっては、人間は期待効用を最大化するように振るまえないという有名な事例であり、アレーの逆説と呼ばれている。

問題3・問題4・問題5

これはアンカリングという心理的バイアスを見る問題。まったく想像もつかない数値を問題5で問われるが、問題4は問題3と問題5を意図的にアンカリングするように仕向けるため設定してある。合理的な個人であれば、弁護士の数とクレジットカードの番号には相関関係も因果関係も全くないことがわかるが、多くの被験者にテストをすると、問題3の回答と問題5の回答に正の相関関係が発生する。

問題6

錯視の一例。実は両者のテーブルトップは同じ図形である。

問題7

反射的に簡便な計算をしてしまい、ボールは1000円だという結論を出してしまいがち。これは人間が常に簡便法で計算しているからである。正しい

答えは,

$$Bat + Ball = 11000 円$$
$$Bat - Ball = 1000 円$$

という連立方程式を暗算で解けばよいので,Bat = 10500 円,Ball = 500 円である。人間が用いてしまう簡便法を認知的反射(cognitive reflection)と呼ぶ。

問題 8

　代表性(representativeness)と呼ばれる問題である。この質問について,ロンドンのファンドマネージャー 300 人にアンケート調査を実施した。驚くことに 300 人のファンドマネージャーの推定の平均は,心臓発作を経験したことがある人の割合の平均値 12.5％で,55 歳以上でかつ心臓発作を経験したことがある人の割合の平均値は 16％であった。これは彼らが代表性バイアスから無縁でないことを示唆している。心臓発作の大多数はおそらく 55 歳以上であろう。その代表的な事象が,純粋な集合の概念を麻痺させてしまうのかもしれない。明らかに,55 歳以上でかつ心臓発作を起こしたことがある人の方が,心臓発作をおこしたことがある人よりも少ない。

問題 9

　とっさに聞かれると 10 人から 2 人の委員会をつくるほうが少ないような気がするが,実は組み合わせの数は同じ。多くの被験者は組み合わせの計算方法を忘れてしまったか,単に面倒なのでイメージで少なそうな方を答えてしまう。このイメージに依存した判断は,利便性(availability)バイアスと呼ばれる。株式市場では,多くの投資家が利便性に依存した投資判断を行っている可能性がある。

問題 10・問題 11

　被験者の自信過剰(overconfidence)を測定する質問である。ビジネススクールの学生を相手にアンケート調査すると,圧倒的多数は平均より上と回答する。図表 8-1 に示すロンドンのファンドマネージャー 300 人へのアンケート調査でも同様である。被験者が合理的に自らの能力を評価できていれ

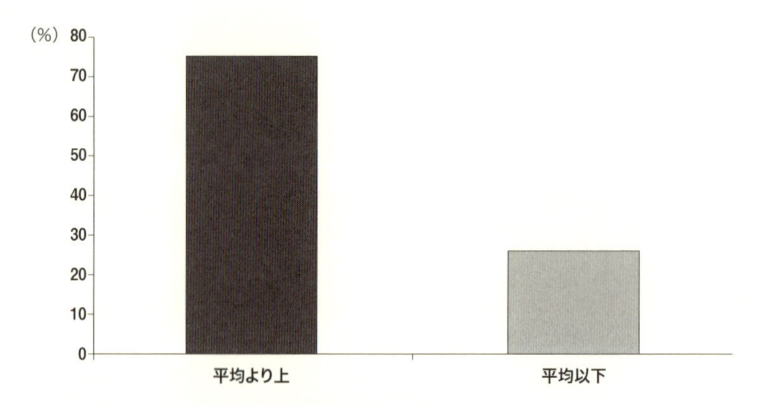

図表 8-1
ファンドマネージャーの中で，自分は業界の平均よりも上の能力を持つと考える者の割合
出所：DrKW Macro research

ば，平均以上と平均以下は概ね一致するはずであるが，そうはならない。
　問題11の正答は以下の通り。第一問から順に，39歳，4187マイル，13カ国，39冊，2160マイル，39万ポンド，1756年，645日，5959マイル，36198フィートである。被験者は90%以上の確率で当たると思われる範囲を書くよう求められるにもかかわらず，多くが実に狭い幅の回答を記述する。自己の推定能力を自信過剰気味に捉えている証拠として考えられる。

問題12
　これは確証バイアス（確認バイアス）の有無をテストしたものである。そもそも人間の脳は客観的な事実を吟味検討する癖をもっていない。むしろ，現在考えている仮説と整合的な証拠を無意識のうちに求めているのである。問題12で一番多い回答はEと4である。しかし，出題者が嘘をついていないかどうかを確かめるためには，4を裏返しても意味はない。なぜなら，Eと書かれていれば数字は4と言っているのであって，4と書かれていればアルファベットはEであるとは書いていないからでである。したがって，4の裏がE以外のアルファベットであったとしても，出題者が嘘を言ったことにはならない。ところが，7の裏がEであれば嘘をつかれたことになる。だからEと7が答えである。筆者のビジネススクールにおける被験者では

90%がこの問題を間違えた。ロンドンのファンドマネージャー300人に対する調査でも，95%が正答できなかった。

問題13

　カーネマンとツベルスキーのプロスペクト理論を確認する問題である。第1章でみたように利得が期待できる領域では，合理的個人はリスク回避的行動を取る。伝統的な金融経済学理論では，どういった状況であっても個人はリスク回避的な行動を取ると考えるが，現実には，損失が期待される領域ではリスク愛好的な行動を取ってしまう。本問の場合，Aを選択すると答える被験者の数が少なく，回答はBとCが中心となる。第1章のくじ引き問題で圧倒的多数がリスク回避的選択をした同じ被験者であるが，回答パターンが見事に変化したのは興味深い。

問題14

　所有効果の有無を測定する問題。賞品に当選にした被験者は，当選しなかった被験者よりも当該商品に対して高い値段付けをする。筆者の行った実験では，大学生協で購入した200円の大学オリジナルペンを賞品として選んだ。その結果当選組の値付けは250円，落選組の値段付けは150円と，マーケット価格を挟んで対称的となった。当選組は一旦所有したものを実勢価格よりも高く値段をつける。これは所有効果が働くためで，一旦購入した株式をなかなか売却できない心理が働く背景になっている。

問題15

　細工のないコインであるから，「どちらでも同じ」が正解。これは「ギャンブラーの誤り」と呼ばれるバイアスである。言うまでもなく，コインの表が5回連続して出たとしても，それは何らコインの裏表の出る確率に影響を与えるものではない。コインの裏表がもともと2項分布することが分かっていれば間違える問題ではない。ただ，現実には「ギャンブラーの誤り」に陥っている事例には枚挙にいとまがない。たとえば，野球の最終回逆転の好機に，特定の強打者にさえ打順がまわってくれば，かなりの確率で勝つとい

う野球解説者が多いが，彼が打てるのはせいぜい3割である。そういう状況で期待に応えられるのは10回中3回なのである。また，「ピンチのあとにはチャンスあり」や，「ノーアウトからのフォーボールで走者をだすくらいなら，打たれた方が良い」など，統計的な裏付けのない，野球にまつわる多くのジンクスにとらわれている野球解説者も多い。詳しくは，「野球人の錯覚」（加藤英明・山﨑尚志著）を参照されるとよい。この問題に対する，300人のファンドマネージャーへの正答率は81.5％であった。

問題16
　問題7と同様に，cognitive reflection を試す問題。正解は5分だが，100分というのがよくある間違い。

問題17
　これは期待値とリスクという意味を正確に把握できていない被験者の現状を見る問題である。対策Bは換言すると期待値が200人で，助かる人数に不確実性が存在するということ。不確実な200人救助より，確実な200人救助の対策を取るべきなのは明らかだが，直接的な記述で示されない限り，正しく判断できなくなる個人が多い。対策Bと答えた方は，期待値と不確実性の関係を問題文から読み取れなかったのである。

問題18
　本問に対する回答と問題21の回答を比較する。（後述）

問題19
　この問題も cognitive reflection にかかる問題である。つい24日と回答してしまうかもしれないが，47日が正解。問題7，問題16，問題19の3つの問題を cognitive reflection test（CRT）として米国の研究者が大学別に実験したところ，図表8-2のような結果になった。CRTスコアは3.0が全問正解。

図表 8-2　Frederick (2005) による大学別, 対象別 CRT スコア

Locations at which data were collected	Mean CRT score	"Low" 0	1	2	"High" 3	N=
Massachusetts Institute of Technology	2.18	7%	16%	30%	48%	61
Princeton University	1.68	18%	27%	28%	26%	121
Boston fireworks display	1.53	24%	24%	26%	26%	195
Carnegie Mellon University	1.51	25%	25%	25%	25%	746
Harvard University	1.43	20%	37%	24%	20%	51
University of Mishigan: Ann Arbor	1.18	31%	33%	23%	14%	1267
Web-based studiesc	1.10	39%	25%	22%	13%	525
Bowling Green University	0.87	50%	25%	13%	12%	52
University of Mishigan: Dearborn	0.83	51%	22%	21%	6%	154
Mishigan State University	0.79	49%	29%	16%	6%	118
University of Toledo	0.57	64%	21%	10%	5%	138
Overall	1.24	33%	28%	23%	17%	3428

　さらに，Frederick（2005）によって，CRT スコアと非合理性について興味深い事実が明らかにされている。CRT スコアと被験者のリスクに対する態度には相関関係が存在するようなのである。一般に，CRT スコアの高い人は比較的合理的な選択するのに対して，CRT スコアの低い人は，非合理的である場合が多いようだ。図表 8-3 に示すように，高 CRT グループの選択は一貫して安定しているが，低 CRT グループの選択は問題の提示のされ方による影響を色濃く受ける。損失と利得領域での価値関数のキンクも強いのが低 CRT グループであると言えるだろう。

図表 8-3　CRT スコア別によるリスク態度

ギャンブルの内容	よりリスクの高い選択肢を選ぶ割合 低 CRT グループ	高 CRT グループ
確実な 100 ドルの利得 or 75%の確率で 250 ドルの利得	19	38
確実な 100 ドルの損失 or 75%の確率で 250 ドルの損失	54	31
確実な 100 ドルの利得 or 3%の確率で 7000 ドルの利得	8	21
確実な 100 ドルの損失 or 3%の確率で 7000 ドルの損失	63	28

問題20

　これはフレーミング効果により被験者の選択がどう影響されるかをみたものである。問題の提示のされ方によって，回答者の反応が大きく異なる。問題17では「助かる」という表現を用いたが，問題20では，「死ぬ」という表現を用いた。Dの選択は期待値400人の死であるから，リスク回避的であれば対策Cを選択すべきであるが，問題17との比較で，リスク愛好的な選択をする回答者が急増する。プロスペクト理論のいう参照点は必ずしも損失・利得領域を分ける富＝0の点でないことがわかる。あくまでも主体の感じる損失・利得領域なのであり，参照点はフレーミング効果によって左右される。図表8-4は筆者が実施したMBA学生の解答をまとめたものである。

問題21

　問題18の回答と比較してもらいたい。問題18の要求賞金額＞問題21の要求賞金というのが一般的。これは制御幻想（illusion of control）と呼ばれている。現実にはコインを投げるというゲームも確率2分の1，カードを引くというゲームも確率2分の1であるので，参加者が要求するリスクプレミ

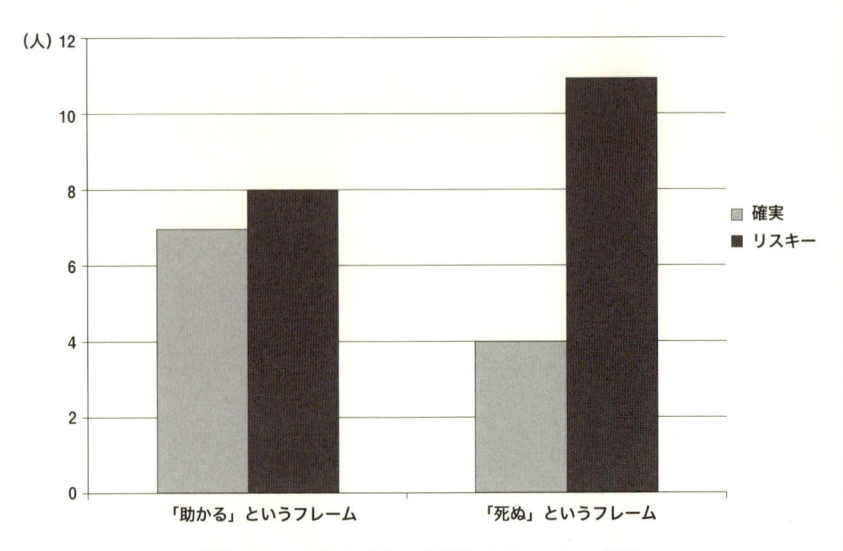

図表8-4　MBA学生の経験したFraming効果

アムは同じはずである。しかし，制御幻想があるため，コイン投げゲームのリスクを過小評価するのである。

問題 22

　正しい答えは，「扉を変えるべき」である。扉の後ろの商品の組み合わせは下に示した（イ）（ロ）（ハ）の3通りである。仮にあなたがAを選択するとしよう。この場合，司会者はBかCをあける。（イ）のパターンの場合，司会者が扉を開けてヤギがいるということになるが，挑戦者が扉を変えてしまうとヤギを選択することになる。（イ）のパターンでは挑戦者の負け。（ロ）のパターンの場合，司会者はCを選択し，この場合は扉を変えるとポルシェがあたる。（ロ）のパターンでは挑戦者の勝ち。（ハ）のパターンの場合，司会者がBを開けるので扉を変えることで，ポルシェがあたる。（ハ）のパターンでは挑戦者の勝ち。即ち，2勝1敗であるから，確率的には扉を変えた方が得である。あなたが最初にB或いはCを選択すると考えても結果は同じ。

　これは，司会者がヤギのいる扉を開けるという追加情報を与えた時に，個

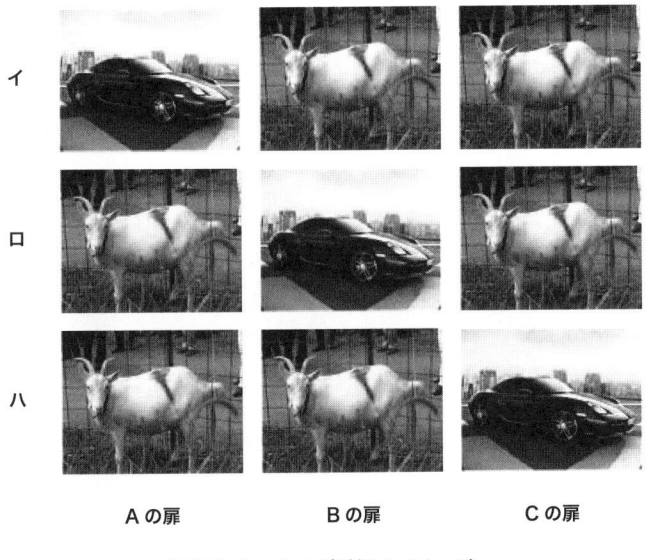

図表 8-5　クイズ番組のイメージ

人がベイズの確率論に則って確率計算ができるかどうかを試す問題である。

ロンドンのファンドマネージャー300人に尋ねた結果は図表8-6に示すとおりである。

半数以上のファンドマネージャーが新しい情報（司会者がヤギのドアを開けてくれた）に鑑みて正しく確率計算できないことがわかる。

問題23

このゲームはいかに他を出し抜くのが難しいかということ実感するゲームである。この場合，数学的には，合理的参加者全員が全体の平均の3分の2を選択しようとするはずなので，

$$x = x \times \frac{2}{3}$$

となり，解はゼロである。或いは，こうも考えられる。合理的に考えると，平均が100以上になることはありえないので，67以上の数字は考えられない。しかし，皆合理的に推論するはずであるから，皆の推論する数値はどんどん小さくなり，結局解はゼロに近づいていく。これは，皆が合理的であるという前提の解である。しかし，クラスに非合理的な人が一人でもいるかも

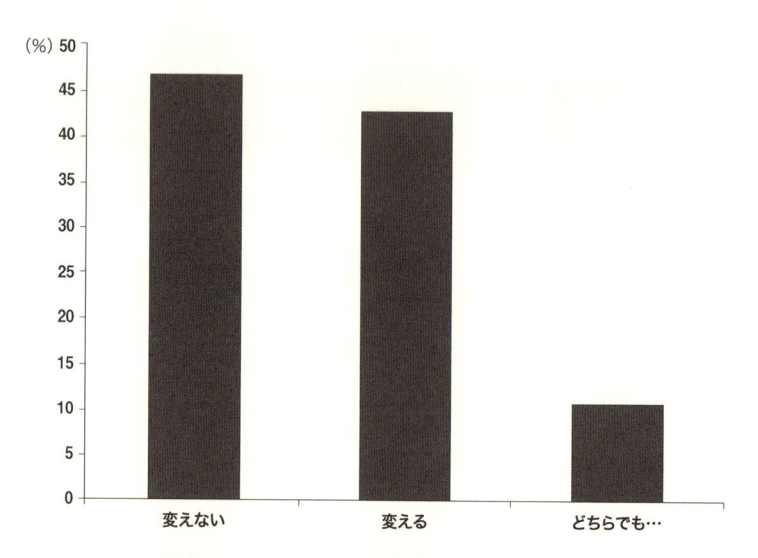

図表8-6 ベイズ確率論的判断のできた割合

しれないと疑い始めると,とても難解である。

ファンドマネージャー300人の成績とCRTスコアとの相関を見ておこう。図表8-7で示されているように,おおよそ3つのレベルに分けることができる。単純に真中の50を選択したグループ,次に,真ん中の50の約3分の2である33前後の値を選択したグループ,最後に合理的な解である0に近い値を選択したグループである。

さらに,CRTスコアとの相関も興味深い結果となっている。

図表8-8は横軸にCRTのスコア,縦軸には推定値の平均を示している。CRTスコアが高いグループほど,合理的思考に傾いていると言えよう。

問題24

買収ターゲット企業の企業価値は0から200億円までの幅を持つ一様分布をしているわけであるから,期待値は100億円である。買収者がこの期待値でオファーするとしよう。ターゲット企業は100億円のオファーが,真の価値よりも低ければ受け入れないため,オファーが受け入れられたことは,真の価値が100億円以下であることを示す。この情報(シグナル)が出た時点

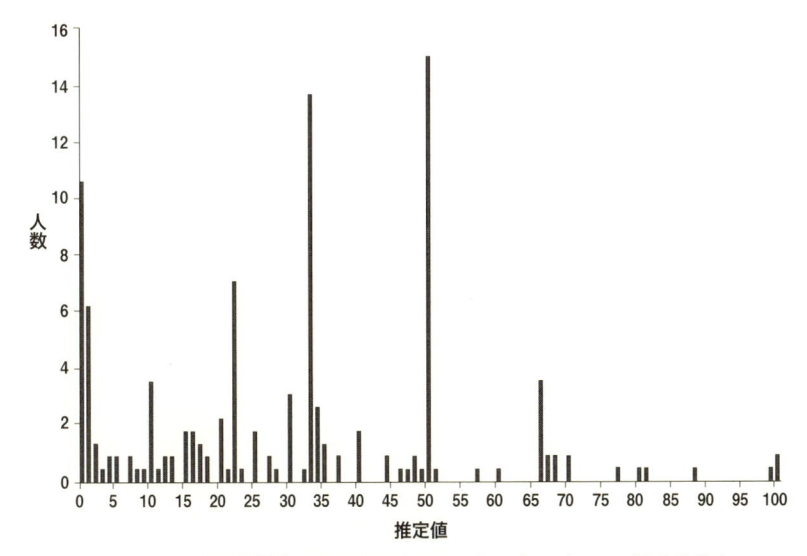

図表8-7 合理的推定の限界を示すファンドマネージャーの推定値分布

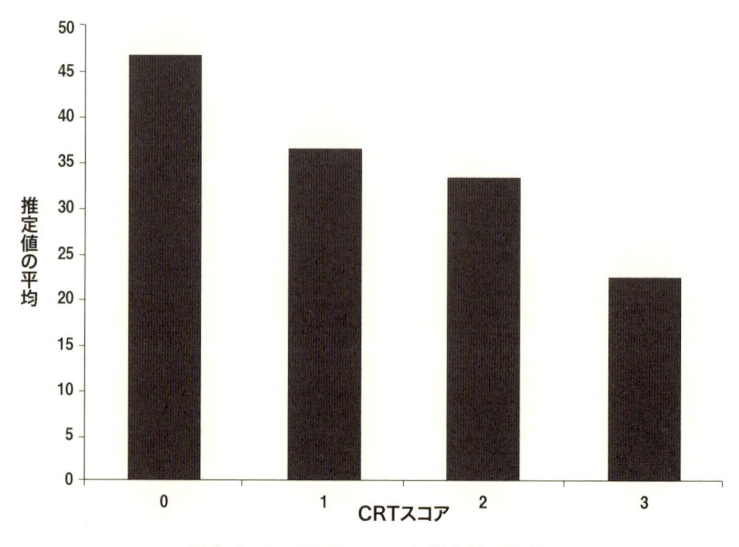

図表 8-8　CRT スコアと推定値の関係

でのターゲット企業の真の価値は，0億〜100億までの一様分布であると考えられる。したがって，シグナル後のターゲット企業の期待企業価値は50億円となり，シナジー効果を上乗せした1.5倍で考えたところで，75億円にしかならない。この場合，当初100億のオファーは高すぎることになる。結局このような情報の非対称性が存在する企業買収マーケットにおいては，買収者は常に過払いのリスクを負うことになる。これを winner's curse（勝者の呪い）と呼ぶ。

問題 25

これは期待値の問題である。ロング（或いは overweight）の期待値は10.5%，ショートの期待値（或いは underweight）は12%となる。ショートする方が合理的。

問題 26

問題28とまとめて問題31で議論する。

問題 27

時間割引率を探る問題である。ちょうど4週間後にもらえる7000円を1週間後にするために払う金額が時間割引率である。伝統的経済学では時間割引率は一定と考え、時間と整合的な効用関数を考えてきた。ところが、人間は直近の事柄については高い時間割引率を適用するが、将来の事柄についてはそれほど高い時間割引率を適用するわけではない、ということがわかってきた。これを双曲型割引と呼ぶ。問題32とともに、双曲型割引を実感してもらいたい。

ここでは、米国における実験を紹介しておこう。図表8-9に示すのは、1週間後にもらえる予定だった$7のクーポン券を4週間後に遅らせる場合と、4週間後にもらえる予定だったクーポン券を1週間後に早まらせる場合で、どの程度の補償を要求するか（どの程度減額に応じるか）をまとめたものである。その下は、期間を4週間と8週間、1週間と8週間に分けて、繰り返し調査した結果である。

図表8-9 米国での実験結果

($7.00相当のクーポン券で調査)

	遅らせる	早まらせる	p－値
1週間対4週間	$1.09	$0.25	0.001
4週間対8週間	$0.84	$0.37	0.005
1週間対8週間	$1.76	$0.52	0.001

ここでの結果はKhanemanとTverskyの損失回避のモデルと整合的である。被験者は利得の遅延に対しては、利得を早まらせことの2倍以上のプレミアムを求めているからである。利得が早く得られないというdisutilityは、予定より早く得られるということのutilityよりも2倍以上も大きいということを示す。さらに、双曲割引も観察される。

問題 28

問題26とまとめて問題31で議論する。

問題 29

正解は3番，なぜなら，平均寿命は全人口の平均寿命で0歳児を含めた期待寿命だからである。60歳まで生きたということは，あなたの期待寿命はもっと高いと考えられる。

問題 30

多くの人がただで1万円のクーポンを選択する。もちろん後者の方が得であるが，無料でもらえるというところに魅力を感じるのである。ゼロの威力。

問題 31

先のサイコロの問題と併せて，選好の逆転 (preference reversal) が起こっているかどうかを調査する質問である。問題26と28のサイコロの問題では20万円を16でもらえる権利の方を高い値付けする被験者が多い。ところが，本問題ではクーポンAを選択する人が多いはず。問題26＞問題28と評価した被験者は，当然クーポンBを選択すべきである。そうなっていないのは preference reversal が発生している証拠である。図表8-10は15人

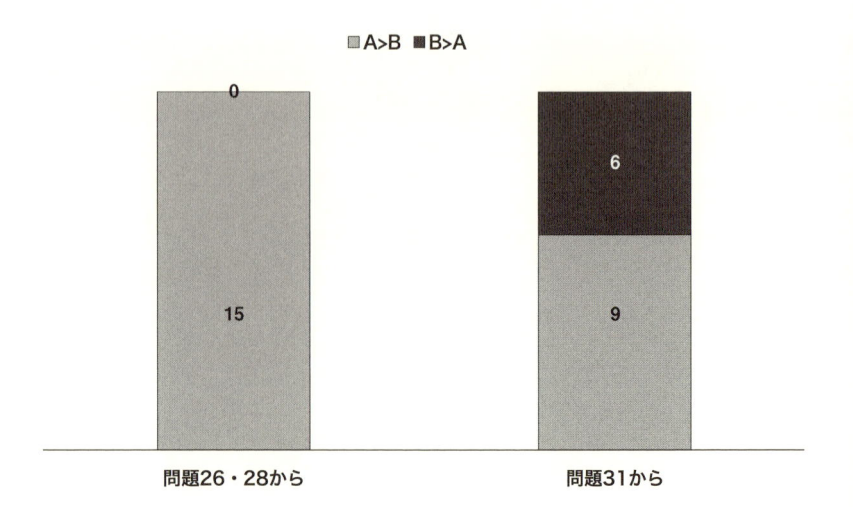

図表 8-10　Preference reversal

の MBA クラスで観察された preference reversal の程度である。

問題 32
　問題 27 と同じく時間割引率が双曲割引になることを確認する問題。

問題 33・問題 34・問題 35・問題 36
　損失回避の傾向がある一方で，消費のパターンにも一定のルールがあることがわかる。多くの被験者が高級フレンチを選択し，また，その中の多くが今月食べに行くことを好む。しかし，焼き鳥も御馳走してあげるよ！という申し出が加わると，今度は焼き鳥を先にごちそうしてもらってから，フレンチを食べに行こうと思うようだ。つまり，通常の効用理論では捉えられていないが，ヒトは，増加する消費パターンを好むということである。この増加する消費パターンの効用が高いという点に，年功型賃金を好む性質が生まれる。なぜ年功型賃金の方が一般的に好まれるかということについて，経済学的説明はいくつかある。たとえば，若年労働者が責任逃れをせず真面目に働くというインセンティブを与えるため，生産性が向上しないにもかかわらず，年齢を重ねると賃金が高くなるように設定するというのだ。ただ，労働者側の選択も年功序列型賃金を求める傾向が強い。問題 33 の 12 年間の仕事に関する調査でも，3 の選択肢を選ぶ人が多いという結果が出ている。Frank and Hutchens（1993）の研究では，パイロットなどの職種でさえも年功型賃金を好むことから，(パイロットなどの職業も年功カーブがきついが，怠けたり，いい加減な仕事をすることは自らの命にかかわることなので，そういう disincentive は働きにくい) 若年労働者のインセンティブのためではなく，増加する消費パターンを好むという点から年功型賃金が支持されているのではないかと主張している。

問題 37
　類似の実験（汚く，臭い仕事として，心理学実験室のマウスケージの掃除の仕事を対象）を行った論文によると，嫌な仕事に対しては，その仕事を後で遂行するのを避ける傾向（手当が高くないと満足しない傾向）がある。こ

れは恐怖（嫌がる）という感情の部分が長時間効用に影響されるからである。

問題 38

　フレームの依存性を見る問題。House money 効果，即ちギャンブルで得たお金はリスクにさらすことを厭わないという効果が働いているようだ。

問題 39

　このオークションを始めると次の現象が起こるはずである。
  1. 平均落札価格は中身の金額よりも小さい
  2. ただし，落札者の金額は必ず中身よりも大きくなる

　筆者はビジネススクールの学生を対象に，コップに 100 円玉を 140 個（14,000 円）入れオークションにかけた。果たして結果は予想通りであった。図表 8-11 は入札結果をヒストグラムで示したものである。

　ここから明らかなように，平均推定値は 11,020 円と 14,000 円よりも低いが，最高値は 50,000 円であった。どうしてこのような現象が起きるのだろうか。図表 8-12 に示すように，推定値の平均は真実の値よりも小さくなる。それは，bidder に損したくないという気持ちが働くので，真の推定値よりも低い価格で bid しようとするからである。ところが，推定値そのものは，確率変数である。確率分布する推定値は全体としては真の推定値よりも割り引かれたものになっているかもしれないが，オークションで落札される価格は分布の右端の価格であり，多くの場合，真の価値よりも高くなるのである。この現象は問題 24 のケースと同様 winner's curse（勝者の呪い）と呼ばれている。

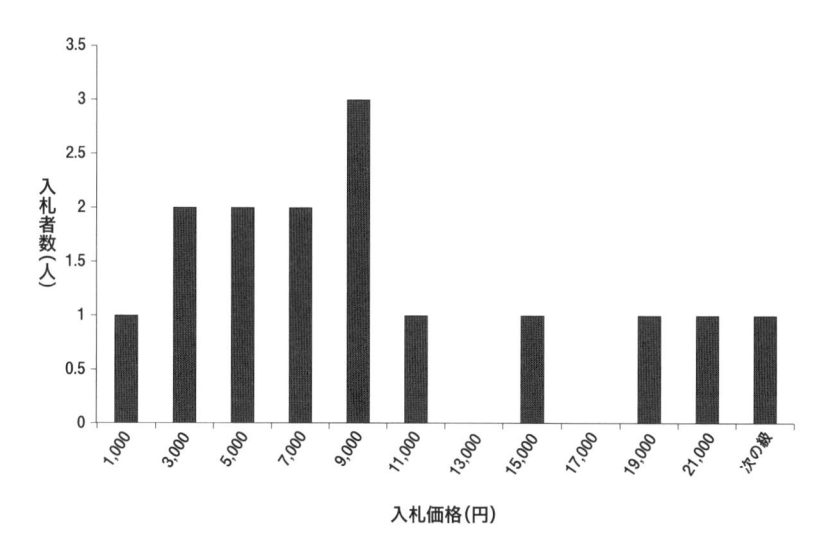

第8章 行動バイアステスト | 249

図表8-11 MBA学生によるコップ内金額の推定値分布

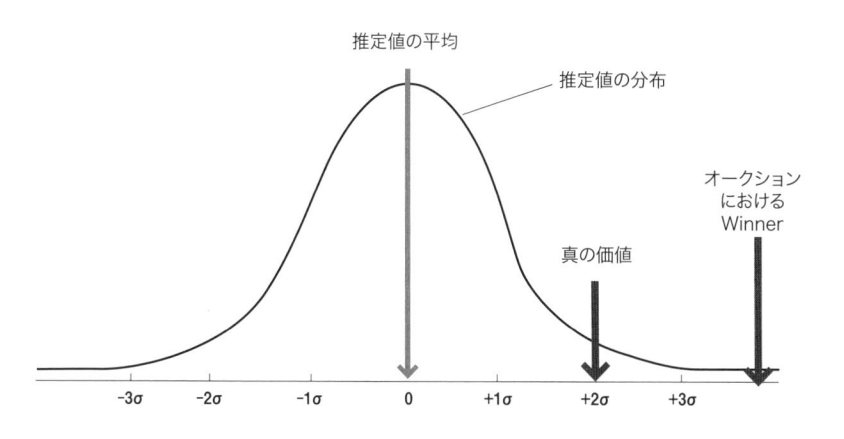

図表8-12

【参考文献】

Frank, H Robert and R. Hutchens (1993), "Wages, seniority, and the demand for rising consumption profiles," *Journal of Economic Behavior and Organization*, 21, 251-276.

第9章

金融市場と行動ファイナンス

　2008年9月のリーマンブラザーズの破綻をきっかけに，世界の金融市場はパニックに陥った。いくつかの確率分布を前提にリスク管理手法の開発にいそしんできた金融工学は，この100年に一度と呼ばれる金融危機でその弱点を露呈した。何がいけなかったのか。複数の原因が考えられるが，大きなものの一つは，人間を理解していなかったファイナンスモデルのあり方に求められよう。本章では，危機の発端である米国市場を題材に，行動ファイナンスの視点から金融危機が発生した一側面についての分析を試み，今後のマーケット展望について考える。

　本章は，ビジネス＆アカウンティングレビュー（2009）に掲載された「金融市場と行動ファイナンス―金融危機後のマーケットに関する行動ファイナンス的一考察」を加筆修正したものである。

9-1 はじめに

　ファイナンス理論は価値評価方法を体系化したものである。企業の取り組むプロジェクトや株式などの資産を評価する体系であり，その本質は応用ミクロ経済学である。したがってファイナンスで用いられる分析のフレームワークは，ミクロ経済学同様，合理的投資家を前提として組み立てられている。合理的な投資家の選択の結果，マーケットにおける均衡価格が形成され，それが即ち日々我々がニュースで知るマーケット価格だというのである。ある企業が上場しているとするならば，マーケットで観察される株価には，その企業のファンダメンタルに関する情報は全て斟酌され，価格に反映されていると考える。この意味で，合理的投資家が自らの効用を最大化するように振舞った結果として形成されるマーケット価格は常に「正しい」。ファイナンス理論が，市場参加者が皆合理的であるという，非現実的な前提に全面的に依拠するのであれば，それはマーケットの現実から乖離した机上の空論だと批判されるだろう。ところが，Friedman (1952) はこのような批判を見越したかのように，合理的投資家による「裁定行為（arbitrage activity）」の存在を指摘し，マーケットの一部に合理的な投資家が存在しさえすれば，価格は常に正しい均衡に収束すると主張した。彼は，非合理的な（愚かな）投資家が闇雲にある特定の株式売買を繰り返し，ファンダメンタル価格から一時的に乖離するようなことがあったとしても，合理的な投資家が反対売買[1]に応じ，すぐさま価格はファンダメンタル価値に収束するというのである。この過程で，合理的投資家は利益を上げ，非合理的投資家は損失を被るので，やがてはマーケットから非合理的投資家は淘汰されるのである。「裁定（arbitrage）」は，現代ファイナンス理論の中核的概念であり，均衡価格を合理的な水準に導くという議論は，市場の効率性を担保する強力な議論である。

裁定（arbitrage）が価格を正しく誘導するのであれば，できるだけ裁定取引が容易なマーケットの在り様が望ましい。価格の歪みは，取引コストや規制などマーケットに存在する裁定取引阻害要因によってもたらされるので，可能な限り自由な取引環境を整えることが，合理的な市場価格形成に資する。[2]　この議論の延長線上には，自由市場主義が展開され，当局は必要最小限に介入することが望ましいということになる。ところが，ここ数年目覚しい発展を遂げている行動ファイナンスでは，投資家の合理性に疑問を投げかける。マーケットを科学する上での最も困難なポイントは，マーケットにおいて価格形成に参加するのは，「心」をもった人間であるということである。仮に「心」が合理的な期待効用最大化という枠組みを離れて投資家行動に作用するのであれば，そこには従来の枠組みでは説明できない現象が数多く発生するはずである。伝統的ファイナンス理論の立場からは，そのような現象は "anomaly" と呼ばれ，説明できない不思議（"puzzle"）だとも評される。行動ファイナンスとはそれらのanomalyに全て応える学問体系ではないが，投資家の「心」の問題に光をあてた，新しいファイナンスの体系だということができる。行動ファイナンス研究の流れは，まだ緒についたばかりであるが，現実の現象を非常によく説明する場合がある。批判的立場の研究者によれば，数学的に証明可能なモデルを提出できない行動ファイナンスは，ただ単なる仮説の集合体に過ぎないといわれることもある。筆者の考えでは，そもそも人間行動の全てを数学的に証明可能にできるはずもなく，そのような批判はファイナンス研究の歩みを止める，非建設的なものであり，適当ではない。

　本稿を記す動機となったものは，昨今の金融危機時に露呈した，マーケット価格の動向である。マーケット価格は常に「正しい」とは言えない状況が現出したのである。伝統的ファイナンス理論の枠組みから大きく逸脱した昨今の現状に，行動ファイナンスの切り口で光を当て，危機の本質の一部でも明らかにしたいと願うからである。

　第二節では米国市場の長期株価データを用いて，伝統的ファイナンス理論がいうところの将来キャッシュフローの現在価値と実現値である株価について考察する。第三節では社会的圧力，ハーディングについて議論し，第四節

では，何らかの要因で誤った均衡価格が，次の均衡価格に移行する際におきるインフォメーション・カスケードについて議論する。第五節では，今後のマーケット動向について，起こり得る可能性のある事象を行動ファイナンス理論に照らしながら予想する。

9-2 伝統的ファイナンスの枠組みで株価を考える

　伝統的ファイナンスの重要なメッセージは，マーケットは効率的であるということである。効率的な市場では，企業に関する情報は全て企業価値に反映されていると考える。企業価値は，負債の価値と株式の価値から構成される。負債の価値は企業が社債保有者（或いは銀行）に約束した元利払いの現在価値である。株式価値とは，当該企業が生みだす将来フリーキャッシュフロー（利払い後で株主に帰属するキャッシュフロー，FCF）の現在価値である。即ち，株主価値（PV）は $PV = \sum_{\tau=1}^{\infty} \frac{FCF_\tau}{(1+d)}$ であり，d はキャッシュフローのリスクを考慮した割引率（discount rate）であり，リスク回避的投資家によってその水準は決められている。

　1株当りの価値を次のように表すこともできる。t 時点の1株当りの企業価値を P_t とすると，P_t は t 時点で入手可能な FCF 情報から最適に予想される一株当りの価値（P_t^*）の期待値に等しいことになる。この場合の期待値の計算は，その時点で入手可能な全ての情報を基にした条件付確率を用いて行われる。これは以下の様に記述できる。

$$P_t = E_t P_t^* \qquad (1)$$

この式から

$$P_t^* = P_t + e_t \qquad (2)$$

となり，誤差項の e_t は系列相関をもたず，独立で，期待値はゼロである。仮にそうでなければ P_t^* は最適な予測でないということになる。P_t と e_t は無相関であるから，この二つの分散の合計は P_t^* と同じになる。即ち，P_t の時系列の推移は，実現するマーケットプライス P_t よりもばらつきが少ないことになる。

これを念頭に現実の株価推移 (P_t) と配当から推測できる株価 (P_t^*) を観察してみよう。株価を語るのであるから，本来ならば将来キャッシュフローの各時点における予測値を用いるべきであるが，それを厳密に測定するのは困難である。そこで，タイムラグはあったとしても，十分に長期間観察すれば，株式価値は当該企業の生み出す配当の現在価値であるという，配当割引モデルに依拠して，配当の現在価値を計算することにする。そうすれば，それが概ね株価の水準を決定づけているはずである。[3]

図表9-1は，イェール大学のRobert Shiller教授が，株式の配当の現在価値の推移と，現実の株式価値を比較し，時系列で表したものである。最も太い線は各年の年初のS&P500種の株価水準を120年に渡ってプロットしたものであり，対数表示されている。その他3つの線は，各年の配当額が示すS&P500種の現在価値である。この計算には，実質金利，一定割引率，消費の限界代替率の3種類を用いている。最も上下に振れ幅が大きい細い線は，配当額を実質金利で割り引いたものである。1929年の世界恐慌以降数十年間の株価動向と，配当額が示す株価のレベルの乖離が負に大きい点に注目していただきたい。この時期には株価の下落は非常に大きいものの，当時のダウ銘柄採用各社は高配当水準を維持し，実質金利も極端に低いことから，株式が理論価格に比較して割安に放置されていた時期である。次に，一定割引率で配当割引モデルを考えてみよう。全サンプル期間（1871年-2002年）のS&P 500種株価指数の実質幾何平均リターンである6.61%を一定割引率として用いている。これが示す理論価格が最も安定している。点線で示しているのが，消費の限界代替率を割引率に用いている理論価格の推移である。リスク回避係数が3の代表的個人を想定し，消費の限界代替率（MRS）を計算している。

3つの理論価格のいずれも，現実のマーケットと比較すると，安定的であり，P_t^* の時系列の推移は，実現するマーケットプライス P_t よりもばらつきが少ないということと整合的である。しかし，現実のマーケットは効率的市場仮説が示唆する均衡価格からかなり大幅に乖離する期間が継続するばかりでなく，変動率との差異はあまりにも大きい。効率的市場仮説に従うならば，この差異はすべて誤差項だということになるが，これだけの変動を全て

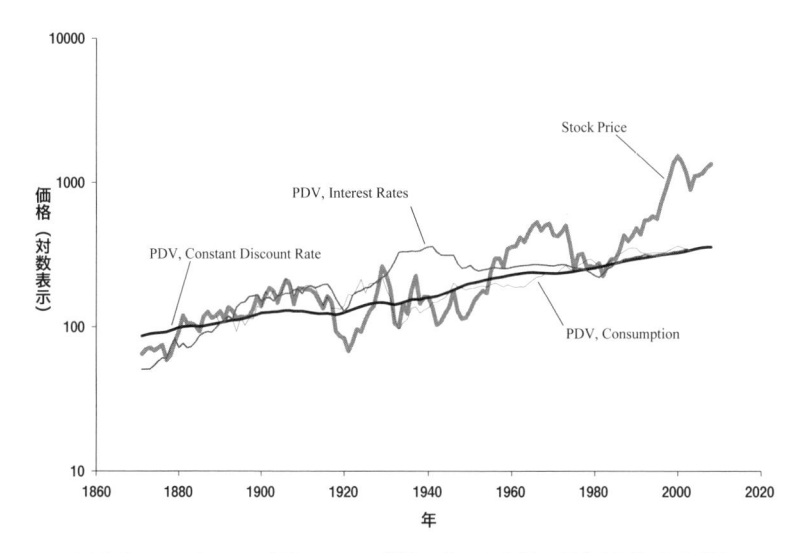

図表9-1　イェール大学 Shiller 教授による米国株の配当割引価値と株価

(注)　PDV, Consumption：消費性向から求めた割引率で将来配当を現在価値化したもの
　　　PDV, Interest rate：金利を割引率として将来配当を現在価値化したもの
　　　PDV, Constant Discount Rate：一定割引率を用いて将来配当を現在価値化したもの

誤差項だと考えるのには無理があるのではないだろうか。

　図1で，特に注目すべきは，1980年代以降から株価が大きく上方に乖離している点である。このような上方への乖離が発生しているということは，数十年に渡って e_t が正であることを意味し，期待値ゼロだとは考え難い。この背景には，どのような要因が考えられるのであろうか。次節では，リスク要因として把握されていない，隠れた要因について考察を深めたいと思う。

9-3　キャッシュフローと割引率以外に株価に影響する要因

　日本の個人の金融資産はほとんどが預金であり，米国と比較すると株式へのエクスポージャーが少ないことが，しばしば指摘される（図表9-2参照）。しかし，米国の投資家が株式資産に過度に依存しているという指摘も，一方では存在する。そこで本節では，米国の投資家が株式資産に対して多くの資

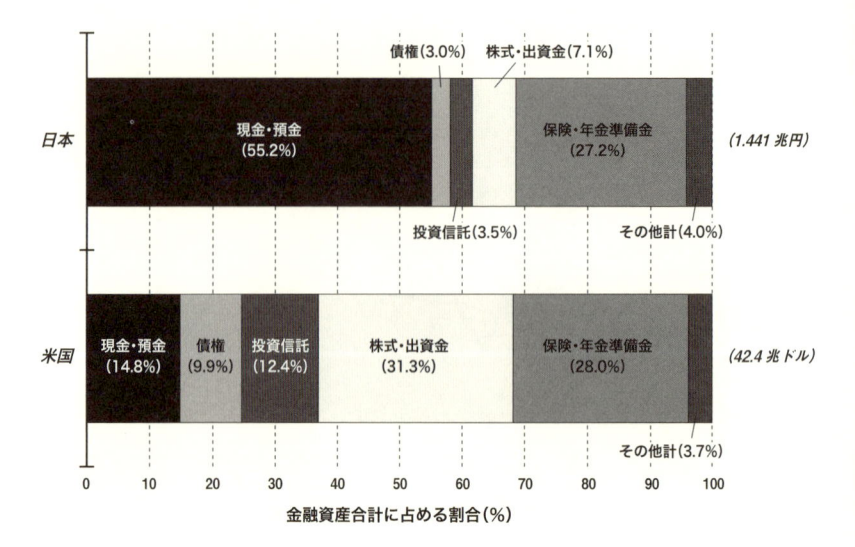

```
                    債権(3.0%)   株式・出資金(7.1%)

日本        現金・預金            保険・年金準備金      (1,441兆円)
            (55.2%)                (27.2%)

                         投資信託(3.5%)    その他計(4.0%)

米国  現金・預金  債権  投資信託  株式・出資金   保険・年金準備金    (42.4兆ドル)
      (14.8%) (9.9%) (12.4%)    (31.3%)         (28.0%)

                                              その他計(3.7%)
```

図表9-2　日米の個人金融資産の内訳
出所：日本銀行「資金循環の日米比較」2009年6月末

金を振り向けることになった背景について，行動ファイナンス的考察を試みてみたい。

9-3-1　Conformity effectと均衡価格

人は群集心理に流されやすいということは様々な実験によって証明されている。有名な例として挙げられるのは，Asch（1952）の一致性の実験である。被験者に図表9-3のような絵を見せ，左の棒の長さは，A，B，Cのどの棒の長さと同じかと質問する。明らかに，Cの棒の長さと同じなのであるが，被験者をグループで実験し，サクラを一定割合滑り込ませ，声高に「Bと同じである」と発言するように仕向けてから，被験者に質問する。この場合，被験者の回答は，大いにサクラの動向に左右されるという結果が出たのである。[4] これは人が，明らかに間違った選択でも（また本人も間違っていることを十分に認識しながら），周囲の影響によって誤った選択してしまう場合があることを示している。

このconformity effectが投資家に現れた時はどうなるだろうか。株式市

場に対する楽観論が市場を支配すれば，合理的発想に基づいて将来キャッシュフローの現在価値を計算し，株式市場のレベルを警戒している投資家であっても，現実の行動としては，市場の熱気に後押しされ株式を購入するという行動を取ってしまうのではないか。これは非合理的な価格が，合理的投資家による反対売買で即時に是正されるという，裁定理論で想定する投資家行動の真逆である。その結果，市場には価格裁定が働かず，誤った均衡価格が長い間維持されるということが起こり得るのである。

図表9-3に紹介したAsch（1952）の実験は，誰でも正解が分かるテストであったが，テストの内容をより難しくすると，被験者の反応はどうなるのだろうか。別の実験で，被験者に真っ暗な部屋に入ってもらう。その部屋の壁に小さな穴を開け，光を漏らす。その穴からかすかに漏れてくる光が動いたかどうか，という判断を被験者にしてもらうのである。被験者には知らされないが，サクラは同様に存在し，影響を受けるかどうかを観察する。すると，判断が難しいこの実験の方が，サクラの動向に左右される比率が高まったのである。この実験結果の含意は，人間は，判断が難しい対象については，より周囲の影響を受けやすいということである。株式市場の価値評価は非常に難しい。将来キャッシュフローの期待値の推定も困難であるが，投資家がどの程度のリスクプレミアムを要求しているのかという判断も困難を極

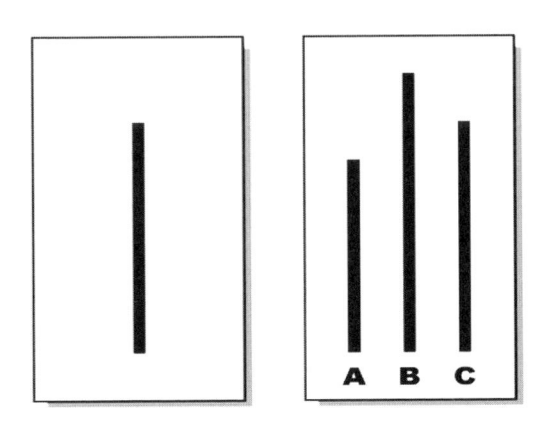

図表9-3　Asch（1952）による一致性の実験

める作業である．株式市場の水準に対する投資家の感覚は，合理的ファンダメンタル価値を基準とするというよりも，周囲が正しいと思うか否かに大きな影響を受けやすいと考えるべきであろう．

9-3-2 アンカリング

　先にも述べたように，株式の本当の価値を見出すのは難しい．そこで，難しい問題に直面した場合，人はどのようにその価値を推測するであろうか．その過程を解く一つの鍵が，心理学で言う「アンカリング」である．人は株式市場の水準の適正度合いを判断しようとしているのだが，その判断が困難であるが故に，なんらかの指標を無意識に求めるという，心理的作用のことである．アンカリングは Khaneman と Tversky によって初めて理論化された．

　アンカリングを測定する最も有名な実験を紹介しよう．まず被験者に，質問に答える前に，ルーレットをまわしてもらい，出た数を紙に書いて報告してもらう．次に，適度な間をあけて，次の質問をする．

　　　「アフリカ諸国の中で，国連に加盟している国は何カ国あると思いますか？」

すると，この質問に対する答えは，被験者が報告したルーレットの番号とプラスの相関を持つのである．即ち，ルーレットで出た番号が，アフリカ諸国の中での国連加盟国数という全く無関係な事象の予想値に影響を与えているのである．

　筆者が学生に向けて行ったアンケート調査でも同じようなアンカリングが測定されている．筆者は神戸大学80人の学生を対象にアンケート調査をおこなったが．その際二つの質問項目を用意した．一つは，

　　　　　「あなたは週に何回デートしますか？」

という質問で，もう一つは，

　　　「あなたの今の幸せ度指数を1から100までで示してください」

というものである．80人にこの二つの質問をするのであるが，実は半分の

40人のアンケート用紙には順番を逆にしたものを配っておいた。すると，「あなたは週に何回デートしますか」という質問が先に記されたアンケート調査用紙を受け取った学生40人のグループに於いては，デート回数と幸せ度指数に有意に正の相関（デート回数が多いほど，幸せ度指数が高い）が見られたが，質問の順番が，「あなたの幸せ度指数を1から100までで示してください」が先である残りの40人のグループに於いては，二つの値に相関は見られなかったのである。このことから，学生はデート回数だけが幸せ度指数の構成要素ではないことを理解しているにも関わらず，デート回数について先に質問されることで，それのみがあたかも幸せ度を測るものだと感じてしまうのであろう。

このようなアンカリングが働く場合を，マーケット価格への影響という文脈で考えれば，様々な株式市場の現象を理解しやすくなるだろう。たとえば，1987年10月のブラックマンデー時の下落率は1929年初期の暴落時と同じ下落率であり，多くの投資家がそれを参照点として，買いを入れたということは考えられる。また，Home biasと呼ばれる現象の一種で，全く業界の異なる会社であっても，本社を同地域に持つ企業間の株価の相関が高いことが報告されているが，この現象も投資家のアンカリングにその原因の一端があると考えることができる。あるいは，不動産投資信託（REIT）の価格分析を行った場合に，不動産市況の影響よりも株価指数との相関の方が圧倒的に高いという事実も，投資家のアンカリングに源がありそうである。図1でみたように，配当の現在価値からの乖離が発生し，その乖離が長期間にわたって解消されない点についても，投資家は株式相場全体の均衡価格を考えているというよりも，株式の構成銘柄間の比較を行い，ある株式のPERは他の株式のPERよりも高い，低いという評価に終始している可能性がある。横の比較を行っている限り，マーケット全体が均衡から乖離した割高な状態になっているという点については忘却されていくのである。

9-3-3　米国における株式依存の形成── 401(k)プラン

米国企業は1980年代後半から，1990年代前半にかけて，不況期のリストラを断行した。このような経験をした一般の米国人は，次第に組織への依存

度を低下させていった。組織への依存度の低下は，労働組合加入率にも現れている。労働組合への加入率は 1983 年の 20.1%から 2000 年には 13.5%へと大幅に下落した。会社や組織に頼るよりも，人々は自助努力を促され，その精神は企業年金の運用にいたるまで反映されるようになった。その代表的な例が 401(k) プランである。401(k) プランとは，1981 年に発案された年金貯蓄手段で，それまでは雇用者が従業員の年金を個別に積み立てていたものを，個人が運用方法を指定することを可能にした法案である。これは，当初はそれほど人気のある制度ではなかったが，米国の税務当局（IRS）が税金優遇策を打ち出したこともあって，経営者と従業員が積極的に参加するようになった。

　401(k) プランの存在と米国人の株式への依存比率の高さには深い関係があると考えられる。なぜなら，米国人の株式投資熱と 401(k) プランの普及は期を一にするからである。401(k) プランには勿論，安全性の高い債券投資で運用するという選択肢も存在する。それなのになぜ，株式投資比率が高くなってしまうのか。Bernatzi and Thaler (2001) の実験を紹介しよう。彼らは，投資の専門家でない被験者に，株式ファンドと短期債という 2 つの選択肢から選択せよと尋ねる。この場合，多くの投資家は，それぞれに 50%ずつ振り分けるという。続いて同じ被験者に，株式ファンド，株式と債券のバランスファンド，短期債という三つの選択肢を与えると，今度は多くの人がそれぞれ，株式ファンドに 3 分の 1，株式と債券のバランスファンドに 3 分の 1，短期債に 3 分の 1 というポートフォリオを選択するようになるのである。即ち，多くの素人投資家は，分散投資の中身を理解せず，単純に提供されるメニューの中で等分散を行う傾向があるというのである。このことから，401(k) の導入は投資家の選択肢を増やすと同時に，株式への投資比率を高める効果をもったといえるであろう。

9-3-4　米国における株式依存の形成──投資信託の役割

　米国の株式市場は 1990 年代の後半に大幅な上昇を示した。株式市場が上昇するにつれて，市場では株式の上昇に対して警鐘を鳴らす向きもいないではなかったが，情報通信技術（IT）の目覚しい発展が，従来の枠組みを超

えた New Economy を連想させ，IT が全てを変えるという幻想が人々の間に広まっていった。株式市場が堅調に推移する中で，市場ではグリーンスパンプットということが囁かれていた。グリーンスパンとは言うまでもなく Alan Greenspan FRB 前議長であるが，彼の金融政策は常に株式市場を意識したものであった。株式の大幅な上昇に関しては，特に金融政策を引き締めないが，株式下落時には機動的に金利を引き下げ，彼の在任中に発生した2つの大きな危機，1987 年の 10 月の株価大暴落と，1998 年のロシア危機とその後の LTCM 危機を，見事克服したのである。これらの実績から，グリーンスパンが議長である限り，株式市場には大幅な下落はないという認識がひろまった。[5] これを，プットオプションを持っている安心感になぞらえて，グリーンスパンプットと呼んだのである。

このような中で，米国人は株式こそが資産形成に不可欠と信じるにいたった。事実 1996-1999 の期間，通常の貯蓄の 12 倍の規模で株式時価総額が上昇した。米国人の株式市場への参加度合いを示す指標として，投資信託ビジネスの急増が象徴的である。図表 9-4 に示すように，1982 年投資信託の種類は僅か 340 であったにも関わらず，1998 年にはニューヨーク証券取引所への上場企業数よりも多い 3513 種類もの投資信託が存在し，投資信託口座数いたっては人口の半分以上の口座数が開設されているのである。

図表 9-4　米国における投資信託の急増

	1982 年	1998 年
投資信託の数	340	3513（NYSE の会社数より多い！）
投資信託口座数	620 万	1 億 6400 万

9-3-5　その他の増幅要因

米国において，株式投資ブームが起きた背景を考えてきたが，社会風潮の変化，株式投資に傾倒させるような年金制度の仕組み，中央銀行の株式相場重視の金融政策，様々な要因が指摘可能である。投資の意思決定をするのは人間であるから，そのような風潮やシステムのあり方が，行動ファイナン

ス的見地から，どのような投資行動を誘発しやすいのかということも紹介した。次に，米国で過去数十年に渡る株式の上昇相場の中で，生まれてきた株式ブームの増幅要因についても，そのいくつかを指摘しておきたい。

まず，証券アナリストの楽観的な見通しが挙げられる。米国のZacks Investment Research 社によると，約6000社のアナリストの推奨結果を調査したところ，1999年時点では，69.5%の銘柄に買い推奨（buy）が出され，29.9%の銘柄にhold，僅かに1%の銘柄のみに売り推奨（sell）が出されていたということである。これは1988年時点での調査で，売り推奨は9.1%あったことに鑑みると，元来強気バイアスの強い証券アナリスト分析に拍車がかかっていると解釈すべきであろう。Lin and McNichols（1998）によると，アナリストは引き受け幹事になっている投資銀行に属している場合と，属していない場合では，業績見通しの数字が同じでも，当該銘柄の推奨度合いが前者の方が強いという。

経済全体の見通しについても証券アナリストの見通しは甘いと言わざるを得ない。Sharpe（2002）が調査したところによると，1979年〜99年の21年間で，S&P500種の1株当りの収益予想は19回が実績値よりも高かったのである。即ち，常に楽観的な予想をたてがちだということである。ただ，アナリストの予想能力が全くないかといえばそうではなく，holdからbuyに格上げした銘柄はその後performanceがよく，holdからsellにした銘柄はよりperformanceが悪いことがわかっている。

強気相場が継続する中で，株式が上昇する必然性に言及するために，人口構成（demographics）を以って解説したケースは多い。米国の人口構成から考えて，今後とも株式に対する強い需要が見込めるというのである。無論，伝統的ファイナンス理論では一蹴される説であるが，広く米国人投資家に受け入れられている節がある。たとえば，"The Great boom ahead: Your comprehensive guide to personal and business profit in the new ear of prosperity,"（Amazonによると過去最も売れた本top100のうちの一冊であるという）では，人口構成から強気相場の継続性を保証するといった論が展開されている。1990年代半ばから数年間連続でミリオンセラーになった本，"The millionaire next door"（隣に住む億万長者）では，如何に株式投

資を継続して，資産形成をするかということが延々と書かれている。この本の基本的なメッセージは，株式資産は決して売ってはいけない資産で，少々相場が下落しても耐えられる範囲でこつこつと株式資産を積み上げていくことこそが，millionaireへの近道だというのだ。

甘い専門家の見通しに加え，人口構成をベースにした楽観論が支配し，株式の長期保有神話がベストセラーの蓄財指南書によって広められていったのである。

9-4 行動ファイナンスの概念で読み解く，米国の株式市場と今後の展望

9-4-1 インフォメーション・カスケード

これまでの議論で明らかになったように，均衡価格から乖離した相場が一定期間以上継続することは，投資家がバイアスを持ち続ける限りあり得ることである。図表9-1でも示したように，現在の株式市場の水準が，配当現在価値と比較しても割高である状態が十数年継続しているのだ。仮に今の価格水準が均衡価格から上方に乖離しているものだとすれば，それはいつ，どのように修正されるのだろうか。このことについて，行動ファイナンスでは興味深い洞察を与えてくれる。

心理学者のShafir and Tversky（1992）の研究によれば，人は将来時点で自分がどのような感情を持つかということに対して想像力の乏しい存在だそうだ。たとえば，ある受験生が，入学試験が終わったらツアーに参加する形で旅行を計画しているとしよう。受験生は入試の合否の結果に関わらず旅行に行くつもりだ。はたして，受験生はあらかじめ予約をいれるだろうか。合理的に考えれば，ツアーが一杯になるリスクや価格を考慮して，あらかじめ申し込んでおいた方が得策である。にもかかわらず，試験前から旅行代金を払って予約しようとはしないであろう。このように，人は将来を論理的に予想することは出来るのだが，将来の感情を予想することは苦手なのである。

彼らはこれを non-consequential reasoning と呼んでいる。

　人間が感情を予想できないということは，投資家行動に大きな影響を与える。投資家は目の前に繰り広げられているマーケット価格のやり取りを見て，仮にそれが均衡価格から上方に乖離したマーケット価格であり，やがては大幅に下落すべきものだと分かっていたとしても，売却，或いは空売りできないのである。株価が下落すると論理的には理解できたとしても，現実の価格がそうなるまでは，それが発生した時点の激しい感情を予想することはできず，結果として目の前の価格が下落し始めるまで行動には移さないのである。

　Cipriani and Guarino（2005）は実験市場で，投資家が価格変化に対してどのように行動するかを以下の方法で観察した。まず被験者には投資家として利益を上げようと人工的マーケットで取引を続けてもらう。人工マーケットの価格は観察者が支配しているので，観察者は将来の価格動向に関する私的情報を持つ。実験開始後しばらく経過してから，観察者は投資家の一部に，私的情報をあたえる。しかし，多くの投資家はこの私的情報に対してすぐには反応しないのである。彼らの発見は，行動ファイナンスで言うインフォメーション・カスケードという現象と整合的である。

　インフォメーション・カスケードとは，論理的に十分予想できた事態であったとしても，事態が眼前で展開しない限り，投資家が行動しないところから発生する。情報（information）が滝（cascade）のように流れてきて，それに併せて事態が進行するということである。

　たとえば，1995年1月17日に発生した，阪神大震災時の日経平均株価指数を追ってみよう。阪神大震災以降に日本はデフレ経済へと突入し，長期金利も大幅に低下した。事後的に阪神大震災後の株価の大暴落は，地震の影響であったと語られているが，地震が発生した当時は，市場がそれほど悲観論に傾いていたわけではない。

　図表9-5には，当時の株価の推移と日経新聞の株式相場に関する専門家のコメントをまとめておいた。阪神大震災という大きな事件が，どの程度の経済的ダメージを与えるものなのかについて，当初から様々な推定がなされていた。即ち，論理的には地震被害の規模と経済に与えるインパクトが理解

されていたと考えるべきであろう。ところが，将来キャッシュフローの現在価値である株価は全く反応を示していない。当時の新聞には，震災の影響で需要が創出され，デフレ的経済環境の克服に寄与するのではないか，といった見方まで紹介されている始末である。ところが，1月23日になって日経平均株価指数が暴落し，その後の新聞報道は地震被害への懸念が株価暴落の原因だと指摘している。1月24日には，日本株そのものの割高感が指摘され，米国並みのROEを目指すべきだとの記事が載るなど，株価が下落していることへの新たな理由が提示されていた。地震発生以後に，特に大きな新情報が加わったわけではないにもかかわらず，マーケット動向に関する見方（感情）が180度変わったのは興味深い。

図表9-5　阪神大震災直後の新聞報道からみる心理変化

日付	株価指数	新聞報道（専門家の意見）
1995年1月16日	19331.17	
1月17日	19241.32	未明に兵庫県南部を襲った大地震により阪神大震災発生
1月18日	19223.31	地震被害が明らかになるにつれて，日経平均は一時243円安の水準まで売られたが，次第に落ち着きを取り戻した。保険金の支払いがかさむという連想が働いた損害保険株を売り，特需が見込めるとの観測がでた公共投資関連株を買う動きがあった。ただ，専門家の間では，今回の地震の株式相場への影響は一時的と予想する声が多い。
1月19日	19075.74	地震関連株が買われ，商いが膨らんできたが，機関投資家は三月決算を間近に控えて動きが鈍く，外国人投資家も昨年後半から売りこし基調が続いている。下値不安は薄いが，本格的な株価上昇も期待できない。
1月20日	18840.22	株価の下値不安は小さい。企業業績は回復基調にあり，緩やかながら景気は回復基調にあるからだ。一段の深押しはなさそうである。
1月23日	17785.49	地震被害などの懸念要因が多い。三月末に向けて，企業などが特別損失の穴埋めや復興資金手当てを目的に，株式などを売却する動きが予想される。裁定取引の買い残高が十三億株台にのせてきているのも気がかり。
1月24日	18060.73	日本株式の資本効率が低下しており，株価の水準は実力を映さず割高である。経営改革が必要であろう。

9-4-2　米国株式に対する投資家の意識と今後の展開

　これまで述べてきたように，均衡価格からの乖離は一定期間，それも数十年という期間にわたって発生しうる。歴史的に見れば，過去20年間に起こった株価の上昇は，配当の現在価値の推定値から比較するとかなり上方に乖離している。マーケット価格にすべての情報が反映されているのであれば，現在我々が観察している価格は，金融危機に関する全ての情報がすでに反映されていると考えるべきだろう。これが，マーケット価格が正しいと考える伝統的ファイナンスの則した解釈である。一方，行動ファイナンスでは株式市場はしばしば誤った均衡価格に安住している場合があると考える。

　このような視点で，現在の米国株式市場を考えてみよう。投資家は市場をどのように感じているのであろうか。図表9-6はイェール大学の国際ファイナンス研究所が実施し，Robert Shiller教授がまとめている，「ヴァリューエーション信頼指数（Valuation Confidence Index）」である。この指数は，機関投資家と個人投資家にアンケート調査を行って作成するものである。アンケートの質問は，「現在の株価のヴァリューエーションについて，①割高だと思いますか，②割安だと思いますか，③適正だと思いますか，④よくわからないですか」を尋ねるものである。指数は $\frac{②+③}{①+②+③}$ で計算される。2001年以降は，調査頻度をあげているため，値が多い。このグラフを一覧すると，株式市場が割高だと感じられた2000年前後のITバブル期から，徐々に割高感は修正されてきているようだ。機関投資家については，現在（2008年11月）時点のヴァリューエーションは割安と感じている投資家の比率が，1989年の調査開始以来過去最高に迫るほどである。

　米国の株価指数は基本的には過去30年間右肩上がりの上昇を続けている。1987年のブラックマンデー[6]やLTCM危機[7]を通じても，結局は長期間株式資産を保有し続けた投資家が，高いリターンを享受できたのであるから，長期的な投資資金は株式へ投資すべきだという意識が根強いように思われる。今後の展開については神のみぞ知るところであるが，多くの投資家が長期的には株価の大底圏であり，金融危機が一段落すれば，将来的には安定的に株価が推移するだろうと考えているのではなかろうか。

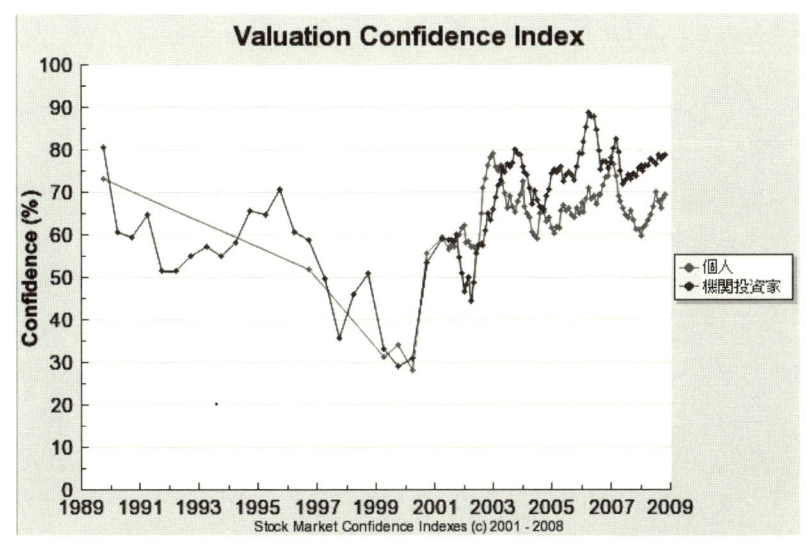

図表9-6 イェール大学の国際ファイナンス研究所による信頼指数

　一方，現在の米国株の水準は図表9-1で示した配当現在価値と比較するとまだ高い水準にあるという認識を忘れるべきではないだろう。阪神大震災時の株価動向でも明らかになったように，全てのニュースが出ているからといって，すべての実体経済に対する含意は株価に反映されているとは限らない。現時点では，ファンダメンタルに関する全ての悪材料を十分に反映しているとは言えないかもしれないのである。仮に現状が誤ったコンセンサスに基づく誤った均衡だとすれば，何の新情報がなくとも，インフォメーション・カスケードが起こり，次の均衡へと一気に変動する可能性は否めない。

9-5　結語

　伝統的ファイナンスと行動ファイナンスは対立するものではない。むしろ，補完的な関係にあるといえる。なぜならマーケットには，合理的に将来キャッシュフローを割り引いて価格が決まっているフェーズと，感情に突き動かされた投資家が価格変動を誘発するフェーズが混在するからである。前

者のフェーズでは投資家の合理性に軸を置くモデルが機能しやすいが，後者のフェーズでは，平常時に機能していた多くのモデルは機能不全に陥る。マーケット価格は所詮人間が形成するものであり，人間が時に合理的，時に非合理的なのと同様，マーケット価格も時には合理的均衡価格であり，時には，非合理的均衡価格なのである。

　この視点で，米国の株価水準を再考してみると，歴史的な均衡価格（配当割引モデルが示唆する価格）からの乖離は大きく，現在の株価は誤ったコンセンサスに基づく均衡価格だと考えることができる。米国民は，長期的に投資すれば必ず債券よりも株式保有の利回りが高いと信じて，また401Kプランに誘導されるまま極端に株式依存を強め，誤った均衡価格に価格を導いていった。今後いつのタイミングで修正が起こるかはわからないが，行動ファイナンスの知見が示すところは，金融危機に関する悪材料はマーケットに既知のものになったので，高値から4割弱調整した現在の株価水準が，既知の悪材料を反映した価格だとは言えないという点である。何らかの切掛けで別の均衡へと大きく移行する可能性がある。イェール大学の国際ファイナンス研究所が実施する意識調査によれば，多くの投資家が株価は十分に調整されたと考えている。一方，配当割引モデルが示唆する価格に至るまでには，更なる下落が必要である。現在のマーケット価格が示しているのは，高値から十分に調整したという「感覚」をもった投資家が落ち着いているところであって，その「感覚」が崩れるときに，株価も崩れるであろう。

【注】

1) このような合理的な反対売買を裁定取引といい，それに従事する投資家を裁定取引業者（アービトラージャー）と呼ぶ。
2) Shleifer and Vishny (1997) The Limits of Arbitrage, Journal of Finance 52 No 1.
3) 企業の生みだすキャッシュフローは，更なる投資に充当される場合や，内部留保される場合があろうが，十分に長期間観察することで，配当の現在価値とそう大きくは乖離しないはずだからである。
4) 単独実験では99％の被験者が正しい回答をしたが，サクラに囲まれた被験者は75％がサクラの誘導に負けてしまっていたのである。このように周囲に合致する意

見を言わされてしまう効果を conformity effect と呼ぶ。
5) その後 2001 年 1 月には景気後退の十分な証拠がないまま激しく利下げを行い，結果として実質金利が負になり，その金融政策が住宅バブルを引き起こしたことは言うまでもない。
6) 1987 年の 10 月に米国で起こった株価の大暴落のこと。その後，暴落したその日が歴史的な安値となり，株価は徐々に回復していった。
7) 1998 年にロシアが債務不履行（デフォルト）したことを発端に，世界の債券市場が暴落し，投資家は多額の損失を被った。LTCM は，ノーベル経済学者も経営に参画していた巨大ヘッジファンドであったが，ロシア危機をきっかけに倒産。

【参考文献】

Asch, Solomon, Social Psychology, Englewood Cliffs, N.J. Prentice Hall, 1952.
Benartzi S. and R. Thaler (2001), "Naïve Diversification Strategies in Defined Contribution Saving Plans," *American Economic Review*, 91 (1), 79-98.
Cipriani and Guarino (2005), "Herd Behavior in a Laboratory Financial Market," *American Economic Review*, 95 (5), 1427-1443.
Dent, H.S. (1993), *The Great Boom Ahead: Your Comprehensive Guide to Personal and Business Profit in the New Era of Prosperity*, New York: Hyperion.
Lin, H.W. and M. F. McNichols (1998), "Underwriting Relationships, Analysts' Earnings Forecast and Investment Recommendations," *Journal of Accounting and Economics*, 25 (1), 101-127.
Shiller, R., Irrational Exuberance 2nd Edition, Currency Doubleday, 2003.
Shafir, E. and A. Tversky (1992), "Thinking through uncertainty: Non-consequential Reasoning and Choice," *Cognitive Psychology*, 24, 449-474.

参考 website
http://icf.som.yale.edu/financial_data/behavioraldsets.shtml
http://www.boj.or.jp/type/stat/boj_stat/sj/index.htm

執筆者紹介

岡田　克彦（おかだ　かつひこ）

関西学院大学大学院経営戦略研究科准教授，株式会社 IZ Management 代表取締役。
1963年神戸市生まれ。1990年ワシントン大学大学院オーリンスクールで MBA 取得後 Morgan Stanley & Co. Ltd New York に入社。デリバティブトレーダーとして東京証券取引所，シンガポール金融取引所（SGX），大阪証券取引所の先物・オプションのトレーディングに携わる。UBS 証券東京支店株式商品部次長を経て，1996年ヘッジファンド運用会社 Halberdier Capital Management Singapore 取締役ファンドマネージャー，2000年から（株）IZ Management 代表取締役。2006年神戸大学大学院経営学研究科博士後期課程修了（博士【経営学】）。運用業務を通じて得た感覚を研究における切り口とし，実務的含意の強い研究を目指している。行動経済学会理事，Journal of Behavioral Economics and Finance 編集委員。主な論文に，"Additions to the Nikkei 225 Index and Japanese Market Response: Temporary Demand Effect of Index-arbitrageurs," Pacific-Basin Finance Journal, Vol 14, 2007,「上場変更企業における Managers Opportunism の検証，裁量的会計発生高と Post-Listing Return」，現代ファイナンス No. 23，2007 等。主な著書に『行動ファイナンス入門』秀和システムがある。

関西学院大学研究叢書　第136編

伝統的ファイナンスから行動ファイナンスへ
ファイナンス研究の新しいフロンティア

2010年3月31日初版第一刷発行

著　者　岡田克彦
発行者　宮原浩二郎
発行所　関西学院大学出版会
所在地　〒662-0891
　　　　兵庫県西宮市上ケ原一番町1-155
電　話　0798-53-7002

印　刷　大和出版印刷株式会社

©2010 Katsuhiko Okada
Printed in Japan by Kwansei Gakuin University Press
ISBN 978-4-86283-057-9
乱丁・落丁本はお取り替えいたします。
本書の全部または一部を無断で複写・複製することを禁じます。
http://www.kwansei.ac.jp/press